普通高等教育金融科技卓越人才培养系列教材

金融监管科技

主　编　巴曙松
副主编　朱元倩
参　编　李成林　梁雅慧　周伟俣　熊邦娟
　　　　胡志国　步艳宁　陈　昊　罗泳涛
　　　　林文杰　黄　哲　尚航飞

机械工业出版社

金融监管科技作为金融科技的重要分支,已被广泛应用于金融监管和合规实践,并正在引发金融监管理念和模式的变革。本书通过对金融监管科技进行全方位的介绍,试图形成该领域较为全面的理论框架和实践总结。本书首先对监管科技的定义和发展脉络进行了梳理,搭建监管科技的基本理论框架,介绍底层技术基础;接下来从实践角度,研究了监管科技国内外具体的实践,并且从监管端和合规端出发,介绍了监管科技的各类应用场景。本书还从监管金融科技机构和金融科技业务的角度,探讨了如何运用科技手段实现更好的监管,并在此基础上阐明了监管科技面临的问题,展望了监管科技未来的发展方向。

本书既可以作为高等院校相关专业学习金融监管科技课程的教材,也可供相关领域的研究人员参考。

图书在版编目（CIP）数据

金融监管科技／巴曙松主编. —北京：机械工业出版社，2022.7

普通高等教育金融科技卓越人才培养系列教材

ISBN 978-7-111-71057-8

Ⅰ.①金… Ⅱ.①巴… Ⅲ.①金融-科学技术-金融监管-高等学校-教材 Ⅳ.①F830.2

中国版本图书馆 CIP 数据核字（2022）第 107530 号

机械工业出版社（北京市百万庄大街 22 号　邮政编码 100037）
策划编辑：裴　泱　　　　　　　责任编辑：裴　泱　刘　静
责任校对：史静怡　贾立萍　　　封面设计：王　旭
责任印制：单爱军
河北宝昌佳彩印刷有限公司印刷
2022 年 9 月第 1 版·第 1 次印刷
184mm×260mm·19.25 印张·387 千字
标准书号：ISBN 978-7-111-71057-8
定价：59.80 元

电话服务　　　　　　　　　　　　网络服务
客服电话：010-88361066　　　　　机　工　官　网：www.cmpbook.com
　　　　　010-88379833　　　　　机　工　官　博：weibo.com/cmp1952
　　　　　010-68326294　　　　　金　书　网：www.golden-book.com
封底无防伪标均为盗版　　　　　　机工教育服务网：www.cmpedu.com

前　言

展望未来五年或者十年，什么力量会显著改变当前的金融格局？在众多的影响因素中，金融科技毫无疑问会是其中最受关注的一个。如果深入梳理全球金融业发展的脉络，风起于青萍之末，金融科技的影响在起步阶段也许还并不明显，但是，随着全球金融格局的大调整，以人工智能、云计算、大数据、区块链和物联网为代表的新一代信息技术所带来的金融科技变革动力，已经在剧烈改变着传统的金融经营模式和监管范式，并且必然会继续对金融行业产生深刻的影响。从这个角度来说，金融科技既是一门从实践中而来的学科，也是一门代表未来发展趋势的学科。

从字面上理解，"金融科技"这个词由金融和科技两个词合成而来，是一种由技术驱动的金融创新，但显然并不简单等同于技术本身。对于金融科技的学习和应用，不仅要了解金融学科的相关知识，掌握相关科技的基本技能，还要熟练地将两个领域的知识融会贯通。从这个角度来说，金融科技是一门金融和科技有机交叉融合的学科。

正是因为金融科技具有从实践中来、跨多门学科的特征，所以其教材的编写难度大、门槛高，对知识及时更新的要求高。可以说，当前对于金融科技的教育已很难满足金融科技实践的要求。正是在这样的背景下，机械工业出版社的编辑找到我，希望我参与完成这套金融科技教材的写作，向高校的学子介绍金融科技的最新实践，为金融科技领域培养专业人才提供专业支持。经过慎重的考虑和评估，基于我本人长期工作于金融市场一线的经验，以及多年来参与相关金融领域研究的积累，我挑选了较为了解的监管科技领域，与我带领的金融监管研究团队一起，经过近一年的讨论和写作，形成了这本教材。

2008年金融危机爆发以来，全球经济金融体系，特别是金融监管体系都步入一个新的阶段。一方面，长期零利率乃至负利率的环境对传统金融政策的有效性形成冲击，依托区块链等金融科技的数字货币开始崭露头角，随之而来的各类金融科技迅猛发展，为经济金融的发展带来新的动力和潜在增长空间。金融科技的创新对传统的金融监管框架形成挑战，监管机构不得不积极运用科技力量开展监管创新，适应金融科技在金融市场的活跃应用。另一方面，全球金融监管日益严格，各地针对新的市场环境不断出台了一系列新法规，如巴塞尔协议Ⅲ、美国发布的《多德－弗兰克华尔街改革和消费者保护法》、欧盟的金融工具市场法令（MiFID）等，这些规则比原来的监管框架更为复杂，且不同规则之间难免存在着一些重叠与冲突，金融机构不仅需要积极运用金融科技手段来应对新的竞争者带来的压力，同时还需要积极运用金融科技来满足监管要求，降低合规成本，监管机构也要积极使用金融科技来减轻日常监管的压力，提高金融监管效率。

在监管机构和金融机构的共同推动下，科技在金融监管和合规领域的应用日益深化，逐步形成了监管科技这一相对独立的子领域。作为金融科技的一个子集，监管科技主要是指通过运用创新技术，以更高效率、更好效果的创新满足监管及合规的需要，其应用主体包括金融机构、金融监管部门、金融科技公司等。根据毕马威的研究数据，全球监管科技领域投资活动在2021年上半年出现激增，到年中一共产生了规模达66亿美元的142笔投资。监管科技公司等监管科技供给方也迅速兴起，不断开拓监管科技的应用场景。根据德勤的研究数据，全球监管科技企业2017年仅有153家，到2020年已有357家，监管与科技的融合正不断加深。

相较于金融科技的全球领先地位，我国监管科技的起步虽然较晚，但是进步较快，进步的空间也很大。虽然当前监管机构陆续在监管科技方面有所布局，但真正大规模开展的实践还依然在探索之中。在合规端，银行等金融机构借助科技手段助力风险管理仍是当前的主要应用场景。在监管端，2017年5月，中国人民银行专门成立了金融科技委员会，首次明确监管科技这一概念，指出要强化监管科技的应用实践。2018年8月，证监会发布《中国证监会监管科技总体建设方案》，标志着证监会完成了监管科技建设工作的顶层设计，并进入了全面实施阶段。2019年以来，中国版"监管沙盒"也已在北京、上海等多地分批落地试点。

可见，不论是从全球还是中国的实践来说，监管科技正处于从理念探讨到现实实践的重大转折路口。对于在实践中方兴未艾的监管科技领域，将其具体实践进行总结提炼并形成教材，必须要立足这样的现实发展状况，写作过程中我们强调要根据实践的变化和创新不断进行更新和调整。本书旨在为金融学、金融科技和金融工程等专业的学生提供监管科技等方面的基础框架，从理论到实践、从国内到国外、从监管端到合规端全方位展现监管科技的主要内容，为读者进一步研究监管科技的相关问题提供参考。本书的第一章是监管科技概述，对监管科技的定义、发展脉络和功能等进行梳理；第二章搭建监管科技的基本理论框架；第三章介绍各类技术在监管科技领域应用的优势和特点等；第四章和第五章分别从国际和国内出发，梳理其监管科技的发展情况、创新应用和具体案例；第六章和第七章分别从监管科技在监管端和合规端运用的角度，介绍监管科技的各类应用场景；第八~十章聚焦监管环境、金融科技机构及业务的监管；第十一章重点探讨监管科技发展过程中的问题和障碍；第十二章对未来监管科技的发展趋势进行了展望。

作为一名以学者身份积极参与银行、证券等多个金融行业金融活动的实践者，我始终将金融监管作为我的研究重点之一。在这样的坚持下，我带领我的学生持续关注巴塞尔协议及金融监管已有十余年。近年来，这个研究小组也逐步开始向金融科技领域转型，完成了多项相关研究和《区块链新时代：赋能金融场景》《金融监管和合规科技：国际经验与场景应用》等著作的出版。本书的写作也正是由这个研究小组完成的，具体分工如下：我和朱元倩负责提纲的设计以及全书统稿；第一章由步艳宁编写，第二章由李成林编写，第三章和第四章由周伟俣编写，第五章由罗泳涛和胡志国编写，第六章由熊邦娟和黄哲编写，第七章由熊邦娟编写，第八章、第十一章由梁雅慧编写，第九章由胡志国、陈昊和尚航飞编写，第十章由陈昊和胡志国编写，第十二章由林文杰和李成林编写。刘堃、陈剑等也为本书的写作提供了帮助。

面对监管科技这样一个仍处于不断变化和发展中的新兴领域，本书所涉及的内容主要是框架式的，虽然我们在写作中投入了大量的精力，多方征求了各领域的专家和从业人员的意见，但书中内容仍难免存在疏漏，恳请各位读者批评指正，也希望有更多金融理论与实践经验兼备的专家学者投入到金融科技与监管科技的教育中来，并围绕此主题开展更加深入的研究和创新。

巴曙松　教授

北京大学汇丰金融研究院执行院长

中国银行业协会首席经济学家

目 录

前 言

第一章 监管科技概述 ··· 1
第一节 金融科技与监管科技 ·· 2
一、金融科技的基本概念 ··· 2
二、金融科技的发展历程 ··· 3
三、金融科技之监管科技 ··· 6
第二节 监管科技的基本内涵 ·· 8
一、监管科技的类型 ··· 8
二、监管科技的驱动 ··· 10
三、监管科技的功能 ··· 12
第三节 监管科技的相关主体 ·· 13
一、金融机构 ·· 14
二、监管机构 ·· 14
三、科技公司 ·· 16
第四节 监管科技的发展阶段 ·· 18
一、监管科技 1.0 ·· 18
二、监管科技 2.0 ·· 19
三、监管科技 3.0 ·· 20

第二章 监管科技的理论框架 ·· 23
第一节 监管科技的理论基础 ·· 24
一、金融监管的必要性理论 ·· 24
二、金融监管的局限性理论 ·· 26
三、金融科技的创新性理论 ·· 30
四、技术监管的必要性理论 ·· 32
第二节 监管科技的理念创新 ·· 33
一、优化监管目标体系 ·· 33
二、转变监管治理思维 ·· 35
三、全面提升监管质效 ·· 36
第三节 监管科技的工具创新 ·· 38
一、数据收集工具 ··· 39

    二、数据分析工具 ·· 40
    三、法规跟踪工具 ·· 41
  第四节 监管科技的方法创新 ··· 42
    一、穿透式监管 ·· 42
    二、嵌入式监管 ·· 43
    三、监管沙盒 ··· 43

第三章 监管科技的技术基础 ··· 45
  第一节 人工智能技术 ··· 46
    一、人工智能的定义和分支 ·· 46
    二、人工智能的技术特点和优势 ··· 47
    三、人工智能在金融领域的主要应用场景 ······································ 48
    四、人工智能在监管科技领域的应用特点 ······································ 49
  第二节 大数据技术 ··· 50
    一、大数据技术的定义和分支 ·· 50
    二、大数据技术的特点和优势 ·· 52
    三、大数据在金融领域的主要应用场景 ··· 53
    四、大数据在监管科技领域的应用特点 ··· 54
  第三节 云计算技术 ··· 54
    一、云计算的定义和分支 ··· 55
    二、云计算的技术特点和优势 ·· 57
    三、云计算在金融领域的主要应用场景 ··· 58
    四、云计算在监管科技领域的应用特点 ··· 58
  第四节 区块链技术 ··· 59
    一、区块链的定义和分支 ··· 59
    二、区块链的技术特点和优势 ·· 60
    三、区块链在金融领域的主要应用场景 ··· 61
    四、区块链在监管科技领域的应用特点 ··· 62
  第五节 物联网技术 ··· 63
    一、物联网的定义和分支 ··· 63
    二、物联网的技术特点和优势 ·· 65
    三、物联网在金融领域的主要应用场景 ··· 65
    四、物联网在监管科技领域的应用特点 ··· 66

第四章 监管科技的国际实践 ··· 67
  第一节 监管科技在英国的实践 ··· 68

　　　　　一、英国的金融科技监管框架 ………………………………………… 68
　　　　　二、英国监管科技的发展现状 ………………………………………… 71
　　第二节　监管科技在美国的实践 ……………………………………………… 73
　　　　　一、美国的金融科技监管框架 ………………………………………… 73
　　　　　二、美国监管科技的发展现状 ………………………………………… 76
　　第三节　监管科技在欧盟的实践 ……………………………………………… 78
　　　　　一、欧盟的金融科技监管框架 ………………………………………… 78
　　　　　二、欧盟监管科技的发展现状 ………………………………………… 81
　　第四节　监管科技在新加坡的实践 …………………………………………… 82
　　　　　一、新加坡的金融科技监管框架 ……………………………………… 83
　　　　　二、新加坡监管科技的发展现状 ……………………………………… 85

第五章　监管科技的国内实践 …………………………………………………… 89
　　第一节　我国监管科技发展框架 ……………………………………………… 90
　　　　　一、我国监管科技的发展特征 ………………………………………… 90
　　　　　二、我国金融监管体系与框架 ………………………………………… 91
　　　　　三、我国监管科技的参与主体 ………………………………………… 95
　　　　　四、我国监管科技体系的整体架构 …………………………………… 96
　　第二节　中国人民银行监管科技运用实践 …………………………………… 97
　　　　　一、中国版监管沙盒加速落地试点 …………………………………… 97
　　　　　二、数字人民币加速试点落地 ………………………………………… 99
　　　　　三、中国国家外汇管理局监管科技运用实践 ………………………… 100
　　　　　四、分支机构监管科技运用实践 ……………………………………… 101
　　　　　五、附属机构监管科技运用实践 ……………………………………… 102
　　第三节　中国银保监会监管科技运用实践 …………………………………… 105
　　　　　一、完善监管数据治理 ………………………………………………… 105
　　　　　二、支持金融科技创新 ………………………………………………… 107
　　　　　三、建设信息共享平台 ………………………………………………… 107
　　第四节　中国证监会监管科技运用实践 ……………………………………… 108
　　　　　一、分支机构监管科技运用实践 ……………………………………… 108
　　　　　二、交易所监管科技运用实践 ………………………………………… 109
　　　　　三、行业协会监管科技运用实践 ……………………………………… 111
　　第五节　地方金融监管部门监管科技运用实践 ……………………………… 112
　　　　　一、北京：金融风控驾驶舱 …………………………………………… 112
　　　　　二、深圳：多管齐下防范金融风险 …………………………………… 113
　　　　　三、宁波：金融风险监测防控系统 …………………………………… 114

　　　　四、广州、西安等多地：风险大脑监管平台 ································ 114
　第六节　金融机构监管科技运用实践 ··· 116
　　　　一、中国工商银行：智能监管报送系统 ······································ 116
　　　　二、中国银行：新一代事中风控系统 ·· 116
　　　　三、中国建设银行：数字合规建设工程 ······································ 117

第六章　监管科技的监管运用 ··· 119
　第一节　法规解释 ··· 120
　　　　一、法规解释概述 ·· 120
　　　　二、法规解释的必要性 ·· 120
　　　　三、传统法规解释面临的挑战 ·· 121
　　　　四、监管科技赋能法规解释 ·· 122
　　　　五、监管科技在法规解释领域的应用实践 ···································· 123
　第二节　监管报告 ··· 124
　　　　一、监管报告的定义 ·· 124
　　　　二、监管报告的必要性 ·· 125
　　　　三、传统监管报告面临的挑战 ·· 125
　　　　四、监管科技赋能监管报告 ·· 126
　　　　五、监管科技在监管报告领域中的应用实践 ·································· 127
　第三节　数据共享 ··· 129
　　　　一、数据共享概述 ·· 129
　　　　二、数据共享的必要性 ·· 130
　　　　三、传统数据共享面临的挑战 ·· 131
　　　　四、监管科技赋能数据共享 ·· 132
　　　　五、监管科技在数据共享中的应用实践 ······································ 133
　第四节　反洗钱与防范金融犯罪 ··· 134
　　　　一、反洗钱与防范金融犯罪概述 ·· 134
　　　　二、反洗钱与防范金融犯罪的必要性 ·· 135
　　　　三、传统反洗钱与防范金融犯罪面临的挑战 ·································· 135
　　　　四、监管科技赋能反洗钱与防范金融犯罪 ···································· 136
　　　　五、监管科技在反洗钱与防范金融犯罪的应用实践 ···························· 137
　第五节　金融消费者保护 ··· 138
　　　　一、金融消费者保护概述 ·· 139
　　　　二、金融消费者保护的必要性 ·· 139
　　　　三、传统金融消费者保护面临的挑战 ·· 140
　　　　四、监管科技赋能金融消费者保护 ·· 141

　　　　五、监管科技在金融消费者保护领域的应用实践 ……………………… 142

第七章　监管科技的合规运用 ………………………………………………… 145
第一节　风险管理 …………………………………………………………… 146
　　　　一、风险管理概述 ……………………………………………………… 146
　　　　二、风险管理的必要性 ………………………………………………… 148
　　　　三、传统风险管理面临的挑战 ………………………………………… 149
　　　　四、监管科技赋能风险管理 …………………………………………… 150
　　　　五、监管科技在风险管理领域的应用实践 …………………………… 151
第二节　身份认证 …………………………………………………………… 151
　　　　一、身份认证概述 ……………………………………………………… 152
　　　　二、身份认证的必要性 ………………………………………………… 152
　　　　三、传统身份认证面临的挑战 ………………………………………… 153
　　　　四、监管科技赋能身份认证 …………………………………………… 154
　　　　五、监管科技在身份认证领域的应用实践 …………………………… 154
第三节　数据管理 …………………………………………………………… 156
　　　　一、数据管理概述 ……………………………………………………… 156
　　　　二、数据管理的必要性 ………………………………………………… 156
　　　　三、传统数据管理面临的挑战 ………………………………………… 157
　　　　四、监管科技赋能数据管理 …………………………………………… 158
　　　　五、监管科技在数据管理中的应用实践 ……………………………… 159
第四节　虚拟助手 …………………………………………………………… 159
　　　　一、虚拟助手概述 ……………………………………………………… 159
　　　　二、虚拟助手的必要性 ………………………………………………… 160
　　　　三、传统虚拟助手模式面临的挑战 …………………………………… 161
　　　　四、监管科技赋能虚拟助手 …………………………………………… 161
　　　　五、监管科技在虚拟助手中的应用实践 ……………………………… 162
第五节　合规审查 …………………………………………………………… 162
　　　　一、合规审查概述 ……………………………………………………… 163
　　　　二、合规审查的必要性 ………………………………………………… 163
　　　　三、传统合规审查面临的挑战 ………………………………………… 163
　　　　四、监管科技赋能合规审查 …………………………………………… 164
　　　　五、监管科技在合规审查中的应用实践 ……………………………… 165

第八章　金融科技的监管环境 ………………………………………………… 167
第一节　金融科技监管的法律基础 ………………………………………… 168

		一、金融科技监管法律制度变革	168
		二、金融科技监管法律制度要点	170
	第二节	金融科技监管的实施主体	173
		一、国际金融监管组织	173
		二、中央银行	175
		三、审慎监管当局	176
		四、行为监管当局	177
		五、行业自律组织	178
	第三节	金融科技监管的政策环境	178
		一、金融科技的监管原则	178
		二、金融科技监管的创新模式	181
	第四节	金融科技监管的具体要求	184
		一、技术层面的监管要求	185
		二、业务层面的监管要求	187

第九章 金融科技机构的监管 … 189

	第一节	金融科技公司的监管	190
		一、金融科技公司概述	190
		二、金融科技公司的特有风险	191
		三、金融科技公司的监管现状	193
		四、完善金融科技公司的监管	194
	第二节	消费金融公司的监管	195
		一、消费金融公司概述	195
		二、消费金融公司的特有风险	198
		三、消费金融公司的监管现状	199
		四、完善消费金融公司的监管	200
	第三节	互联网保险公司的监管	200
		一、互联网保险公司概述	201
		二、互联网保险的特有风险	202
		三、互联网保险的监管现状	203
		四、完善互联网保险公司的监管	204
	第四节	第三方支付机构的监管	204
		一、第三方支付概述	204
		二、第三方支付机构的特有风险	206
		三、第三方支付机构的监管现状	207
		四、第三方支付机构的监管趋势	208

第十章　金融科技业务的监管 ... 211
第一节　数字货币的监管 ... 212
一、数字货币概述 ... 212
二、数字货币的特有风险 ... 214
三、数字货币的监管挑战 ... 215
四、数字货币的国际监管动向 ... 215
第二节　互联网贷款的监管 ... 217
一、互联网贷款概述 ... 218
二、互联网贷款的特有风险 ... 220
三、互联网贷款的监管现状 ... 221
四、互联网贷款的监管趋势 ... 223
第三节　征信业务的监管 ... 224
一、征信业务概述 ... 224
二、征信业务的监管挑战 ... 226
三、征信监管科技的应用探索 ... 226
四、监管科技发展长效机制建设 ... 228
第四节　智能投顾业务的监管 ... 229
一、智能投顾业务概述 ... 229
二、智能投顾业务的特有风险 ... 230
三、智能投顾监管的国际经验 ... 232
四、智能投顾业务的监管现状 ... 234
五、智能投顾业务的监管趋势 ... 234

第十一章　监管科技存在的问题和障碍 ... 237
第一节　数据治理风险 ... 238
一、数据质量风险 ... 238
二、数据确权问题 ... 240
三、数据孤岛问题 ... 243
第二节　技术风险 ... 245
一、算法模型风险 ... 245
二、技术应用风险 ... 248
第三节　伦理风险 ... 250
一、伦理风险的内涵 ... 250
二、伦理风险的来源 ... 251
三、伦理风险的影响 ... 252
四、伦理风险的把控 ... 255

第四节　网络安全风险 ···································· 257
一、网络安全风险的内涵 ···································· 257
二、网络安全风险的来源 ···································· 257
三、网络安全风险的影响 ···································· 259
四、网络安全风险的把控 ···································· 259

第五节　垄断风险 ·· 260
一、垄断的内涵 ·· 260
二、垄断风险的来源 ·· 261
三、垄断风险的影响 ·· 262
四、垄断风险的把控 ·· 264

第六节　开放金融模式对监管的挑战 ·························· 265
一、开放金融的内涵 ·· 265
二、开放金融的驱动因素 ···································· 265
三、开放金融风险的影响 ···································· 266
四、开放金融风险的把控 ···································· 267

第十二章　监管科技的发展趋势展望 ···························· 269

第一节　基础技术展望 ······································ 270
一、人工智能技术 ·· 270
二、大数据技术 ·· 272
三、云计算技术 ·· 273
四、区块链技术 ·· 273
五、物联网技术 ·· 274

第二节　监管变革展望 ······································ 275
一、当前金融监管范式的困境 ································ 275
二、监管科技助推监管变革 ·································· 276
三、元宇宙概念下的监管展望 ································ 278

第三节　我国监管科技的发展趋势展望 ························ 279
一、我国监管科技面临的冲击和挑战 ·························· 279
二、我国监管科技发展的重要趋势 ···························· 280
三、促进监管科技发展的政策建议 ···························· 283

参考文献 ·· 285

第一章

监管科技概述

近年来，在积极的技术创新和宽松的政策环境的推动下，金融科技在金融监管和合规领域的应用日益深化，逐步形成了金融监管科技这一相对独立的子领域。全球金融危机之后，为了满足日益严格的监管要求，降低合规成本，很多金融机构引入科技手段，促进自身合规能力的提升。与此同时，各国监管当局积极利用新技术来提高现有监管效率，对新金融产品、模式实现"穿透式管理"，以提高监管质效、应对金融创新、防范金融风险。本章拟对金融科技和金融监管科技（简称监管科技）进行概念界定，旨在厘清金融科技和监管科技的区别和联系，同时对监管科技的内涵进行详细阐述，分析监管科技生态圈的相关主体，梳理监管科技的发展阶段，初步建立对监管科技的基本认知。

第一节　金融科技与监管科技

科学技术的发展和金融需求的改变导致金融和科技的融合加快，金融科技发展如火如荼，甚至从根本上改变着金融业态。监管科技最初是从金融科技中发展而来，被认为是金融科技的一个子集。了解金融科技的内涵和外延，对于理解监管科技的定义范畴至关重要。本节主要介绍金融科技的基本概念、发展历程，并详细阐述金融科技和监管科技的联系。

一、金融科技的基本概念

金融科技（financial technology，FinTech）由金融（finance）和科技（technology）两个词合并而来，是金融和科技的融合术语。金融科技的本质是一种金融创新，它由技术驱动，但不等于技术本身。自 2010 年以来，全球的科技公司将大数据和人工智能等最前沿的信息与计算机技术应用到证券经纪交易、银行信贷等金融业务领域，逐渐形成了不依附于传统金融体系的金融科技力量。

狭义上讲，金融科技是指有潜力能从根本上改变金融服务业，甚至改变整个经济领域的技术创新。该定义由金融稳定理事会（Financial Stability Board，FSB）在 2016 年发布的《金融科技的描述与框架分析报告》中提出，目前已基本成为全球共识。中国人民银行在 2019 年印发的《金融科技（FinTech）发展规划（2019—2021 年）》中将金融科技定义为，技术驱动的金融创新，旨在运用现代科技成果改造或创新金融产品、经营模式、业务流程等，推动金融发展提质增效。

广义上讲，金融科技是指用于金融的科技，包括在金融知识和教育、零售银行、投资以及比特币等加密数字货币等所有金融领域的技术创新。在实践中，不同的金融市场和监管环境下，金融科技的含义也有所不同。例如，当前美国的金融科技主要依托于初创公司，这些公司多是为颠覆现有的对软件依赖较少的金融系统而建立的。欧洲金融科技的语义更为丰富，既包括金融科技创新的相关技术，也包括金融科技公司。而中国的金融科技更多是强调前沿技术对传统金融业务的辅助和优化作用。

从金融科技的应用领域来看，金融稳定理事会将金融科技业务分为五类：分别是支付结算清算、存贷款与资本筹集、投资管理、保险和市场基础设施。当前，我国开展的金融科技业务主要集中在支付科技、小微科技、金融新基建、保险科技、财富管理科技、风控科技和银行科技七个细分领域。

二、金融科技的发展历程

金融和技术从一开始就密不可分地交织在一起。金融是信息敏感性行业，信息是决定金融资产价格、衡量和管理风险、运作资金流动的基础，而信息技术的发展决定了金融信息的传递时效和触达范围，影响了信息的质量，也进一步影响了金融服务的质量。随着数据量和信息量的增加，金融计算也与技术算力息息相关。计算贯穿于金融全过程，支付清算、资金融通配置、资产定价和风险管理都离不开金融计算，而基于技术的算力决定了金融的发展模式和效率。因此，金融与科技具有内在的紧密联系，虽然金融科技这个名词出现的时间较短，但是金融和技术有着相互促进的悠久历史。本书将金融与科技融合的历程主要分为三个阶段。

（一）金融科技1.0：20世纪60年代以前

从时间上来看，金融科技1.0阶段是指20世纪60年代以前金融和科技的融合发展时期。这一阶段的金融和科技的关系还停留在浅层次的应用，并没有出现深度的融合，其显著特点是利用科学技术来加强金融基础设施建设。

应用于金融业的技术最早可追溯至货币的产生，即金属铸币和纸币。冶金术、造纸术和印刷术等技术在货币的形成中发挥着重要作用。此外，早期的算盘等计算技术的出现，提高了金融业务的效率；中世纪晚期和文艺复兴时期复式记账法的出现，也为金融机构和企业提供了如实、清晰反映资金来龙去脉的工具。

19世纪末，电报、电话等技术在建立跨境金融联系中起到了极大的作用。自19世纪中期第二次工业革命发明电之后，电报和电话等通信方式的出现扩大了信息传递的范围、提升了信息传递的质量，使得跨国金融交易量不断上升，并推动了电汇等业务的出现，从而促进了金融机构相关业务的发展。在证券交易中，电话和电传交易指令方式的出现使得客户可以通过电话、电传的形式通知证券经纪人，迅速向证券商传达指令、提高效率。

在金融科技1.0阶段，科技更多是作为服务于金融的工具，金融机构仅是简单地运用相应的技术来满足机构业务自动化、提升服务效率的需求，科技公司也并未参与到金融机构业务中。

(二) 金融科技2.0：20世纪60年代至21世纪初

随着信息化程度的不断提高，从20世纪60年代发展至21世纪初，金融科技的发展也迈进2.0时代。这一阶段金融科技的主要特点是科学技术为金融服务的信息化和电子化赋能，以提高金融业务的效率。金融科技2.0阶段的发展主要体现在支付领域。

自1946年世界上第一台电子计算机诞生以来，计算机的变革和发展不断提升算力，而计算机的应用也持续推动了金融科技的发展和创新。20世纪60年代末以来，随着计算机技术的不断发展，金融业的电子支付系统初具雏形。1970年，美国建立了清算所银行间支付系统（US Clearing House Interbank Payments System），主要进行跨境美元交易的清算。1973年，作为国际银行同业间非营利性的国际合作组织环球银行金融电信协会（Society of Worldwide Interbank Financial Telecommunications，SWIFT）成立，为银行的结算提供了安全、可靠、快捷的通信业务，提高了跨境结算的标准化、自动化程度，加速了全球范围内的货币流通。

1967年是金融科技发展史上具有标志性意义的一年，这一年发生了两个重要事件，标志着金融业务数字化进程的开始。1967年6月27日，巴克莱银行在英国伦敦安装了世界上第一台自动取款机（automated teller machine，ATM），随后ATM的逐渐普及，极大地促进了金融前台业务的电子化。同年，德州仪器公司创造了第一台手持式计算器，改变了金融业务的计算方式，大大提高了金融业务的效率。随后，金融业务的电子化和数字化进程日益加快。1971年，世界上第一家电子股票交易所纳斯达克成立，时至今日，几乎所有的金融交易所都是电子化的。电子化交易也普遍存在于外汇市场中，20世纪70年代，布雷顿森林体系解体后，汇率制度转向浮动汇率制，外汇市场的交易量、交易速度以及价格易变性在20世纪70年代中全面增长。20世纪80年代，随着计算机及相关技术的问世，跨国资本流动加速，将亚、欧、美等洲时区市场连成一片，外汇交易量在80年代中期达到大约每天700亿美元。

进入20世纪80年代后，不断进步的互联网技术逐渐走向社会化应用，在20世纪末21世纪初出现了一波全球性互联网经济热潮。20世纪90年代中后期，美国互联网银行逐渐兴起。世界上第一家互联网银行安全第一网络银行（Security First Network Bank，SFNB）于

1995 年在纽约成立，完全在互联网上提供银行非现金业务；互联网银行 BofI 成立于 1999 年，专门提供基于互联网的银行服务；ING 美国直销银行成立于 2000 年，是荷兰 ING 银行主动结合互联网的一种典型运作模式，银行不设网点，客户主要通过计算机、手机等远程渠道获取银行产品和服务。1996 年，第三方网络支付公司在美国出现，随后 Yahoo PayDirect、Amazon Payment 和 PayPal 等公司先后成立，其中，成立于 1998 年的 PayPal 今天已成为倍受全球用户欢迎的国际贸易支付工具。2003 年，互联网众筹出现在英国市场。2005 年，第一家 P2P 贷款（peer to peer lending）平台 Zopa 开始上线运营。各类新型金融业态相继出现，金融科技行业开始呈现出欣欣向荣的态势。在我国，支付宝、京东金融等公司纷纷开始起步，依托强大的电子商务平台用户基础，在金融行业崭露头角。然而，随着美国网络经济泡沫的破裂，大量互联网银行破产或被收购，传统金融行业开始尝试运用科技的手段丰富产品、改善业务，逐步开启线上和线下双线业务战略，迈入数字化转型之路。

在金融科技 2.0 时代，金融科技的发展主要表现为金融体系的数字化建设，但其发展进程也并非一帆风顺。金融科技在加速全球金融体系互联互通的同时，放大了金融交易的风险，并带来了更高的操作风险。1995 年，巴林银行（Barings Bank）因交易员从事期货投机失败而倒闭，金融体系的数字化使得交易员更容易进行国际投机操作，但这一时期技术及其引发的操作风险尚没有引起足够的重视。1974 年，赫斯塔特银行（Herstatt Bank）倒闭，由于当时实时结算等技术支持尚不成熟，从而导致相关交易对手面临赫斯塔特风险的局面，并由此推动了国际金融监管组织的诞生，即 1975 年国际清算银行成立巴塞尔银行监管委员会（简称巴塞尔委员会），以此来加强对银行业务，特别是跨境业务的监督。1987 年的"黑色星期一"发生了全球股市的崩盘，这次危机中计算机程序运作的程式交易与股价崩盘形成了恶性循环，人们开始认识到，复杂的计算机化金融系统可能会带来系统性风险，对金融市场也需要有技术支撑的监管。

（三）金融科技 3.0：21 世纪初至今

21 世纪初以来，特别是 2008 年全球金融危机爆发之后，在金融业自身变革和科技飞速发展的共同作用下，金融科技的发展速度大大加快，创新技术开始在金融业务中广泛应用。在金融科技 3.0 阶段，金融和科技深度融合，金融科技初创型公司迅猛发展，金融科技深刻改变着金融体系的运行规则，重塑金融业态。

2008 年是金融科技发展的重大转折点，金融危机之后，金融科技进入 3.0 时代。2008 年的全球金融危机始于美国次级贷款市场，波及全球金融体系。从金融科技的角度来看，这场金融危机具有以下特点：①它导致金融从业人员大量失业，这促使许多一直期待着在金融领域获得良好职业发展的人开始寻求新的机会；②危机爆发后，全球各地金融监管当局开展大量监管改革，旨在防范 2008 年金融危机中各类相似问题的再次发生，诸多监管变化导致传统金融机构的盈利能力急剧下降，合规成本大幅增加，很多金融机构不得不通过引入新的技术来应对监管变化；③全球金融危机导致公众对传统金融机构的信任度下降，银行的品牌形象受到严重冲击。金融危机带来的行业转变与智能手机等技术发展共同作用，促进了金融科技公司的爆炸式增长，为金融科技在2008年之后的快速发展奠定了基础。高水平的智能手机普及率和复杂的应用程序接口（application programming interface，API）为金融科技3.0的发展提供了技术基础，金融科技公司通过向消费者、企业和现有金融机构提供特定的利基服务，开展替代性金融服务，对传统金融机构形成了挑战。

与金融科技1.0和2.0阶段中科技依附于金融的姿态有所不同，在金融科技3.0时代，金融科技公司的数量和形象都大幅提升，其业务重点逐渐聚焦在替代性金融技术方面，如众筹和P2P贷款等另类融资方式。除金融科技公司外，全球成熟的电子商务公司也积极布局金融科技发展，如IBM、苹果、亚马逊和阿里巴巴等公司，这些公司都积极应用技术创新来应对金融领域的挑战并创造机会。如今，金融科技几乎影响着金融体系的各个领域，已经在一定程度上改变了金融业的运作模式，并对监管机构和监管框架提出了新的挑战。

三、金融科技之监管科技

监管科技由金融科技发端而来，起初主要是金融机构为应对趋严的监管要求、降低合规成本、提升合规效率而发展的技术；而后随着金融科技的飞速发展，监管部门对监管技术的需求不断提升，监管科技的应用范围逐渐扩大，不仅局限于金融机构对合规技术的应用，还逐渐拓展至监管机构对监管技术的应用。监管科技通过人工智能、大数据、区块链和云计算等技术的使用，加强对数据资源的分析，提高感知风险的敏感度，在提升金融机构合规能力和监管机构监管效能的同时，弥补了传统监管的短板，提高了对金融科技自身的监管能力。更为重要的是，监管者运用监管科技可以对金融科技的发展实时跟进，因势利导，顺势而为，这就有利于实现金融风险防控以及与金融科技创新的动态平衡，促进金融科技创新的稳健发展。

金融科技在金融机构合规领域的应用是监管科技兴起的来由。2015年，英国金融行为监管局（Financial Conduct Authority，FCA）首次提出监管科技（RegTech），将其定义为金融科技的一个分支，是指专注于能够比现有能力更有效、更高效地满足多样化监管要求的新型技术。当前，虽然监管科技的概念已经远不只局限于此，但这一概念反映了最初的监管科技的由来。金融危机之后，全球及各国的金融监管趋严，且不同国家或地区的监管要求各不相同，金融机构的合规成本急剧上升，金融机构不得不运用科技来应对越来越复杂的监管环境，这种应用于合规需要的科技，属于合规端监管科技（CompTech），仍是当前监管科技的一种重要类型。

金融科技对原有监管体系的冲击是监管科技兴起的另一推动力。金融科技的创新发展带有破坏性创新的特点，传统监管体系难以有效监管金融科技创新所带来的风险，这就大大推动了监管科技的兴起，以实现"以科技治科技"。金融科技对原有监管体系的冲击主要表现在以下四个方面：

（1）金融科技具有创新性的特点，从而带来了网络安全风险、数据安全风险、技术风险等新型风险。金融科技的运作主要依赖计算机与网络，科技创新推动了金融业务虚拟化、线上化与开放化，交易资金远程化与流转实时化，使得金融市场对信息技术和互联网的依赖性大增。一旦在某一环节出现任何技术漏洞，均可能导致网站遭遇攻击、隐私泄露等安全风险，给金融机构与客户造成巨大经济损失。

（2）金融科技具有去中心化的特点，这对传统的中心化监管体系提出了挑战。在传统的金融体系中，大部分金融服务和基础设施都是中心化的，金融中介机构是金融体系的核心组织架构，其监管体系也多以机构监管为核心。然而，随着金融科技的快速发展，金融脱媒日益深化，金融服务和产品的运营逐步呈现去中心化或分布式的趋势，这就会形成分布式的运作模式与中心化的监管体系的制度性错配。这种错配可能会使得金融风险更易在空间上传染，并衍化为系统性风险，从而对监管技术提出了更高的要求。

（3）金融科技具有跨界化的特点，这加大了传统金融风险的识别难度和传染性。金融科技的跨界化比金融领域的综合化经营更加复杂，金融科技业务不仅可能跨越多个金融子部门，还将覆盖科技和金融两个行业。跨界化有助于提升金融服务的质量，但是其风险传染性也在增大，还会导致监管边界的模糊与重叠，加大业务属性的识别难度，从而产生监管真空与监管漏洞，对现有金融监管体系形成挑战。

（4）金融科技具有智能化的特点，这凸显了原有监管体系效率的低下和流程的繁复。金融科技运用人工智能和机器学习等智能化技术，加快了金融产品和服务更新的步伐，但同时也凸显了传统监管的滞后性。此外，面对金融科技的发展，金融监管的重点将从金融机构与金融从业人员变为人工智能技术，监管对象的变化、监管效率的低下和成本的高企都将降低传统金融监管的有效性。

金融科技的这些特点为金融体系带来了新的风险，同时也改变着整个金融行业的风险特征。监管机构要在金融科技背景下对整个金融系统实施有效的监管，就不得不发展监管科技，这种应用于监管需要的科技，即监管端监管科技（SupTech），也已经成为当前监管科技的另一种重要类型。

本书将在本章第二节中详细介绍合规端和监管端这两种类型监管科技的内涵和区别。

金融科技的发展加大了对监管科技的需求，将监管科技应用于对金融科技的监管又有助于金融科技的健康发展，但当前监管科技和金融科技发展仍存在着一定的错配。金融科技发展时间长，创新速度快，产品更迭成本低，由于其技术性特点，对金融科技进行监管需要相应的技术能力,然而监管科技的发展不仅从时间上滞后于金融科技,而且受到传统监管框架体系的制约,如果没有成熟的技术来匹配金融科技创新业务的监管需求,只能通过禁止性规定来管控,这一方面留下了监管套利的空间、加剧了金融体系的脆弱性,另一方面增加了金融科技公司的合规成本,不利于监管发挥激励相容的效用,抑制了金融创新。因此,在研究监管科技的同时,也要把握好监管科技和金融科技发展的协调关系,不断创新监管理念和政策,寻找监管和创新的平衡点。

第二节 监管科技的基本内涵

自2015年英国金融行为监管局提出监管科技这一概念以来,监管科技已逐渐被金融机构和监管部门尝试应用于日常合规和监管中。本节拟从监管科技的类型、驱动、功能三个方面对监管科技进行介绍,旨在帮助读者理解监管科技的基本内涵。

一、监管科技的类型

与金融科技类似,监管科技(RegTech)也是一个合成词,由监管(regulation)和科技(technology)两个词合并而来。如本章第一节所述,狭义的监管科技由英国金融行为监管局定义,认为监管科技是金融科技的一个分支,是指专注于能够比现有能力更有效、更高效地满足多样化监管要求的新型技术。而后随着监管科技的发展,监管科技的应用范围逐渐扩大,国际金融协会(Institute of International Finance,IIF)于2016年给出了广义的监管科技定义,将监管科技定义为利用创新技术以更高效率、更好效果地满足监管及合规需要,将监管科技的应用主体从金融机构拓展至金融监管机构、金融科技公司等金融全行业参与者,同时将一切监管需要和合规需要均纳入监管科技范围内。本书所提到的监管科技皆是指金融领域中广义的监管科技,即金融从业者和金融监管机构运用创新科技手段以更高的效率和更好的效果来满足监管及合规需要,最终实现降低合规成本、控制金融风险的目的。

按照监管科技的应用主体进行分类,可以将监管科技分为两大类:第一类是金融机构和金融从业者用于满足监管和合规要求而发展的技术,被称为合规端监管科技(CompTech);第二类是监管机构用于为监管赋能、提升监管成效的技术,被称为监管端监管科技(SupTech)。以监管机构为主体,眼睛向内看,监管端监管科技是指监管机构运用科技手段为监管赋能;眼睛向外看,监管端监管科技还包括监管机构运用科技手段更好地监管金融机构和金融科技机构。

(一) 合规端监管科技

合规,即合乎规定、规范、规矩。金融机构的合规是指金融机构需要遵守相关法律法规、监管规定以及行业准则进行经营活动,否则会面临遭受违规处罚的风险。传统金融机构出于其风险管理和合规需求,会大力发展合规端监管科技来为降低合规成本、提高合规效率、提升合规水平提供解决方案。

合规端监管科技可实现合规路径的数字化和智能化,实时把握监管动态,从而减少合规资源投入,降低合规成本。例如在传统的反洗钱工作中,金融机构需要动用大量资源,包括人力资源和信息技术,来满足对可疑交易的监控和报告程序,而区块链等技术可以使交易的各个环节均处于监管覆盖范围内,在"了解你的客户"(know your customer,KYC)领域,金融机构也可通过区块链进行信息共享,这在一定程度上规避了部分重复性劳动,使合规成本降低。

合规端监管科技可通过对监管规则的数字化处理和监管数据的自动化采集,自动形成监管报告,助力金融机构提高合规效率。近年来信息量爆炸式增长,金融机构每天需要处理海量数据,且数据利用效率不高,借助大数据等技术,金融机构能够随时获得内外部数据,及时监测自身经营活动的合规性,从而提高合规审查的时效性。此外,为了应对相似或关联度较高的监管需求,监管科技的应用可以对同一类源数据加工形成多份监管报告,避免重复加工,提升合规效率。

合规端监管科技有助于金融机构完善自身风险管理能力,提升金融机构的合规水平。金融机构运用云计算、大数据、机器学习和区块链等监管科技技术,可以准确展现各类风险,以及不同风险之间的关联性和传染性,有助于金融机构尽早识别高风险的业务活动或交易行为,实现风险的有效管控。监管科技还能为风险模型的精准度赋能,增加风险测算和估计精准度。同时,监管科技的应用以自动化代替人工手段,可以降低传统的操作风险和计算误差,提升合规水平。

(二) 监管端监管科技

近年来,越来越多的监管机构不断探索监管科技在监管领域的应用,采用科技手段赋能金融监管以应对金融的科技化趋势。监管科技可以使金融监管部门更加接近实时的监管创新产品和复杂的金融交易,提升风险的识别和监测能力、改善监管流程、提高监管效能。

监管端监管科技有助于监管当局提升风险的识别和监测能力。新型监管科技工具例如大数据技术和人工智能技术可以较好地处理非结构化数据,从而提升风险的识别和监测能力。金融监管当局可以运用大数据技术对市场交易进行实时监控,将大量的数据集转换为可用于市场监控的模式,来监测潜在的内幕交易、市场操纵行为、洗钱等违法违规行为。

监管端监管科技提升了监管的自动化程度，改善了监管流程。区块链和 API 等技术的发展提升了监管报告自动化程度，巴西中央银行、约旦中央银行、欧洲保险和职业养老金管理局、波兰金融监督局和南非储备银行都正在考虑或筹备利用这些技术推动监管自动化。

监管端监管科技的运用可以综合提升监管有效性，特别是宏观审慎监管的监管效能。宏观审慎监管关注整个金融系统的稳定性，基于金融行业整体的风险来进行监管，因而要求监管者综合分析行业数据来甄别风险。监管科技为监管者收集和分析高频、高颗粒度的数据提供了技术支持，对于管理系统性金融风险具有重要意义。

监管端监管科技有助于监管当局应对金融科技的监管。"科技＋监管"能够有效应对"科技＋金融"的风险。一方面，监管当局可以通过监管科技提升监管的效率和质量，实现对金融科技的动态监管；另一方面，发展监管科技的过程中，监管机构能够对科技的运行机理、架构、优劣及其与金融业务的结合点有更全面、深入的了解，提高对金融科技业务风险的敏感度，更容易定位金融科技业务中的风险点，进而更有针对性地利用科技加强监管，补足监管短板，丰富监管手段。

二、监管科技的驱动

宏观经济环境和微观经济主体共同驱动着监管科技的发展。从需求端来看，金融机构和监管部门都有监管科技的应用需求，金融科技公司等则从供给端提供了监管科技服务。这些驱动力共同促进了监管科技的发展。

（1）宏观环境的驱动。近年来，全球经济增长缺少新的动力，长期的低利率乃至负利率的货币环境，导致运用货币政策调控来促进经济增长的空间有限。宽松的货币政策往往只能实现宽货币，但是向宽信用的传导效果有限，金融服务实体经济的能力有待提升。特别是在 2020 年新冠肺炎疫情的冲击之下，不少国家纷纷采取非常规货币政策来促进经济复苏。在经济环境下行的趋势下，银行负债端吸储难度加大、资产端质量下降，压缩了银行的利润空间，难以为实体经济提供有效的服务。在这种宏观经济的背景之下，传统金融的供需矛盾凸显，中小微企业等具有较大需求的主体难以获得有效的金融供给；非金融业的相关主体积极运用科技向金融业渗透，试图在拓展传统货币政策空间、弥补传统金融体系供需缺口的同时，分享金融行业的高额收益；金融业各方主体也在积极运用科技降低成本、挖掘潜在客户，拓宽业务范围，寻找新的利润增长点。

（2）金融合规的驱动。2008 年金融危机以来，全球监管规则的更新速度加快，金融机构为应对不断增强的监管压力和不断上升的合规成本，迫切需要引入监管科技。为避免类似金融危机的再次发生，2008 年以来全球各地出台了数以千计的新法规，如历经 9 年修订最终定稿的巴塞尔协议Ⅲ，对全球银行业监管规则进行了全面的完善，提出了更加严格的监管要求。而更加棘手的是，虽然全球各地均在推动相似的危机后监管改革，但不同规则的监管上存在着重叠与冲突，这也进一步提高了金融企业的合规成本。2020年LexisNexis发布《全球金融犯罪合规真实成本报告》，报告显示金融服务公司在全球范围内的金融犯罪合规成本合计高达1809亿美元。根据毕马威于2020年发布的研究报告，多达15%的金融机构员工现在从事治理、风险管理和合规工作，但即使进行这种成本高昂的合规投资，监管的合规性也无法得到保证。自金融危机以来的10年中，金融机构已经支付了超过3400亿美元的罚款，并继续面临与市场行为、反洗钱执行、监管报告、信息披露及消费者保护等方面的合规风险。除了巨额罚款之外，金融机构还面临补救费用的压力，这可能需要数倍于罚款的支出。因此，在不断增加的监管压力和日益攀升的合规成本面前，金融机构需要发展监管科技予以应对。

（3）监管需求端驱动。为了应对金融科技对现有监管框架形成的冲击，同时主动引导金融业的积极创新和健康发展，监管机构也对监管科技产生了巨大的需求。一方面，科技对金融业态的改变，使得监管机构不得不顺应行业的发展，积极运用科技来应对。正如本章第一节所述，金融科技的发展对现有的监管体系形成了一系列挑战，从而迫使监管机构不得不发展科技来满足监管需求，提升监管的有效性。另一方面，监管环境和监管要求自身的变化，推动监管机构主动运用金融科技提升监管水平。从监管成本来看，随着监管要求的不断提升，监管当局面对金融机构报告和数据的数量越来越多、频率越来越高，需要具有相匹配的数据收集和分析的能力来实现监管目标，特别是宏观审慎监管理念的提出，对监管机构实时分析海量数据的能力要求进一步提高，这些都产生了用科技手段辅助监管和分析的需求。

（4）科技供给端驱动。一方面，科学技术的发展助推监管科技。伴随着全球信息和资源交流的日益频繁，各类技术呈现交叉式突破发展。例如，由Google首席执行官埃里克·施密特（Eric Schmidt）2006年在搜索引擎大会上首次提出的云计算，在全球范围内正以每年约20%以上的速度稳定增长，大大提升了金融算力，为处理和传输海量数据提供了基础。体现为数据存储、分析以及管理的创新和变革的大数据技术，其全球规模正以每年10%左右的速度不断扩大。近年来，20多个国家和地区已陆续发布了人工智能相关战略、规划或重大计划，根据普华永道预测，未来几年人工智能市场将继续保持高速增长，到2030年全球市场规模将达到15.7万亿美元，约合人民币104万亿元。2009年比特币的正式诞生揭开了区块链技术发展的序幕，根据国际数据公司（International Data Corporation，IDC）全球区块链市场支出规模数据，全球企业区块链市场规模2022年将上升至117亿美元，2017年—2022年年复合增速为73.2%。另一方面，科技公司的壮大助力监管科技。金融科技企业是金融技术解决方案提供的核心参与者，其商业模式主要是通过互联网和移动设备为客户提供线上服务，广泛应用大数据、云计算、区块链和人工智能等技术为金融服务业提供更高效率的技术解决方案，其业务主要涉及支付科技、小微科技、金融新基建、保险科技、财富管理科技、风控科技和银行科技等七个细分领域。近年来，全球金融科技投融资如火如荼地增长，根据 FT Partners 的数据，2014 年—2020 年全球金融科技融资总额从 175 亿美元增长到 453 亿美元，其中在 2018 年达到峰值为 539 亿美元。与此同时，监管科技初创企业的数量和规模也逐渐增多，根据德勤的报告，全球监管科技企业从 2017 年的 153 家迅速增长到 2020 年的 357 家。这些公司通过科技创新，运用新兴技术手段拓展监管科技的应用场景，帮助金融机构和监管机构更好地解决其监管和合规负担。大部分监管科技公司都可以为金融机构提供合规性服务，也会为监管机构提供监管报告的生成及自动化处理等服务。金融科技公司和监管科技公司通过提供科技业务来解决传统合规和监管工作中的难题，为监管科技的技术更新和跃迁提供了技术积累，推动了监管科技的广泛兴起。

三、监管科技的功能

监管科技的发展和广泛应用为金融机构和监管者提供了更好的解决方案，为客户创造了更加优质的金融服务，更大范围内满足了金融需求，创造了更加和谐的金融生态圈。

（1）满足实体金融需求。在金融市场中，由于信息不对称，大多银行更愿意将资金借给财务报表规范、透明且具有抵押资产的大企业来降低坏账率，而数量众多的中小微企业、低收入人群的融资需求很难得到满足，属于金融长尾市场中的客户。正如前文所述，在当前全球经济增长乏力、传统政策调控空间有限的背景下，长尾市场中金融供需的缺口更加凸显。监管科技的发展能够有效缓解信息不对称，促进金融业开拓长尾市场。例如，在金融信贷业务中，在传统的风险管理模式下，金融机构根据用户的个人信用来评估用户信用风险状况，并采取合适的措施保障信贷资金的安全，但金融信贷行业信息孤岛、监管困难、恶意欺诈等问题仍不断出现，已无法适应互联网背景下高速发展的业务需求。而监管科技运用大数据算法，能够利用更多维的数据，如用户的互联网足迹数据等非金融类数据，有效刻画出用户的精准"画像"，更加精准地评估用户的风险特征和用户偏好，使得金融机构既可以根据用户的信用评级为其提供信贷服务，也能根据用户的风险偏好为其提供理财产品，有效填补了传统金融服务的空白，更好地满足实体经济的需求。

（2）降低金融机构成本。在当今充满挑战的商业环境中，成本管理正成为维持金融机构竞争力的重要举措之一。如果实施得当，监管科技可以为金融机构带来显著的成本优势。例如，Mitek（2020）的研究表明，通过实施监管科技改进"了解你的客户"流程，为 1000 万家客户提供服务的典型银行每年可以节省 40% 的成本；机器学习等人工智能技术运用于法律解释，可以更加及时地应对变化了的监管动态，降低法律解读的人工成本；API 数据端口在监管报告生成领域的应用可以实现监管报告的自动报送，从而降低为应对繁复的监管报告而产生的合规成本；大数据的应用可以加快对大量数据的分析和检查，同时可以构建新的预测模型，对监管要求的风险敞口和压力测试提供更加准确、实时的预测，提升金融机构的风险管理水平，有助于金融机构降低经营成本。

（3）提升金融监管质效。监管科技的运用，既可以实现传统监管手段的创新和效率的提升，也可以实现对金融科技的动态监管，弥补传统监管的短板，提高对金融科技监管的能力。监管科技可以使监管机构更及时地以更高的频率收集业务数据，实现对金融业海量数据资源的精细化处理，对数据背后的风险进行预测与识别，实现对风险的提示和预警；可以提高监管部门识别异常交易的能力，尤其是人工智能技术的应用，知识图谱、自然语言处理、数据挖掘等智能监测手段能够实现对金融市场的快速预警、分析及处理，有效挖掘违法违规线索，提升反欺诈等监管质效。

（4）优化金融客户服务。监管科技的发展在很大程度上改善了客户体验。从合规角度来看，繁杂的监管要求通常导致服务速度慢、流程多，采用监管科技可以加快法规遵从性检查，提升客户体验。与此同时，有效地使用监管科技可以减少花费在合规管理上的时间，让前台员工花更多的时间去关注客户的个性化需求。从服务角度来看，监管科技可以更精确地评估客户的信用风险，金融服务产品定制化特点增强，为客户提供更多获得金融服务的机会，避免"一刀切"的准入门槛限制，提高金融服务的包容性。从消费者保护角度来看，监管科技可以通过监督企业的宣传销售活动减少违规宣传销售事件，可以更好地处理客户信息泄露等信息安全问题，提升客户参与金融活动的安全性，加强客户保护。

（5）促进金融科技发展。监管科技在对金融进行监管时采用"以科技治科技"的理念，利用新技术对金融科技产生的新型风险进行智能化监测，对金融科技带来的市场创新实时跟进，这有利于实现金融风险防控以及与金融科技创新的动态平衡，打造激励相容的监管体系，从而在有效管控风险的前提下促进金融科技的创新，推动监管和创新的良性循环。同时，监管科技可推动监管流程和合规管理的自动化和数字化，这也在一定程度上降低了金融科技公司的合规成本，有助于金融科技公司将其成本用于开发具有核心竞争力的产品中去，进一步推动金融科技创新的稳健发展。

第三节　监管科技的相关主体

监管科技的发展改变着金融业态，从监管科技需求方来看，金融机构和监管机构是监管科技的主要需求者，科技企业是监管科技的主要供给方，金融机构、监管机构和科技企业在监管科技发展浪潮中相互促进，共同组成了监管科技生态圈。

一、金融机构

金融机构是从事金融活动的组织，通常以一定的自有资金作为运营资本，通过吸收存款、发行各种证券、接受他人的财产委托等形式形成资金来源，而后通过贷款、投资等形式运营资金，并且在向社会提供各种金融产品和金融服务的过程中取得收益。金融机构可以分为存款类金融机构和非存款类金融机构两大类：存款类金融机构是指接受个人和机构存款并发放贷款的金融机构，其共同特征是以存款为主要负债，以贷款为主要资产，以办理转账结算为主要中间业务，包括中央银行、商业银行、专业银行、信用合作社和财务公司；非存款类金融机构是以发行金融工具或签订契约等方式获得资金，通过特定的方式运营这些资金的金融机构。非存款类金融机构包括保险公司、信托投资公司、证券机构、金融资产管理公司、金融租赁公司、期货类机构和黄金投融资机构等。根据所从事的主要业务活动和所发挥的作用，非存款类金融机构可以分为投资类金融机构、保险保障类金融机构和其他。以证券公司和基金管理公司为代表的投资类金融机构主要在证券市场上为企业和个人提供投融资服务；以保险公司为代表的保险保障类金融机构运用专业化风险管理技术为投保人或受益人提供风险保障服务；其他非存款类金融服务的业务难以统一进行归类，但随着金融发展的深化，此类金融机构的业务发展空间还很大。

正如本章第二节所述，监管科技最初由金融机构应对合规成本变化发展而来。早在20世纪80年代，金融机构就开始运用技术来进行量化风险管理，应对监管部门对于风险监管的要求，是最早的监管科技需求方。时至今日，监管科技的主要应用方仍然是金融机构。根据剑桥大学新兴金融研究中心在2019年发布的《全球监管科技行业基准报告》（*The Global RegTech Industry Benchmark Report*），大约92%的监管科技公司都将银行列为潜在客户，61%的监管科技公司向保险公司提供服务。这说明在监管科技的需求端，银行和保险类金融机构仍是主要构成部分。从最大需求方银行来看，当前银行业务正普遍处于由业务驱动转向数字驱动的转型期，应对监管的态度也正在从被动监管逐步转向主动监管，银行纷纷与监管科技公司合作，在提升合规效率、降低合规成本的同时，积极拥抱监管要求。证券类金融机构也积极运用大数据等监管科技支撑大量高频数据的传输和报送，以应对市场监控、信息披露等方面的监管要求，运用人工智能技术来满足在证券违法行为和市场风险等方面的监管要求，对内幕交易和市场操纵等不法行为进行监督，更加有效地防范风险。保险行业金融机构也积极将监管科技用于识别和处理风险以及虚假索赔，满足反欺诈等监管要求。

二、监管机构

（一）金融监管机构

金融监管机构是依法对金融业实施监督与管理的政府机构，是金融业监督和管理的主体。金融监管是政府行为，目的是维护公众对金融体系的信心，控制金融体系风险，提升金融系统的运作效率，为国民经济和社会发展创造一个稳定的金融环境。当前各国金融监管体系有所不同，按照监管机构的设立划分，大致可以分为两类：一类是由中央银行独家行使单一金融监管职责的单一监管体制，如英国、日本和韩国等国家；另一类是由中央银行和其他金融监管机构共同承担监管职责的多元监管体制。例如，目前中国参与监管科技发展的监管机构主要包括国务院金融稳定发展委员会、中国人民银行、中国银行保险监督管理委员会（简称银保监会）与中国证券监督管理委员会（简称证监会）。其中，国务院金融稳定发展委员会规定了监管科技发展的总体原则和方向，中国人民银行主要从宏观层面规划监管科技的发展路径，中国银行保险监督管理委员会与中国证券监督管理委员会则分别针对不同金融行业发展监管科技。监管机构既是对金融机构和科技公司进行监管的主体，也是监管端监管科技的使用主体，是监管科技的重要应用方。

与金融机构相比，监管机构应用监管科技的时间较为滞后。金融危机后增加的监管要求不仅给金融机构带来了合规压力，也大大提升了监管当局的监管成本，监管机构需要处理和分析大量金融机构提交的合规数据和报告。传统的金融监管模式以统计报表和现场检查等方式开展，在应对科技发展和金融业态变化方面显得力不从心，监管部门获取信息的渠道受限，监管实施成本高，且由于技术水平的限制，对于数据的利用和分析效率低。监管机构应用监管科技，一方面为监管赋能，使监管效率更高，降低监管成本，另一方面也是为了适应金融的创新。金融科技创新加快，监管机构要以科技监管科技，对金融科技带来的风险进行识别、监测和防范，切实有效地对传统金融机构、金融科技公司和金融科技业务等实施监管。

监管机构不仅是监管端监管科技（SupTech）的使用主体，而且是金融机构、金融科技公司和监管科技公司，以及金融控股公司的监管主体，监管机构在监管科技的发展生态圈中，不仅是监管科技的应用方，还是监管科技的监管方。在互联网浪潮下，金融和科技融合发展，金融的跨界性逐渐增强，除了要对传统金融机构进行监管，对于新兴的金融科技机构也需要监管。当前互联网和金融业务融合得越来越密切，一些互联网贷款公司、互联网保险公司和第三方支付机构等兴起，金融脱媒现象严重，如果按照原有的监管框架，会出现监管空白。金融科技推动了金融业务的转型和变革，发展金融创新提升金融服务的同时，业务复杂性也在不断加强。新型金融科技业务如消费金融业务、数字货币业务和智能投顾业务等，都具有很强的技术性特点，对金融科技机构和金融科技业务实施监管需要监管科技进行穿透性监管。在这个背景下，监管机构也在发展监管科技来对金融科技机构以及金融科技业务进行有效监管。

各国监管机构需要监管科技的应用，监管部门也都在积极开发监管科技并进行新的监管框架布局。根据国际清算银行金融稳定研究所的研究，在研究对象涉及的 39 个金融监管当局中，有51%的当局具有明确的监管科技实施战略，实施战略具有两种类型：一种是以监管科技的发展为主线，开发监管科技用以支持监管当局的工作；另一种是监管当局探索运用数据分析工具以实现整个机构的自动化和数字化。没有明确提出监管科技实施战略的监管当局则倾向于建立单独的实验中心或者临时部门来发展监管科技。根据剑桥大学新兴金融研究中心2019年发布的《全球监管科技行业基准报告》，在受调查的监管科技供应商中，66%的供应商都将监管机构部门列为潜在的监管科技用户。

（二）技术监管机构

技术监管机构是对技术进行监管的机构，主要负责制定技术政策、技术规范和技术标准，并对技术行业进行管理和监督，维护网络安全和技术安全。全球技术监管机构主要分为两类：一类负责制定技术标准，另一类负责科技行业公司的监管。其中，负责制定技术标准的机构既包括国际标准化组织，也包括各国技术标准制定机构。国际标准化组织（International Organization for Standardization，ISO）是世界上最大的非政府性标准化专门机构，目前在云计算、区块链等技术的标准制定上也均有工作布局。随着科技巨头的野蛮生长，各国负责科技行业公司的监管部门也纷纷参与到金融科技的监管中，如英国竞争与市场管理局（Competition and Markets Authority，CMA）拟新建一个数字市场部门以加大对大型数字企业的监管力度，美国联邦通信委员会（Federal Communications Commission，FCC）建议成立一家电子政府机构来监督大型科技企业的运作。当前，我国的技术监管机构主要包括国家互联网信息办公室（简称国家网信办）、工业和信息化部（简称工信部）和各行业自律组织及相关机关等。

技术监管机构监管底层技术，有助于防范监管科技产生技术风险。当前底层技术发展尚不成熟，仍存在技术监管层面尚未形成一致的标准、技术应用主体安全防范意识不足、算法模型风险难以预测和管理等问题，监管科技的各类业务均暴露于技术风险下。技术监管机构致力于制定标准一致的技术规范，防范监管科技应用中的技术风险，为监管科技发展提供了良好的技术环境。技术监管机构与金融监管机构的监管职责各有侧重，技术监管机构着重于对技术本身的监管，金融监管当局则侧重于技术在金融领域应用层面上的监管。但是在当前金融与科技融合程度愈加紧密的趋势下，技术与应用难以剥离，这就更需要各个监管机构协同合作，以形成更加完善的监管体系。

三、科技公司

金融科技公司作为主要的监管科技供应商，是监管科技市场的供给方主体。根据毕马威和金融科技投资公司 H2 Ventures 联合发布的 2019 年全球金融科技 100 强榜单（FinTech 100），领先金融科技公司中支付科技类公司最多，财富管理科技公司、保险科技公司和小微科技公司增长态势迅猛。这些金融科技公司的发展为金融服务业带来了科技的竞争与活力，促进了金融业与技术的融合，也向金融行业及监管当局输出了科技解决方案。当前，美国的金融科技供应商富达国民信息服务公司（Fidelity National Information Services, Inc., FIS）、金融科技公司新星 Stripe 支付平台、数字科技驱动的房产金融科技公司 Compass，中国的蚂蚁集团、京东数字科技集团，英国的新兴数字银行 OakNorth，德国金融科技公司 N26，新加坡的独角兽公司 Grab，印度的出行公司 Ola 等均是全球领先的金融科技公司。

金融科技公司一方面创造性地开发了新型互联网金融服务，另一方面也向传统金融机构输出科技服务，促进金融业务的数字化、网络化。越来越多的金融科技公司在发展过程中将银行、保险、财富管理等金融服务融入其中，以科技为支撑，提供与应用场景深度结合的线上存贷款、支付、理财等新型互联网金融服务，以其低成本、简流程、普惠化等特点，抢占金融业市场份额，倒逼传统金融机构进行数字化转型，潜移默化地改变着金融业的游戏规则。在金融行业监管趋严、科技能力重要性提升及市场重心转变等多方面因素推动下，金融科技公司更加强调自身科技属性，将为金融机构提供科技解决方案作为发展重点。近年来，众多金融科技公司先后调整优化业务范围并更改企业名称，明确技术能力输出的长期战略定位。

对监管科技的高度需求推动了监管科技公司等监管科技供给方的兴起，监管科技行业快速增长。根据德勤的研究，全球监管科技企业 2017 年仅有 153 家，到 2020 年已有 357 家，监管科技初创企业的快速增长为监管科技生态圈的发展提供了基础技术积累，降低了监管科技的应用成本，推动监管科技进一步广泛发展。从监管科技公司的目标客户来看，目前大多数监管科技公司都还主要以金融机构作为目标客户，提供在监管合规、风险管理和控制金融犯罪等方面的监管科技服务。监管科技公司运用监管科技可以及时了解监管变化，向购买服务的金融机构进行合规业务的提醒。还有一部分监管科技公司面向监管机构提供服务，其中监管报告及其处理的自动化通常是监管机构与监管科技公司合作的一个重点领域。监管科技公司为监管当局提供服务的空间正在增长，与金融机构类似，监管机构也受到监管科技公司提供的成本效益的驱动，这种成本效益可以达到 10 倍，全球监管当局正通过各种渠道与监管科技公司接洽，以寻求增强监管职能的解决方案。除此之外，金融服务机构也是监管科技公司的客户，如四大会计师事务所与监管科技公司合作，运用监管科技以提供更优质的公司法规、税务等咨询服务。

第四节　监管科技的发展阶段

监管科技的诞生滞后于金融科技的发展，但其与技术的融合发展阶段与金融科技的融合过程类似，都可以分为三个阶段：第一个阶段，监管与技术的融合较为初级，技术主要起到工具的作用；第二个阶段，监管与技术融合程度加深，监管体系进行数字化建设；第三个阶段，监管和科技融合发展，科技逐渐重塑监管体系的架构。

一、监管科技1.0

运用技术手段来加强金融监管和合规的历史可以追溯到20世纪80年代，从这一时期到2008年金融危机爆发之前，监管科技的发展仍处于萌芽阶段。这一阶段的监管和科技的结合程度较弱，主要是工具层面的应用，如金融行业和监管机构依赖定量风险管理系统，一般使用金融工程和量化风险模型来进行风险管理等。

（一）监管科技1.0的特征

在监管科技1.0阶段，得益于全球信息技术的发展，从软硬件到系统开发设计都有了较为成熟的经验，能够支撑监管科技的成熟应用。这一阶段的监管科技特征可以归纳为以下两个方面：①主要目标是替代人工。此阶段的监管科技处于IT发展初期，金融监管部门及金融机构更多将其视为提升传统业务处理效率的辅助工具，主要为了解决更加严格的监管要求、日益增长的业务量与手工处理效率低、准确度差之间的矛盾；②对监管理念的创新有限。在这一阶段，程序设计语言以流程化设计为主，监管系统的设计基于业务数据及已确定的算法、依赖已有的成熟业务流程及明确的业务需求，因此不会对现有的监管流程或监管理念形成实质性的创新。

（二）监管科技1.0的技术应用

20世纪80年代以来，以巴塞尔协议Ⅰ为代表的金融监管规则陆续推出，日益复杂的量化监管要求金融机构和监管部门发展信息技术系统来提升合规能力。在这一时期监管科技的主要特征是用计算机技术来替代人工操作，提升工作效率。

20世纪90年代至21世纪初，随着金融机构的全球化发展，建立在各类风险模型基础上的巴塞尔协议Ⅱ已经成为全球金融监管的主流方向，这对金融机构如何运用模型度量风险、计算资本形成了较大的挑战。与此同时，信息技术也日趋成熟，软硬件资源的性能都有所提升，能够更好地支撑监管科技的应用。这一阶段，监管环境与金融机构合规需求共同推动了监管科技的发展，金融机构尤其重视金融工程和量化风险模型在风险管理中的作用，一方面在全球化进程中减少跨境支付清算的风险，另一方面金融机构着力加大信贷风险管理系统、市场风险管理、流动性风险管理系统建设力度，满足监管合规要求。

我国的监管科技主要从20世纪90年代起逐渐发展，监管机构运用科技手段提升监管工作。例如：1993年，中国人民银行第一代会计核算系统建立；1996年，中国人民银行建成了区域性金融数据网；进入21世纪后，中国人民银行相继建设了大小额支付系统、国库信息管理系统、银行卡交换系统等，运用监管科技为监管赋能。银监会（现银保监会）2003年11月4日启动建立银监会非现场监管信息科技平台，要求报送覆盖银行所有业务与风险的监管统计计算报表，即1104报表。2008年开发了监管标准化数据（EAST）系统，内嵌银行标准化数据提取、数据模型生成工具、数据模型发布与管理等功能模块。证监会自2007年起，逐步完成了诚信数据库系统建设、行政许可管理系统的重构等工作，也通过采购或研制成熟高效的软硬件工具或设施，提升监管工作的数字化程度。以银行为代表的金融机构也根据巴塞尔协议等监管要求逐步建立起内部风险管理系统。

21世纪初，金融业和监管机构对应用定量模型管理风险的能力越发自信，这在巴塞尔协议Ⅱ对定量模型的过分依赖中可窥见一斑，然而，全球金融危机的爆发暴露了这种过度自信可能存在的风险，结束了监管科技第一阶段的发展。

二、监管科技2.0

2008年金融危机的爆发，直接推动了监管科技从1.0时代向2.0时代的迈进。一方面，在监管科技1.0时代，金融机构和监管当局过度依赖金融机构的内部量化风险管理模型所带来的风险隐患在危机中凸显；另一方面，危机爆发后，全球金融监管更趋严格，与之带来的监管重叠和矛盾也日益加剧，进一步推升了金融机构的合规成本，金融机构纷纷应用监管科技来优化其合规管理。从时间上来看，这一时期的监管科技发展于全球金融危机之后的近十年间。

（一）监管科技2.0的特征

在监管科技2.0时代，其特征可以归纳为以下三个方面：①全面数据成为监管科技的基石。数据仓库等技术的成熟助力此阶段的监管科技打破不同地域、不同业务间的数据孤岛问题，使得监管部门及金融机构能够从更全面的数据维度中提取有价值的信息。②算法和算力突破成为监管科技的重点。由于数据采集的维度扩展，数据处理、分析的复杂度提升，算法和算力的突破成为系统升级的重要推动力量。③系统设计更多体现独立性。随着大型数据库技术、并行计算、网络操作系统等新技术的成熟和应用，监管科技系统逐步成长为具有独立体系和内生动力的模块，从被动地依存于业务流程过渡到主动地构建解决方案模块。

（二）监管科技 2.0 的技术应用

监管科技 2.0 的技术应用主要为搭建大数据架构。此类大数据架构能够处理比以往颗粒度更细、多样性更丰富、频率更高的数据。在输入端，实现了数据引入和整合的自动化，同时，对数据存储和数据计算流程进行了优化，以实现对数据的连续性的无缝查询。大数据架构提供了更大的数据池以及更强大的计算能力，可以提升合规和监管能力。在此基础上，监管科技 2.0 实现了监管和技术更深层次的结合，监管科技使得监管范围扩大，能够监控到复杂交易、市场操纵、内部欺诈等多种不端行为，金融机构与监管部门之间的关联和技术交流也愈加紧密，同步速度更快。

从金融机构的角度看，随着科技的持续发展及监管部门利用监管科技向"精细化监管"转变的倾向，金融机构更有动力和能力研发和应用更为复杂的信息化监管科技系统。基于此阶段监管科技跨区域、跨行业、跨系统的特性，金融机构与监管部门之间的关联和技术交流也愈加紧密，同步速度更快。在此阶段，也有大量的信息技术提供商、网络及机房基础设施服务商加入到向金融机构输出技术的队伍中来。

从监管机构的角度看，监管机构在此阶段完成了从"粗放式监管"向"精细化监管"的转变，从传统基于相对有限领域的数据分析向全口径、广关联、海量数据的深度挖掘转变。在我国，中国人民银行 2009 年开始建设第二代支付系统暨中央银行会计核算数据集中系统，构建更加安全、高效的支付清算体系；加快金融综合统计信息平台的科技开发，提高统计数据的精细度，服务于人民银行调查、统计、分析、监测、评估、预测等功能。银监会（现银保监会）的银行业金融机构监督管理信息系统（又称 1104 工程）和 EAST 系统建立后，多年发展中不断完善信息报送规则，拓展数据范围。证监会提出其在监管科技 2.0 阶段的工作内容主要是通过不断丰富和完善中央监管信息平台功能，优化业务系统建设，实现跨部门监管业务的全流程在线运转。

进入 2.0 阶段，监管科技已逐步成长为具有独立体系模块，从被动于业务流程向主动提供解决方案转变。

三、监管科技 3.0

监管科技 3.0 主要是指金融科技进入 3.0 发展阶段后所采用的监管技术。从时间上来看，监管科技对于新一代科技的应用滞后于金融科技，2015 年英国金融行为监管局才最先提出要发展监管科技，自 2016 年起，全球对监管科技的发展都给予高度关注。当前正处于监管科技 2.0 向监管科技 3.0 转变的过程中，监管科技 3.0 其实指代了监管科技的未来发展趋势。

监管科技向 3.0 阶段转变，该转变的重要推动力之一是金融科技发展态势的转变。当前金融和科技的融合程度极高，建立与金融科技创新相适应的监管面临着挑战。这一阶段金融科技风险的隐蔽性和传染性更强，金融创新产品的嵌套层数增多，且包装越来越复杂，识别底层资产的难度增加，如果没有配套的科技发展，难以达到识别和监管风险的目的；在互联网和大数据催化下，金融跨界发展越来越普遍，金融科技的传染性增强。金融科技高度依赖数据，逐渐衍生出来的数据安全和数据隐私保护问题也催生了新一代监管科技。

（一）监管科技 3.0 的特征

这一阶段的监管科技特征可以归纳为以下三个方面：①监管科技的应用实践尚处于探索阶段。无论是从监管部门角度还是金融机构角度来看，对于人工智能、区块链等新一代信息技术在监管、合规领域应用的成熟性、有效性还有待进一步证明。②缺乏监管配套体系及制度框架。新一代信息技术仍在快速发展，需不断完善配套监管体系和制度框架，对潜在风险做好控制和防范，构建适应监管科技发展的生态环境。③逐步向"实时监管"进阶。新一代信息技术能有效解决原有监管体系事后监管的制约因素，向实时监管进阶，能够在风险问题发生时主动干预，及时阻断，并实现激励相容。

（二）监管科技 3.0 的技术应用

从技术应用来看，这一阶段使用的技术更加广泛，区块链、物联网、人工智能和大数据等技术的应用逐渐深入，与监管融合发展。此阶段的技术融合不仅能够提供高效率、低成本的监管，而且正在引发整个金融监管框架的变革，世界各国监管机构正在尝试建立新的监管框架来迎合金融科技发展的动态。

在对监管科技 3.0 的探索阶段，监管科技公司和金融科技公司走在行业前列，初创型企业应用新技术，创造新产品，成为监管科技 3.0 阶段的加速器。金融从业机构也逐渐意识到监管科技 3.0 的重要性，投入更多的资源在多个领域深入探索。金融机构通过设立金融科技子公司、和监管科技公司进行合作等方式大力发展监管科技。

在监管部门的科技创新中，监管沙盒在监管科技 3.0 阶段被寄予厚望，监管沙盒通常被用于测试金融创新业务风险，在其应用和改进中，不仅能够发现金融创新业务的潜在风险，而且有望实现监管者与金融创新者的同频发展。我国也高度重视监管科技 3.0 的发展，从政策战略布局来看，2017 年中国人民银行副行长范一飞在科技工作会上对监管科技做了专门阐述，强调了监管科技的正向作用。从应用方面，2017 年我国网联清算平台的建设是监管科技的积极尝试。银保监会预计在 2022 年基本建成全国非法集资监测预警体系,构建线上线下紧密结合、央地平台互联互通的监测预警平台。2018 年 8 月,证监会发布《中国证监会监管科技总体建设方案》,明确提出监管科技 3.0 概念,指出工作核心是建设一个运转高效的监管大数据平台,综合运用各类数据分析技术,围绕资本市场的主要生产和业务活动,进行实时监控和历史分析调查,辅助监管人员对市场主体进行全景式分析、实时对市场主体情况进行监控监测,及时发现涉嫌内幕交易、市场操纵等违法违规行为,履行监管职责,维护市场交易秩序。

第二章
监管科技的理论框架

从监管科技的发展历程可以看出，监管科技是由金融实践不断推动发展而来的，其背后依托的金融市场及监管理论大多早已形成，但也仍然出现了一些对已有理论的创新和融合。本章从梳理金融监管的必要性理论和局限性理论、金融科技的创新性理论和技术监管的必要性理论等理论基础出发，围绕理念创新、工具创新和方法创新三方面构建理解监管科技的理论框架。

第一节 监管科技的理论基础

监管科技是在解决金融、科技及监管发展变迁所带来的一系列挑战中逐渐产生的，监管科技既是金融监管基于科技的延续，也是技术监管在金融领域的拓展。监管科技的理论基础包括金融监管的必要性理论、金融监管的局限性理论、金融科技的创新性理论和技术监管的必要性理论。

一、金融监管的必要性理论

（一）市场失灵理论

在当代西方经济学中，市场失灵理论是分析金融监管必要性的核心理论之一。该理论认为市场并不是完美的，存在诸如负外部性、信息不对称性、垄断性等诸多缺陷，使得无法单纯依靠市场机制实现资源的有效配置。因此，政府部门实施的金融监管，本质上是纠正金融市场负外部性、信息不对称性、垄断性等缺陷的制度安排，以此提高资源配置效率，并保护社会公众（存款人）利益（Stigler，1971；Varian，1996；高鸿业，1996）。金融科技的快速发展，特别是信息技术与金融的深度融合、创新发展，突破了传统金融的范围界限，但并未改变金融市场的有效性，由此带来跨行业、跨市场和跨地域的金融业务日趋多元化和复杂化；与此同时，金融市场中参与机构众多，不仅有传统金融机构，还包括金融科技公司等非金融机构，使得单纯依靠金融市场机制实现资源有效配置的难度更大。在此背景下，金融市场的负外部性、信息不对称性、垄断性等问题也因科技赋能而呈现出新的特点，因此需要监管科技来丰富金融监管手段，进一步提升金融监管对市场非有效性的纠正能力。

（1）负外部性效应理论。外部性，既可以是正面的和积极的，也可以是负面的和消极的，其中负外部性在金融行业中普遍存在。早在1983年，戴蒙德（Diamond）等用一个多重均衡模型证明了任何负债流动性强于资产流动性的机构都具有内在不稳定性。从表现形式看，金融体系内的负外部性表现形式多样，但是其本质上都与金融脆弱性理论相关，例如金融机构的破产倒闭及其多米诺骨牌的连锁反应会引起货币信用的严重紧缩，进而严重破坏社会经济的增长。随着金融与科技的融合，负债流动性强于资产流动性的机构种类越来越多，不仅局限于金融机构，许多互联网企业通过金融科技创新变成"类金融机构"，特别是金融科技公司巨头的出现，使得金融体系的负外部性效应进一步放大，一旦出现恐慌而引发挤兑，更容易出现连锁的"技术性破产"，给经济社会增长带来巨大的负面影响。负外部性效应理论认为，放任金融市场的自由竞争、完全依赖自律管理，无法保证消除负外部性效应，因此政府的干预非常必要。实施有效规制和监管防范是解决金融市场失灵的关键，这正是需要引入外部力量来限制负外部性效应的重要理论依据。随着金融与科技深度融合进一步加剧，传统金融监管制度安排显然无法适应当前及未来金融体系的外部性效应，因此亟须探索一种新的制度安排——监管科技，来限制金融体系的负外部性影响。

（2）信息不对称性监管理论。信息不完备、不对称引起金融市场失灵主要表现在三个方面：①存款人与银行、贷款人与银行之间的信息不对称，产生阿克尔洛夫（Akerlof）所提出的"柠檬问题"，即金融市场中的逆向选择和道德风险（Stigliz，Weiss，1981）；②由于信息不完备，价格体系不再有效传递有用信息，引起市场参与者较高的信息成本，造成金融市场的低效率（Grossman，Stigliz，1976）；③信息具有公共产品的性质（Sprierings，1990；Stigliz，1993），如果缺乏监管，金融机构提供的特定信息数量将明显少于最优资源配置所需要的信息数量。因此，有必要对金融中介机构进行监管，纠正由于信息不对称而引起的市场失灵。随着金融业态的不断丰富和金融科技产品的"过度"包装，信息不对称问题更为凸显，监管者无法与科技创新者同步掌握新信息，科技监管机构对信息的需求也在增加。尤其是在2008年金融危机后，金融监管上升到前所未有的高度，监管机构渴望获取更加全面、更加精准的信息；与此同时，金融市场的快速变化也意味着监管机构需要实现信息的快速处理及实时监测分析。而在传统金融监管模式下，监管机构获取的信息多由金融机构报送，易因片面性、时滞性和精准度不高，而不能有效纠正因信息不对称引起的市场失灵，从而催生出监管当局对新技术的需求。

（3）自然垄断监管理论。一般来讲，金融市场中竞争是普遍的，但金融业务存在规模经济效应，规模越大，则成本越低，收益越高，这意味着金融机构从一开始，就存在着一定的自然垄断倾向。金融业的高度集中垄断，不仅会在市场效率和消费者福利方面带来损失，也会对社会产生负面影响，例如银行拥有贷款价格决定权，很可能造成价格歧视、寻租等情况。对此，Meltzer（1976）指出，金融市场的自然垄断性，是导致金融体系不稳定的主要原因，主张通过政府监管消除垄断，保持金融体系的稳定运行。随着金融创新加快和科技赋能金融发展，金融业准入门槛进一步提高，突出表现在日益提升的获客成本、风控成本和合规要求等方面，这无疑加剧了金融行业的自然垄断现象，尤其是金融科技公司巨头的出现，极易在行业内形成寡头垄断（夏诗园等，2020），更加不利于金融服务公平性的实现。而传统金融监管由于缺乏有效手段，较难实现对金融科技公司巨头的有效监管，亟须通过监管科技推进行业实现稳定、公平与效率兼顾。

（二）金融脆弱性理论

金融脆弱性（financial fragility）有广义和狭义之分。狭义的金融脆弱性也被称为"金融内在脆弱性"，是指以商业银行为主的信用创造机构具有的内在不稳定性。例如高负债经营对资金链条断裂的脆弱性，导致其经营更易失败。而广义的金融脆弱性简称为"金融脆弱"，是指一种趋于高风险的金融状态，泛指一切融资领域中的风险积聚，包括间接融资和直接融资两大领域。金融脆弱性是推动金融监管产生的重要原因之一，Minsky 的"金融不稳定假说"和 Diamond – Dybvig 模型都对相关问题进行了阐释。

1982 年，Minsky 首次提出"金融不稳定假说"后，金融脆弱性问题引起广泛关注。该假说认为，以商业银行为代表的信用创造机构与借款人之间的特征使金融体系具有天然的内在不稳定性。该假说将经济主体分为抵补型、投机性和庞氏型三种，经营杠杆依次上升，但吸收冲击的能力依次降低。经过一段较长时间的经济繁荣后，经济趋于从抵补型占主导的融资结构转向庞氏占主导的融资结构，经济处于通货膨胀状态，这时如果当局通过紧缩货币来控制通货膨胀，经济将逐渐崩溃。因此，政府对经济的干预是十分必要的，可以在经济收缩期维持利润，避免经济陷入萧条。

1983 年，Diamond 和 Dybvig 提出银行挤兑模型，指出银行作为一种金融中介机构，其基本功能是将不具有流动性的资产转化为流动性的资产，因此面临较高的"挤兑"风险，从而导致较高的内在不稳定性，需要对其经营行为进行监管。

虽然金融科技的发展并不会影响金融脆弱性的本质，但它在不同经济金融场景中的应用，可能会在一定程度上对经济和金融体系的波动产生影响。例如，金融科技在提高金融服务效率的同时，提升了金融杠杆，推动经济结构从抵补型企业向庞氏企业的转化，加剧了金融脆弱性；又如，在用于信息披露时减少了投资者与金融机构的信息不对称，降低了金融机构的"挤兑"风险，降低了金融脆弱性。因此，在金融科技发展的背景下，政府对经济金融的干预不仅仍旧必要，而且还需通过金融科技的手段，时刻警惕金融科技可能对经济金融脆弱性的影响，防范金融危机的发生。

二、金融监管的局限性理论

上述市场失灵理论和金融脆弱性理论，是从必要性角度对金融监管进行分析，而在监管有效性层面，管制供求理论、监管俘获理论、监管寻租理论和激励相容理论则提供了相对完整的理论解释。

（一）管制供求理论

20 世纪 70 年代，斯蒂格勒（Stigler）首次利用供求关系理论来研究金融监管效率问题，并提出了管制供求理论，其核心观点指出，政府实施金融监管是以自己和利益集团的利益为重心，因而往往会忽略公共利益。该理论认为，政府可以通过其拥有的各种监管资源调整各方利益从而实现行业调控，主要监管手段包括新竞争者进入的控制、配置产品生产干预、价格管制与货币补贴等，而在金融领域，主要体现在市场准入的管制、业务活动限制、利率的非市场化定价等。

在金融监管领域，需求主体主要包括金融机构和社会公众，前者是为获得收入谋求地位而寻求保护，后者为降低信息不对称风险，要求政府对金融机构进行必要的规制。从供给主体看，理论上讲，金融监管的供给者是政府，作为理性经济人，在提供金融监管这一"公共产品"时，并不会毫无成本、毫不犹豫地按照公共利益提供"公共产品"，而是会对金融监管的成本与收益审慎权衡。如果政府认为监管需求不足，通常会主动降低对金融监管的投入，这极易导致金融监管处于供不应求的失衡状态，反之亦然。然而，这种需求对供给的决定性影响，必须通过作为监管提供者的政府才能实现，但是这种供给能力本身受到政府自身利益、监管理念等多种因素影响。由于金融监管需求函数与供给函数变化决定金融监管的供求关系，只有均衡的金融监管能够实现金融稳定和金融发展的双重效果（李成、刘相友等，2009）。

总体来看，金融科技的广泛应用在优化金融资源配置效率、提升金融机构运营效果的同时，也带来了一些"外溢效应"，而这从供需两端对金融监管提出了新的挑战，也为监管供求理论赋予了新的时代特征。在需求端，监管成本的不断上升推动金融机构布局监管科技，特别是后危机时代的监管环境快速变化，金融机构对监管要求的适应成本不断上升，迫切希望得到监管合规的方法指引，而监管科技的出现，在一定程度上能够为金融机构更高效率、更低成本地实现合规提供了可能；而在供给端，监管部门本身需要技术进步，现有的风险信息技术系统缺乏一致性和灵活性，系统维护成本高，难以应对实时性及临时要求，难以保证风险数据的质量，进行有效管理、获取风险信息的渠道有限等，种种问题都表明传统技术已经难以满足当前的监管要求，需要利用监管科技来丰富监管手段，提升监管的及时性和有效性。此外，监管理念和监管工具的创新也提升了监管供求平衡的可行性，例如针对区块链的嵌入式监管，将监管作为与金融机构相同的节点纳入金融市场和交易中，通过智能合约等技术实现自动化监管，将有效缓解监管的过度或不足，减少人为干扰因素，让金融监管更趋平衡。

（二） 监管俘获理论

监管俘获理论的起源，最早可以追溯到马克思关于大企业控制制度的观点，它主要强调利益集团在公共政策形成方面的作用。规制经济学的创始人——斯蒂格勒（Stigler，1971）将规制这个因素内生化，运用经济学的方法指出了无效规制存在的原因：利益集团向规制者支付"价格"，俘获规制政府，使得产业里或是产业间出现进入壁垒、差别补贴等一系列无效率的政府保护措施，由此正式诞生了监管俘获理论。该理论主要研究监管机构与被监管的产业利益集团在监管政治中的相互关系。从监管端来看，监管能够为被监管的产业带来四方面的利益：政府直接补贴、对潜在竞争者的市场准入控制、对替代品和互补品的控制及价格控制。从合规端来看，为获取监管收益，被监管者将动用各种资源或手段"俘获"监管者，而监管者一旦被"俘获"，监管的设计和实施都将围绕被监管者的利益展开。结合监管的生命周期看，初期的监管机构通常具有较强的独立性。但是，随着时间的推移，公众对监管机构的注意力会逐步淡化，同时监管机构对环境也逐步适应，在此背景下监管端和合规端之间的合作开始多于冲突，而这一现象在监管机构步入成熟期和老化期后更趋明显。

然而，监管俘获理论因过度强调利益集团在监管子系统中的作用，备受学者置疑。他们指出，在整个监管子系统中，存在许多可以抵消监管俘获的因素和力量，这项因素和力量如被恰当运用，监管机构的独立性将大大增强。①监管机构自身拥有的资源越来越多，足以抵制监管俘获。例如，监管机构的权力和政治地位、监管机构独立的知识和信息资源、专业化和职业化的技术官员队伍等，这些资源的丰富程度与监管机构的独立性正相关。②监管机构自身也受到监管，与此同时监管机构之间的竞争也是重要的制约因素，消费者群体、工会等利益集团也会制约监管俘获过程。③监管机构还会受到整体的经济、技术、社会和文化等因素的影响。

金融科技的发展和应用带来了新的风险，也对传统监管模式造成冲击，在一定程度上也对监管俘获起到了瓦解作用。金融市场是一个复杂系统，而金融科技的发展加剧了金融市场的系统复杂性，提升了金融监管的透明化程度，在交互适应且复杂的适应性系统中，具有有限理性的不同行动者相互作用，以不同的方式改变自己的策略，在一定程度上打破了金融市场固有的垄断机构和系统，因此对监管当局与利益集团之间可能产生的监管俘获形成瓦解之势。

（三） 监管寻租理论

寻租主要是指利用行政和法律等手段来获取和维护既得"租金"的非生产性活动，从经济行为的角度看，"寻租"与"避租"活动共同构成社会资源的"内耗"与浪费。寻租的产生往往源于市场准入限制或市场竞争约束（制度、法规或政策），因此寻租常常和政府对经济的干预权力密切相关。基于这一现实背景和逻辑关系，安妮·克鲁格（Anne Krueger）提出的监管寻租理论正是对金融监管范围内寻租行为的一种解释。

监管寻租理论认为，政府部门对于金融监管的管制，不但没能更好地对金融行业进行监管，反而创造了更多的寻租机会，进而影响金融监管的效率。从金融监管的角度来看，政府对特定金融经营活动的管制可能会在损害某些集团利益的同时，增加另外某些集团的利益。在这种情况下，不难理解，既得利益集团往往会通过各种方式（包括利益输送）主动谋求对特定内容的管制；反之，利益受损的集团也将采取类似的行动寻求放松管制。上述两种行为都伴随着大量的成本，却无助于增进社会福利，并且将极大地降低金融监管效率。实际上，一些看似非常简单的监管措施，都可能带来各种寻租的可能。

金融科技的健康发展，在一定程度上会弱化金融监管领域的寻租现象，主要体现在必要性和可行性两个方面。必要性方面，金融科技的发展会加速去中心化金融产品的应用及推广，使得寻租的必要性降低。例如，去中心化金融可采用确定性智能合约，能够消除交易对手风险，并将去中心化和淘汰寻租中介而节省的成本回馈给去中心化金融的用户，同时保持实时透明以提高市场效率。可行性方面，金融科技的发展，要以完善市场制度和监管制度为根本保障，进而弱化寻租的监管环境和市场环境。要建立充分有效的市场竞争机制，解除金融压抑，放开市场准入，并在此基础上通过法律法规的完善，明确平台企业垄断认定、消费者权益保护等领域的基本规则，坚决破除垄断，才能积极引导金融机构不走"寻租"的歧途，才会通过发展科技提升竞争优势和金融供给效率。

（四）激励相容理论

激励相容的概念最早出现在哈维茨的机制设计理论中，该理论认为，基于理性经济人假设，市场中的个体均按照自利的规则行动，那么能够使得个人追求自身利益的行为与集体价值最大化的目标相一致的制度安排就是激励相容。1982年，巴伦（Baron）和梅耶森（Myerson）将激励相容的概念引入规制理论中，形成了激励性规制理论。该理论将激励性规制定义为，在原有规制结构下，通过给被规制企业提高效率的激励或市场竞争的压力等正反面诱因，使被规制企业服从监管、提高效率。随后，该理论被引入银行监管体系，迈克尔·H. 莫斯可（Michael H. Moskow，1999）提出，激励相容的监管手段和市场约束机制是有效银行监管发挥作用的前提。激励性规制理论为金融监管提供了不同的视角，根据该理论，监管当局应在建立监管规则的过程中，寻求与被监管机构利益的一致化，从而使得被监管机构有遵守监管规则的内在驱动力。

巴塞尔银行监管委员会于2004年发布的《资本计量和资本标准的国际协议：修订框架》（*International Convergence of Capital Measurement and Capital Standards: A Revised Framework*，简称"巴塞尔协议Ⅱ"）是激励相容理论在金融监管实践中的具体体现。在巴塞尔协议Ⅱ中，巴塞尔银行监管委员会提出，应对风险管理水平较高的金融机构进行奖励，赋予其更大的自由裁量权，使其能够根据自身构建的风险管理模型进行风险计量和资本计提，在市场竞争中占据优势。在这样的制度安排下，金融机构为了获得更大的资本优惠、降低经营成本，将主动提升风险管理能力，从而实现与监管机构的激励相容。

无论是对金融科技的监管，还是运用科技手段赋能监管，都应充分发挥激励相容的效用。在对金融科技的监管中，只有积极发展监管科技，使技术手段与金融创新相匹配，才能让金融科技创新提升更多的效率、降低更多的成本、占据更大的市场；在运用科技手段赋能监管中，监管科技的创新可以进一步引领和鼓励金融机构夯实数据基础、优化合规流程、开拓产品创新，从技术的角度推动实现激励相容。

三、金融科技的创新性理论

（一）金融科技"破坏性创新"理论

1997年克莱顿·克里斯坦森（Clayton Christensen）在《创新者的困境：当新技术导致大企业失败时》一书中首次正式提出"破坏性创新"的概念。该理论认为，破坏就是找到一种新路径，而这个破坏并不等同于劣质低廉的更改，甚至与突破的意思不同，它并非在原有的基础上进行的维持性技术创新，而是找到一种新的生产函数和模式。因此，"破坏性创新"暗含着大量潜在的、根本性的结构性改变，或与重大冲击相关的真正"变革"。

从金融创新企业与金融消费者关系的角度，金融行业的"破坏性创新"应具有以下四个特征：①金融技术的非竞争性，它并非在原有技术基础上进行的维持性技术创新，而是找到一种新的生产函数和模式；②初始阶段的低端性，最初新企业只是将目标定位在低端客户上，随着实力的增强，会逐步将目标锁定到高端客户，从而全面替代传统企业；③金融消费者的易获得性，主要体现在这种"变革"能够在产品、过程、功能性服务或者效用改变方面获得与以往截然不同的表现或价值；④金融消费者价值导向性，能改变消费者偏好或使竞争性基础移位，例如移动支付推动支付领域的深刻变革，区块链技术更是能让交易双方无须借助第三方信用中介开展经济活动，并创造出一种颠覆现存市场和价值链的新市场或价值链条。

相较于传统金融业务，金融科技呈现出金融行业的"破坏性创新"特征：一方面，金融科技不断挖掘新客户和新市场，如长尾客群等，在一定程度上重塑了金融市场服务格局，这也体现出金融科技具有初始阶段的低端性，为市场提供更为便宜和更易获得的替代品，直接锁定低端金融消费者；另一方面，金融科技是一种需求导向型金融服务，它通过技术不断创造出运用场景，以客户的需求为重心，帮助无法获取金融服务的顾客，以更简单、更低成本的方式获得急需的资金和各种普惠性金融服务，因此具备金融服务易获得性，在一定程度上促进了传统金融服务模式变革。在此进程中，衍生的相关金融风险值得高度重视。从本质上讲，金融科技完全符合"破坏性创新"的所有特征，对传统金融行业形成了"破坏性创新"。这客观上要求加强对具有"破坏性创新"本质的金融科技进行监管。

事实上，作为具有破坏性创新本质的金融科技，既存在宽广的发展空间，又存在诸多的不确定性；既可能给金融业发展转型带来机遇，也可能给金融业的发展带来更大的冲击。金融科技的"数据化"和"技术化"特征对传统金融监管的理念和模式带来了巨大挑战：①金融业"数据化"对金融监管带来挑战。目前监管机构的数据建设远远滞后于金融创新，导致监管者无法及时识别风险积累，无法评估风险的性质，无法制定危机解决方案。数据安全治理也存在不足，偷盗数据的事件屡有发生。②相对于金融业自动化、智能化和信息化的快速发展，监管机构尚没有形成科学、合理、有效的监管法律制度。③金融科技并未消除金融风险，相反还滋生了新的信息科技风险。技术的参与令风险更加分散，也更具有系统性和传染性，会出现监管空白和监管套利。因此，金融科技创新不是免除监管的"尚方宝剑"，关键在于构建一个既有灵活性、前瞻性又有科学性、稳健性，既能促进金融创新又能确保市场稳定和维护消费者权益的技术驱动型金融监管模式。监管者需要在实践中不断探索和思考，如何运用现代科技手段，不间断地关注、追踪金融科技各业态发展的全过程，以更具前瞻性的视野捕捉其"变动""替代性潜力"及"结构性冲击"，抓住金融创新的机遇和风险防范的时机，努力争取推动金融创新与维护金融稳定的双赢。

（二）金融与数据的基因匹配理论

金融经营的重要对象是货币，数字是货币的重要呈现方式，因此金融与数据具有天然的"血缘"关系。数字经济时代，随着大数据和移动互联网的深度发展，实现金融功能与金融科技的数据特征在基因层面上匹配，是金融监管数字化发展的重要逻辑和理论基础。按照现代金融功能理论的划分，金融系统具有六项基本功能：跨期、跨区域、跨行业的资源配置；提供支付、清算和结算；提供管理风险的方法和机制；提供价格信息；储备资源和所有权分割；创造激励机制。从基因匹配度上看，数据与金融的前四项功能，具有更高的耦合度，而后两种功能的实现，更多是基于一种制度结构和产品设计，但数字化的监管环境与这两种功能的实现并无冲突，一定程度上有利于这两种功能效率的提升。

以优化资源配置为例，数字化金融可进一步优化资源配置，是金融和数据实现基因匹配的重要内容。金融领域的资源配置核心，是资金的供给方通过适当的机制将使用权让渡给资金需求方的过程。融资可分为间接融资和直接融资，而前者的基础风险是信用风险，后者的基础风险是透明度问题。数字经济环境下，更加深入地挖掘高频率、高持续性的交易场景价值，能更真实、动态地反映交易主体的信用和履约能力，而这正是金融与数据动态耦合的重要价值体现。在金融监管领域，依托金融科技与生俱来的信息整合功能，大数据时代下的潜在风险分析，显然有别于以抽样统计为基础的传统风险识别和分析模式，通过运用大数据分析方法，监管者能更清晰地甄别传统抽样无法描述的细节信息。因此，依托金融科技加深金融与数据的融合，金融监管的风险识别能力将更加及时、精准和完善，同时也丰富了金融的资源配置功能。

四、技术监管的必要性理论

（一）科技的负面效应

长期以来，人们通常将科技看作提升效率的重要手段，却忽略科技可能产生的负面效应。科技的负面效应是指人类在运用科技满足自身需求的过程中产生的束缚压抑主体、并威胁和否定主体生存与发展的现象。由于其负面效应的存在，科技在对某一群体或某一阶层产生正面价值的同时，会同时对另一群体或另一阶层存在一定的负面价值，这就会导致科技引发阶层及群体差异，从而推动科技发展倾斜，它所带来的社会落差会越来越大。由此可见，有必要对科技带来的负面社会价值进行监管。

具体来讲，科技的负面社会价值主要表现在以下两个方面：①科技的投入使用往往是在某些群体中先展开，这部分群体先得到了科技带来的好处，他们会极力推动科技朝有利于自己利益的方向前进，这将使得科技对不同群体的利益差异更加显著。科技利用一旦发生，原有的社会差距将进一步拉大，这是科技的负面社会价值之一。②科技未必能对所有的群体均产生正面价值，那么对于不能享受科技正面价值的群体来说，他们往往会受到享受了科技正面价值的群体的影响，一样地去利用科技，或者不得不使用科技，这也是科技可能体现出负面价值的重要原因。

深化对科技负面效应的理解，不是为了否定科技，更不与倡导科技发展相矛盾。反过来，它有利于我们思考对科技进行监管的必要性，探索对科技发展进行监管的路径，从而推动真正有益于社会进步的科技创新。如果只关注科技的正面效应，或者片面强调科技对特定阶层的提升作用，科技创新就会越来越局限于特定群体的利益。这种科技创新，不仅会弱化对社会发展的正面效果，其本身也是不可持续的。

（二）技术奇点理论

技术奇点这一概念，最早可以追溯到人工智能发展的初期，简而言之是指能够进行自我改进的人造智能体超越人类智能的时刻。2005年，库兹韦尔（Kurzweil）在《奇点临近》一书中将"技术奇点"阐发为"技术奇点理论"。他认为，依据加速回报定律，未来的技术范式转换○将会变得越来越普遍。该理论指出，技术变革是指数性的，21 世纪不会只经历 100 年的进步——它将更像是 2 万年的进步，未来几十年，机器智能将超越人类智能，并导致技术奇点的来临。虽然技术奇点理论引发的人工智能威胁论，大多忽视或者回避了一个基本而重要的核心问题，即我们是否能设计并开发一种维持智能以指数方式快速增长、远超人类智能并威胁人类生存的机器。如果这一前提不能成立，那么建立在其基础之上的人工智能威胁也将随之消弭。

在金融领域，由于人工智能具有自主性、适应性等特点，在提升金融运行效率的同时，也随之出现信息安全等方面问题，为降低基于技术奇点可能带来的潜在风险，强化对人工智能的监管工作是非常有必要的。一方面，对人工智能持包容态度，采取渐进式监管创新，以确保监管规则的连续性；另一方面，从学习力、适应力等角度，对人工智能系统进行定期界定，判断其进化速度和所达到的程度，进而实现人工智能的监管边界动态化，使人工智能处于可控、安全的发展范围之内。

第二节　监管科技的理念创新

相较于传统金融生态，金融科技的出现推动了金融中介、金融产品、金融市场的创新，金融业态也呈现出技术化、数据化和智能化的特点。与此相适应的，监管理念也不能墨守成规，要围绕优化监管目标体系、转变监管治理思维和追求监管新功能等方面推进监管科技的理念创新。

一、优化监管目标体系

客观上讲，技术的不确定性和两面性，要求监管者既要坚信技术是优化金融服务质效、提升监管智能化水平的核心手段，又要时刻防范技术带来的风险，因此建立动态的、具有大数据思维的监管目标体系是适应新时代监管理念的内在要求。具体来看，需要从监管适应性、试验性和系统性三个方面来优化监管目标体系。

（1）注重监管的适应性。金融监管的理论和实践，一直试图解决金融规则的刚性与金融市场动态性、金融规则的滞后性与金融风险的及时性之间的矛盾，这就要求金融规则有足

○ 技术范式转换是指新技术为产业结构带来革命性变化，戏剧性地改变了竞争的本质，迫使所有企业实行新战略以求生存。从技术范式演进过程看，技术范式要成功实现转移，需要建立在以下一项或两项条件上：①现有产业技术是否已经成熟并接近"自然极限"；②新的破坏性技术的出现。

够的灵活性能够包容金融市场不断发生的变化。适应性监管包括两个层面的规则制定权分配，即立法机构和金融监管机构之间的规则制定权分配，以及金融监管机构和被监管机构之间的规则制定权分配。可以说，针对金融规则制定权做出上述分配，就是在各个规则制定者所掌握的信息不完全和有限理性的刚性约束条件下，通过规则制定的激励机制，解决金融监管与金融创新之间的"步速问题"。金融科技的创新在一定程度上导致信息不对称的现象日益严重，这就对金融监管的适应性提出了更高的要求。因此，面临金融科技发展的新情况，金融监管应在保持金融法律法规基本稳定的前提下，在制定和实施金融监管规则方面赋予监管机构更大的自主权，同时在合规的基础上，在制定内部规则方面同样赋予被监管机构更多的自主权，从而提升监管的适应性，更好地实现激励相容。

（2）培育监管的试验性。金融科技的发展日新月异，给监管机构带来了"监管时点"的两难选择：监管过早，可能会扼杀金融创新；监管过晚，可能在形成大面积风险时监管尚未行动。监管力度及其时点的把握，已经成为监管机构监管金融科技的难题之一。基于此，建立在试验基础上的监管成为一种选择。对于金融科技采取试验性监管，是指金融监管机构在其职权范围内豁免部分监管要求，减少现行金融监管规则对金融科技创新业务设置的不必要的壁垒，在风险可控的环境下允许金融科技公司和金融机构尝试金融科技业务。试验性监管是一种试错性监管，在试错的过程中，金融科技企业可以参与到规则的制定及不断修正中，充分体现了监管的包容性。同时，试验性监管需第三方独立评估，与"命令和控制"式监管相比，试验性监管中监管机构和被监管机构的互动更易发生"监管俘获"，这就要求试验性监管的效果由第三方而不是由监管机构自行评估。

（3）强化监管的系统性。在金融交易和金融产品越来越复杂、金融业态交叉程度越来越高的发展趋势下，如何增强金融监管的协调配合，营造系统性、统一化的监管环境，实现监管全覆盖，既不留监管空白也要避免重复监管，将是金融科技背景下实现有效监管的重要方向。全球金融危机后，全球主要国家的监管改革中均体现出监管协调合作的特征。例如，美国设立金融稳定监督委员会（Financial Stability Oversight Council，FSOC），英国建立多层次监管协调机制以解决宏微观监管间的衔接等。当前，金融科技的发展加剧了金融各行业的融合程度，模糊了各机构和各行业的行为边界，加大了金融风险的藏匿性和传染性，从而对监管的协调性和系统性提出了更高的要求，具体表现在两个方面：①监管应注重"组合拳"，这要求监管部门既要关注自身监管范围内的行业风险，又要关注跨行业、跨机构、跨区域的风险问题，实现多领域、多部门的协同配合；②监管应呈现"递进式"，具体体现在监管政策的循序渐进、有的放矢，例如强监管模式绝非突击式、节点式的"运动战"，而是在稳步有序构建并优化金融监管体制机制。

二、转变监管治理思维

（一）监管模式：生态化

金融科技具有融合性、精准性、交叉网络外部性和开放性特征，这使其在促进金融业务创新发展和运营效率显著提升的同时，也带来了垄断风险突出、企业间数据共享与整合不足、数据安全风险和系统性风险高企等一系列问题。因此，未来的金融监管需要从单纯的金融体系监管转向系统性的内外部生态治理，实现金融发展和金融监管的整体共振和可持续发展。

打造良好的监管生态，应从完善内部监管和打造外部环境两个角度同时开展。在完善内部监管方面，应立足金融监管本身，在关注金融科技自身风险的同时，及时分析金融科技对传统金融机构原有经营模式和风险的影响，前瞻性地防范化解各类风险，并做好各类风险处置，引导金融科技健康稳定发展。在打造外部环境方面，不仅要营造公平、安全、稳健的经营环境，加强反垄断和反不正当竞争监管，完善数据安全和隐私保护体系，还需要协调相关监管部门和政府组织，消除监管套利空间，共同防范系统性风险。

（二）监管结构：扁平化

扁平化监管是以扁平化监管理念为指引，使用以数据科技、人工智能为核心的技术系统，通过对数据的实时分析与研判等方式，实现事中的、持续性的动态监管模式。作为对金融创新的一种制度性回应，扁平化监管是扁平化治理与科技治理的结合，将从监管架构、监管手段等方面对现有监管体系带来改变，增强监管效能，是当前金融科技发展较快的国家转变监管思维的主流方向。

从理论基础看，"扁平化管理理论"在市场经济背景下有极高的适用价值，能增强大型组织体应对市场变化的响应能力，提高资源的集约化程度，从而使得经营管理效率得到极大提升，而扁平化监管正是"扁平化管理理论"在金融监管领域的应用和拓展，具体来看，主要体现在三个方面：①金融监管适应新兴金融科技企业扁平化管理的客观实际，针对性地提高监管有效性；②扁平化管理理论对金融监管机构具有很强的指导意义，金融监管机构应以扁平化为原则进行内部框架的改革，提高监管效率；③信息化手段是扁平化的内在要求，二者互为表里，这对金融监管的科技化、数据化和信息化应用提出了更高要求。

从结构特点看，扁平化监管要求监管机构减少监管层级，突破等级结构的界限，主动对接监管对象，通过信息监管、数据监管等方式与监管对象的经营过程相适应，从而实现动态监管，具有监管理念上的扁平化特征。现行监管模式习惯使用管理式监管（或垂直监管），而在金融科技飞速发展的背景下，金融去中心化趋势更加明显，加速推动着监管理念向扁平化趋势递进。监管机构通过数据科技与监管对象实现监管要素的共建共享，减少监管层级，突出"主动"与"服务"理念，将固化的结果监管转变为动态的过程监管。此外，扁平化监管可以通过主动筛选数据决定监管时机与监管方式，有利于减少信息泛滥导致的盲目监管与信息失真导致的监管不当。

（三）监管策略：多方共治

以数据和技术为核心驱动力的金融科技在改变传统金融生态的同时，也在挑战传统金融监管的既定逻辑。针对其主体多元化、金融业务跨界、颠覆性创新与系统性风险并存等特征，金融监管需进行适应性变革，引入多元主体、多元规范、多元机制的合作治理模式，从政府单向监管向多层次、多主体共同治理转变，由控制命令对抗模式向分权协作互动模式转变，形成中央政府与地方政府、行政监管与自我约束良性互动的合作治理格局。

一方面，共同治理有利于多元主体协同改进监管体系。共同治理的主体涉及政府主体之外的各种非政府主体，更为强调以"新治理"的方式在国家、市场、社会多中心之间形成均衡治理。具体模式应重点关注以下方面：①主体多元化，政府部门、企业、行业协会等都能发挥作用，并通过互动式学习和反馈，对政策进行适时调试来实现从命令控制向规制治理的转型；②规范多元化，规范不仅包括国家法律，还包括指导、行业标准等；③机制多元化，法律、社会规范、代码控制等共同发挥作用。由于金融科技专业性强，有自身特有的运行规则，比监管主体更具有信息优势，更了解监管重点及漏洞，采取包容的态度与多元主体协商、互动式学习乃至分享权力，才能有助于监管者与时俱进，并以更宏大的监管视野采取更具前瞻性的监管措施。

另一方面，监管科技增进主体间互动合作以提高监管效率。金融科技高度依赖算法与智能化，在提升金融效率的同时也会使风险传播更快、范围更广。而监管科技恰能推动合作治理模式的发展，提升监管效率。一是监管主体可以更好地指导企业；二是通过企业的监管反馈不仅能建立更有效的规则指南，也可以为未来提供最佳实践范式。通过监管科技可以实现监管主体与被监管主体之间互相学习、互相适应，并实现技术治理与法规治理的结合。监管科技主要应用于监测、报告、合规，借助机器智能、数据分析等自动化流程以协助人力，随着市场发展对数据的依赖性越来越强，监管机构需要与金融科技公司建立公私合作关系，提升收集和分析数据的能力，利用大数据分析等方式准确识别非法集资、制定标准化报告格式，并加强监管机构之间的数据共享。

三、全面提升监管质效

（一）推动监管智能化

数字化、智能化的金融科技正以前所未有的速度重塑金融生态。在金融监管领域，监管科技的应用将依托监管生态的数字化特征来推动监管模式智能化，并助力监管质效全面提升。例如，在风险管理方面，大数据风控丰富了金融机构的手段和工具，可以实现风险的自动监测和预警，有效提高风控效率；在资产管理方面，区块链技术被运用于资产证券化底层管理，实现了穿透式管理的智能化，加强了产品的透明度、提高了发行效率、降低了管理风险；在投资研究方面，人工智能与"另类数据"的结合，推动投研结果更精细化、前瞻化。

监管的智能化主要体现在以下三个方面：①监管机构通过监管科技可以更准确、更快速、更全面地搜集和整理监管信息和动态，及时掌握监管动向，能够安全、准确、及时地在机构内部、机构与监管机构之间传输数据和信息，响应监管要求；②监管机构可以通过引入人工智能、智能合约等技术，实现监管要求的自动化和流程化，有效降低了人为执法可能存在的不公平与不客观，能够更好地识别、监测和降低风险影响，隔离风险边界，避免风险过快地向更大范围蔓延；③金融机构通过应用人工智能与机器学习技术，不仅能够助力合规管理流程实现智能化、数字化，亦可以降低合规管理的人力成本，提升合规管理的效率。

（二）提高监管前瞻性

当具备基于数据的采集、处理带来的预测和前瞻能力后，金融监管会从"事中+事后"监管演进为"事前预警+事中分析+事后处理"。监管部门可通过数据采集和分析，对可能出现的金融违规行为进行事前预警和提示，从而促进金融机构防微杜渐、及时合规。提高监管前瞻性，具体包括三个方面：

（1）对被监管机构的全息画像。当前，金融机构的数据大多存在于不同的数据库和信息系统中，呈现显著的碎片化特征，例如：既有结构化的报表数据，也有非结构化的信息（如市场分析报告）；既有机构定期报送的风险数据和财务指标，也有来自市场的实时交易数据；既有关于机构自身的信息，也有其关联方（包括股东、主要客户、交易对手等）的信息。监管机构运用大数据分析方法，能够对这些数据信息进行及时收集、集中处理和结构化展示，实现对被监管机构的实时、多维度、全方位画像，助力监管机构实时、真实、全面地掌握被监管机构的财务、风险、公司治理、业务发展等方面的情况。在此基础上，监管机构可以根据全景画像信息对被监管机构报送的监管数据和合规状况进行交叉验证，减少合规端和监管端的信息不对称现象，提升前瞻性监管质效。

（2）对被监管机构的风险预警。在监管大数据的基础上，监管者可以通过多种方式对被监管机构的风险进行前瞻性识别、监测和预警。例如：①异常值分析，这是指针对被监管机构不同维度数据和指标的变化，进行历史趋势分析、与同质同类机构对标，迅速发现异常值，自动生成预警信号；②市场行为分析，这是指通过对被监管机构市场行为的分析，包括交易对手选择、金融产品定价、授信客户迁移等，与模型数据库中的机构行为模式进行对比，判断被监管机构是否存在脆弱性或管理上的缺陷；③市场信号分析，这是指通过对各类市场信号的分析，以及对各类非结构化信息的分析，挖掘市场信息的风险发现作用，通过分析市场观点的变化来判断机构脆弱性变化。

（3）对系统性风险的监测。增强对金融市场系统性风险的监测分析能力是实现前瞻性监管的重要路径。运用大数据分析技术、人工智能技术等监管科技，可以实现对金融机构间资金链的分析，绘制金融体系的结构关联图，以帮助监管机构做出判断，并针对高风险机构出现流动性危机或清偿性问题做出应急预案，尽可能弱化和化解风险波及范围。此外，通过大数据分析技术的应用，可以定期绘制金融体系"风险热图"，通过对被监管机构的脆弱性以及机构之间的关联状况进行分析，确定需要重点关注的、具有系统性风险的脆弱性机构，以确保监管者及时采取相应的监管措施。通过识别金融体系结构性变化与系统性风险之间的关系，监管者可以从宏观层面识别、监测和防范系统性风险，把政策着力点放在金融体系结构本身，而非仅限于对单一机构的干预。

（三）实现监管实时化

利用监管科技，监管机构可以实时或者准实时地持续监管金融机构的活动。从规则层面看，当前判断金融机构是否符合金融审慎规则，主要是依据金融机构的定期报告或者监管机构现场检查获得的数据。由于所获得的数据存在滞后性，反映的并不是金融机构当下而是过去的运行状况，因此这种方法使监管机构无法对金融机构的活动进行实时监管。监管科技可以将监管规则嵌入被监管机构的业务信息系统，实时或者准实时地确定存在的问题，而不是简单地事后采取监管行动。从交易层面看，监管科技比较成熟的做法有交易所的交易报告系统和反洗钱监测系统。监管机构通过交易报告系统，可以发现异常的交易行为，依此决定是否进一步采取行动；通过反洗钱监测系统，监管机构可以实时监测货币的流向和数量。下阶段，在监管机构监管交易活动的过程中，区块链技术有望得到广泛应用。一旦证券交易完成，公共账本就会自动记录最新的交易，并确定可能的违规行为，从而促使监管机构更快地采取调查行动，做出监督决定。

第三节　监管科技的工具创新

随着金融大数据的蓬勃发展，金融监管过程中需要处理的数据量也急剧膨胀，数据管理已成为金融监管的重点和难点。围绕数据收集和数据分析的工具创新，正是监管科技在监管端的重要应用；而法规跟踪工具，作为对监管规则进行数字化解读的重要创新，无论在监管端还是合规端都具有广泛的应用。

一、数据收集工具

（一）自动化报告

在传统金融领域，报告生成方式主要以人工为主，即由人工进行数据收集、分析及报告的生成，然而随着数据和报告报送要求趋严，传统人工生成报告方式存在的不足逐渐暴露出来，具体体现在三个方面：①传统生成报告方式成本较高，导致金融领域监管合规压力大；②传统报告编制时间较长，致使非现场监管存在滞后；③传统报告数据质量低，难以满足当前金融监管要求。由于金融监管决策的合理性取决于报告的精准性，传统报告生成方式在一定程度上掣肘着非现场监管的效能，在此背景下依托监管科技创新报告生成方式，具有其内在必然性。

监管科技的引入能够为生成报告注入巨大的活力，主要体现在人工生成报告的自动化、数字化转变，既简化管理，也提升数据处理能力。具体来看，作为监管科技的重要创新，自动化生成报告助力金融监管主要体现在三个方面：①降低生成报告成本，基于自动化报告工具，金融机构或监管机构能够实现报告所需数据信息的自动化采集，并直接生成完整的报告，减少了对人工生成报告的需求，有效降低生成报告过程中的人工操作；②推动监管信息实时披露，基于大数据、云计算、人工智能等技术，生成报告方式的自动化也必然带来信息披露的"实时化"，即传统报告生成方式由"事后生成"向"实时生成"转变，实现监管信息的实时披露，助力金融监管领域实时监控；③助力形成标准化报告，提高报告数据信息质量，弱化人工参与的场景，能够有效避免由人工造成的数据录入错误或篡改等情况，提高数据信息的准确性，同时自动化报告生成方式能够提升数据交叉验证的多维性和有效性，进而提高报告数据信息质量。

（二）数据管理工具

数据管理是金融科技创新与监管的逻辑起点，有效的数据管理体系是监管机构开展数据分析工作的依托，使其可以更高效地利用数据进行决策。数据管理可以划分为数据存储、数据传输、数据验证、数据处理和数据可视化五个细分领域，不同领域的工作侧重点不同、技术成熟度存在差异，监管科技的工具创新程度也有所不同。例如，在数据存储领域，建立通行数据库是比较成熟的做法，可以从根本上改变监管者的数据管理方法，使其朝着更精简、更高效的数据基础设施方向发展；在数据传输领域，API 作为技术传输介质的应用最为广泛，可以在没有人工干预的情况下直接在数据库之间传输大量数据，从而克服了通过电子邮件或网页传输文件的大小限制，并减少耗时和容易出错的手工提交；在数据验证领域，应用机器学习（machine learning，ML）的数据验证模型具有较强的实践应用价值，其中深度学习（deep learning，DL）模型可以自动识别异常数据，并将其标记为统计过程或数据提供源的潜在错误。

从全球实践经验看，各国监管机构纷纷探索监管科技在数据管理领域的实际应用程序或实施方案，例如欧洲央行的 AnaCredit 项目、澳大利亚的通用数据结构标准业务报告（standard business report，SBR）、新加坡的开放金融行业 API、奥地利中央银行（OeNB）的数据验证机制、罗马尼亚国家银行（BNR）的电子数据仓库、荷兰中央银行（DNB）的动态网络可视化等。当然，监管科技在数据管理上还有许多发展障碍需要解决，例如数据确权存在困难、数据传输效率较慢、数据孤岛问题凸显、数据安全问题频发、数据质量有待提升等。因此，在监管科技创新工具发展的同时，还需协调推进底层技术和相关法律的升级，使监管科技发挥出更强大的作用。

二、数据分析工具

（一）虚拟助手

随着语音识别和自然语言处理等技术被应用于监管领域，虚拟助手应运而生。灵活的自主学习能力和强大的语意理解能力，是虚拟助手的显著特征。虚拟助手本身具有的人机交互和数据分析功能，契合传统金融业数字化转型的趋势，也能更好地满足金融消费者对于金融服务的实时性和准确性的需求。

虚拟助手在金融监管领域的创新应用主要包括智能回答、日常业务流程自动化和法规解释三大方向。其中，在智能回答领域，虚拟助手可以读取客户提供的信息并对其进行存储和分析，以寻求最佳解决方案，监管机构可以利用该功能对金融消费者做出反馈，也可以加强与金融机构的协调与沟通；在日常业务流程自动化领域，虚拟助手能够帮助实现传统业务流程的自动化，简化手工程序；在法规解读领域，虚拟助手能够实现监管法规的存储和更新，并通过语义分析对法规进行解释。

虚拟助手作为监管科技的重要创新工具，可将传统的客户咨询与法规解读服务中心转化为价值中心，为监管合规领域带来新的可能。但是，目前许多机构仍缺乏对数据的分析，根据 SAS 公司所做的一项调查，仅有不到 10% 的被调查机构可以实现实时分析线上及线下数据为客户提供个性化体验，因此虚拟助手在依托数据信息整合来拓展监管边界等领域仍有较大发展空间。下阶段，一方面，虚拟助手将强化数据采集和分析功能，充分采集用户信息以积累大量监管资源，从而降低监管双方面临的信息不对称；另一方面，进一步加强底层技术的研发与开发，增强虚拟助手对语义的理解能力及知识库的完备性，并推动虚拟助手借助多渠道获取的客户信息来优化产品及服务，通过智能化手段洞察客户需求以提供更为个性化的服务体验。

（二）行为监控

市场交易行为监控是监管部门的常用手段，特别是在反欺诈和反洗钱监管中。近年来，随着信息技术的发展，监管机构可以对大部分市场交易行为进行实时追踪，但是要实现各个交易主体之间的深度、穿透式监管并不容易。究其原因，主要在三方面：①数据量和规模过于庞大，这使得监管机构现有的基础设施难以对这些数据进行系统有效的运算和处理；②主体关系复杂，呈多层深度嵌套的样式，简单的数据挖掘很难厘清其中的关系；③市场行为相关信息的准确性存疑，且具有一定的隐蔽性。面对这些挑战，基于云计算的知识图谱技术成为解决该难题的重要手段。

知识图谱技术能够通过对庞大交易信息的体系化梳理与信息挖掘，对各个交易主体之间的关系进行较为深入的分析，并通过关系图等方式进行十分直观的反映与展现。通过分析相关关系图以及其内在体现出的不同主体之间的交易关系，监管机构不仅能够较为清晰地发现与分析不同交易主体之间的关系，而且能够从中获取传统的监管方式难以获取的深层信息。例如，假设在利用相关知识图谱技术呈现出的市场交易图中出现"闭环"，即在交易过程中出现脱离整体市场的完全自闭的内部"小市场"，监管机构就需要重点关注这个"闭环"中的各个交易主体，分析这些交易主体是否正在通过相互交易来提升营业收入或达成其他非法目的。

三、法规跟踪工具

法规跟踪工具是指通过监管科技实现对监管规则的数字化解读，并将其嵌入金融机构的各类业务中，同时根据监管规则的变化保持更新。其基本形式通常是以用户体验良好的方式提供监管要求目录，实时更新并及时提醒即将发生的变化和新的执法行动，用以提醒金融机构复核相关监管和合规业务。

人工智能技术是用于法规跟踪的基础技术之一。通过自然语言处理（natural language processing，NLP）与机器学习（ML）、人机交互（human-machine interaction，HMI）和知识图谱（knowledge graph，KG）等技术的应用，能够高效获取并处理最新的监管法律法规以及案例，从而在合规风险提示方面发挥作用。从功能层面看，人工智能技术在法律法规追踪领域具体可以实现以下几方面功能，即法律法规与案例检索、文件审阅、案件预测和咨询服务。以咨询服务为例，当金融机构遇到法律问题时，可以通过对话式与搜索式两种模式向人工智能咨询平台进行咨询，平台会根据具体案情结合相关法律法规及案例给出相关法律建议。

除了人工智能技术外，区块链技术在技术驱动型监管模式中也具有广阔的应用前景。例如，技术提供者可以辅助监管所涉各方主体将监管要求与合规机制内嵌于区块链系统中，通过代码实现法律法规的执行，同时借助实时透明的共享机制，监管者能够及时识别风险与问题并做出响应。需要明确的是，引入区块链等技术手段进行监管，是一种将技术嵌入监管流程中发挥辅助性作用的金融监管方式，而非让金融机构利用区块链等技术创建规则来进行自律监管。

第四节 监管科技的方法创新

在金融科技的推动下，金融监管在数据收集与分析、法规跟踪等方面都拥有了创新的监管与合规工具，然而这些都是对既有监管和合规方法的技术优化，并不是对传统监管方法的实质性创新。面对新型的金融交易模式、风险传染模式，金融监管有必要开展监管方法的创新，实现对传统现场检查和非现场监管的补充。本节将介绍穿透式监管、嵌入式监管和监管沙盒三种新型监管方法，关注监管应对金融科技的方法创新。

一、穿透式监管

穿透式监管是按照"实质大于形式"的原则，通过将投资者构成、资金来源、资金投向穿透至底层，进而甄别出金融业务或产品属性的内在本质，并以此来确定监管主体及相关监管规则的一种监管方法。长期以来，由于金融基础设施的建设和管理分散，缺乏统筹协调，而且数据收集、信息统计、风险监测等方面没有统一的标准，监管机构对最终投资者和底层资产的穿透核查困难较大，穿透式监管很难得到真正有效的实施。日益成熟的区块链技术是依托监管科技实现穿透式监管的重要技术，能够较好地应对当前的监管困境。

穿透式监管契合功能监管和行为监管的理念，能够较好地应对创新型金融产品存在的监管困境。金融科技的背景下，创新型金融业务突破了分业经营体制对金融市场的基本分界，跨行业、跨领域和跨产品的业务模式衍生出交易结构复杂、交易链条较长、交易信息不透明等诸多问题。这些创新型产品和业务，虽然在形式上符合法律法规，但业务性质不明且业务风险互相传递，存在实质上的监管套利，极易引发系统性金融风险。穿透式监管可以有效识别信用主体的真实身份，挖掘嵌套在金融结构之下的金融信用错配，从而借助各类有效的监管手段对复杂金融交易关系进行深度调整，实现金融的正本清源。

基于区块链技术实现的穿透式监管，主要包括三个层面：①赋能实时监控交易信息与底层资产，区块链可以提供去中心化的系统运行机制，让数据实现真正意义上的公开透明，并基于分布式数据存储,提高了数据可追溯性;②赋能数据的真实可信性,区块链基于数据广泛分布在全网节点之中的分布式设计,任何人单方面篡改数据都是不可能的,这一特性确保了数据的真实可信,在金融行业中,任何资金往来的双方都不能伪造业务数据,从而使得资金的清算、结算与审计更为可靠;③赋能提升效率和降低成本。区块链上的数据共享还可以提高金融服务中信任传递的效率,降低各个环节的交易成本。与此同时,其他金融科技的运用还能协助监管部门高效识别风险,从而提升穿透式监管质效。

二、嵌入式监管

嵌入式监管是监管科技领域的重要创新应用。金融领域的嵌入式监管,是基于分布式账本技术(distributed ledger technology,DLT)构建的监管框架来读取市场分类信息,自动监控金融市场的合规性,从而减少监管端对合规端主动收集、验证和交付数据的成本。由于传统的监管方式下金融机构的合规支出投入很大,并且在获取所需数据和保持成本之间面临权衡取舍的困境,嵌入式监管的创新应用可以缓解数据可用性和成本之间的冲突,解决数据收集、验证以及隐私等相关问题。

从实施原则来看,嵌入式监管需要遵守内嵌性、经济性、共识性和公平性四大原则。其中,内嵌性是指嵌入式监管只能作为整体监管框架的一部分发挥作用;经济性是指嵌入式监管需要适用于去中心化的市场,并且能够实现经济有效性;共识性是指嵌入式监管需要考虑到市场反应,形成市场共识后推进;公平性是指嵌入式监管应该保持较低的合规成本,并为小型和大型企业提供公平的竞争环境。除需要注意上述原则外,在实践中还有三点注意事项:①确保嵌入式监管的不可更改性,以区块链嵌入式监管为例,在区块链设置中,需要保证所有有效区块一旦被提交到区块链上就不会被撤销;②作为一种新型的监管模式,在沙盒实验中进行演化和观察是必要的,通过可控性试错不断总结经验和自我学习,最终达成对金融场景进行全环节、嵌入式监管的目的;③要在监管和隐私保护中取得平衡。

从实施目标来看,降低开展业务的固定成本和边际成本是嵌入式监管创新应用的重要目标。一方面,嵌入式监管运营的首要目标应该是降低合规的固定成本,从而为大型和小型金融机构提供公平的竞争环境,例如可以发展数据库结构标准化(通过确保区块链的互操作性)或是开发开源监控工具套件等;另一方面,嵌入式监管运营的另一目标是通过促进对可信赖官方信息的访问来减少开展业务的边际成本,例如公共机构可以提供经过数字签名或是带有时间戳的信息,并将其输入到相关的市场分类账中,进而共同服务于监管端和合规端。

三、监管沙盒

金融科技并非金融与科技的简单相加,而是二者深度融合后的实质创新,因此金融科技并未摆脱金融本质，无法避免风险的存在。为防范金融科技伴随的金融风险，促使金融监管发挥实际功用，亟须在既有监管框架之下对监管方式、监管机制或监管工具进行完善、补充和变革，秉持穿透式监管理念，研究部署支撑运行监测与实效评估的监管科技，加快探索金融科技的长效监管机制。监管沙盒作为监管科技的重要创新方法，正是一例较为理想的金融科技监管范式。从监管机制的赋能效用来看，监管沙盒的作用主要体现在以下三方面：

（1）引导金融科技与金融创新的合规发展。金融科技和金融创新的健康发展依赖良好的监管环境。金融监管机构要合理平衡创新与监管的关系，着重考量监管供给的适应性、适当性和有效性问题，监管沙盒通过设置一个不被现行金融监管体制过度影响的安全区域，对金融科技产品、服务、商业模式或交付机制进行真实市场测试，及时发现金融科技创新的缺陷与风险，继而寻求解决方案，能够引导金融科技与金融创新的合规发展，走出"一管就死、一放就乱"的金融监管怪圈，破除往复曲折的金融发展困境。

（2）增进监管机构与监管对象的良性互动。监管机构与监管对象存在利益冲突，监管与创新的步调难以协同，金融科技更是放大了这一现象。监管沙盒注重双向交流，其真正价值亦在于制度化、长效化的良性互动机制，为监管者与创新者之间更"结构化"且"透明"的沟通与交流提供了可能。金融监管机构与金融科技机构经由特定流程开展实质性对话，在充分沟通、相互了解的基础之上协商制定试验方案。在此过程中，金融监管机构深度理解金融科技的技术内涵，准确界定内容实质、合理预见潜在风险、及时筹划监管措施，有效提升了治理能力和监管水平。

（3）有助于保护金融消费者权益的政策目标实现。金融消费者是开展金融活动的基础，其参与意愿直接决定了金融创新潜力和金融发展水平，但囿于金融市场广泛存在的信息不对称和信息不充分，金融消费者成为整个金融体系中最为薄弱的环节。因此，金融消费者保护需要在监管公共政策目标中得到更多体现，亟须加大保护力度，构建以金融安全、金融效率和金融消费者保护均衡兼顾的三元政策框架，以适应不断发展和显著变化的金融科技创新。在此过程中，侧重于保护金融消费者合法权益的监管沙盒是重要实践。一方面，载有金融消费者保护措施的个性化试验方案是监管沙盒的基石，金融监管机构可以在监管沙盒试验中尝试构建全面涵盖事前评估、事中监测和事后处置的金融消费者保护法律制度；另一方面，监管沙盒强调金融消费者受益，如更低价格、更便捷服务、更友好体验等，监管沙盒试验能够推动我国金融消费者保护的理念升级，从低层次的"基本权益保护"跃升为高层级的"预期获益保障"。

第三章

监管科技的技术基础

技术作为监管科技诞生和发展的原动力,是监管科技不可忽视的重要基础。近年来,以人工智能、大数据、云计算、区块链和物联网为代表的技术构成了监管科技的技术基础,赋能监管科技功能和优势的发挥。本章围绕这五大核心技术,分别介绍各项技术的定义、分支、特点及应用场景,并阐述各项技术在监管科技领域的应用特点。

第一节 人工智能技术

"人工智能"的概念诞生于1956年,历经60余年的实践发展,已经带来了良好的经济效益和社会效益,尤其是机器学习、自然语言处理、模式识别、机器人、计算机视觉、专家系统等相关应用。近年来,人工智能投资发展较快,2020年全球人工智能投资总额(包括私人投资、公开募股、并购和少数股权)达679亿美元,同比增长40%。本节将介绍人工智能的定义、分支、技术特点和优势,并阐述其应用场景和在监管科技领域的应用特点。

一、人工智能的定义和分支

人工智能(artificial intelligence, AI)是一个包罗万象的概念。在人工智能的发展过程中,具有不同学科背景的学者对它有着不同的理解,综合各方观点,可以从"能力"和"学科"两个方面对人工智能进行定义。从能力的角度来看,人工智能是指用人工的方法在机器(计算机)上实现的智能;从学科的角度来看,人工智能是指一门研究如何构造智能机器或智能系统,使其能模拟、延伸和扩展人类智能的学科。人工智能技术发展日新月异,各类分支技术如雨后春笋般涌现,主要包括机器学习、自然语言处理和光学字符识别等。

(一)机器学习

机器学习(machine learning, ML)是指研究如何运用机器模拟或实现人类的学习活动,通过获取新的知识和技能,并与已有知识结构重组,使系统性能不断改进。机器学习是人工智能的核心技术和实现手段。通过一些让计算机可以自动"学习"的算法,可从数据中分析获得规律,然后利用规律对新样本进行预测。深度学习在博弈游戏算法(例如AlphaGo)的开发应用,就是机器学习的典型案例。

机器学习的算法体系庞大，比较经典的算法包括决策树、朴素贝叶斯、支持向量机、随机森林、神经网络等。根据不同的分类标准，可以将机器学习算法大致归类：基于学习方法，可将其分为归纳学习、演绎学习、类比学习和分析学习；基于学习方式，可将其分为监督学习、无监督学习与强化学习；基于数据形式，可将其分为结构化学习与非结构化学习。

（二）自然语言处理

自然语言处理（natural language processing，NLP）研究计算机通过人类熟悉的自然语言与用户进行听、说、读、写等交流技术，是一门与语言学、计算机科学、数学、心理学和声学等学科相联系的交叉型学科。自然语言处理研究目的是机器能够执行人类所期望的某些语言功能，包括回答问题、文献生成、释义以及翻译等功能。目前较为热门的自然语言处理模型主要是基于 Transformer 的双向编码表示（bidirectional encoder representation from transformers，BERT）模型和图神经网络（graph neural network，GNN）模型等。

自然语言处理的内容主要包括：语言计算（语音与音位、词法、句法、语义和语用等各个层面上的计算）、语言资源建设（计算词汇学、术语学、电子词典、语料库和知识本体等）、机器翻译或机器辅助翻译、手写和印刷体识别、语音分割、语音识别及文语转换、情感分析、自动摘要、对话管理与文档人工智能等。

（三）光学字符识别

传统的光学字符识别（optical character recognition，OCR）技术是一个经典的模式识别问题，包括对图片的预处理、版面分析、字符切割、字符识别、版面恢复与后处理等，已经形成了完整的成熟体系。随着应用场景的变化，光学字符识别的概念逐渐发展为文字图像识别，主要是自然场景文字图像识别，经典的方法包括笔画宽度变换（stroke width transform，SWT）算法、最大稳定极值区域（maximally stable extremal region，MSER）算法、方向梯度直方图（histogram of oriented gradient，HOG）等。

光学字符识别作为人工智能的一个分支，与其他分支技术相互融合的趋势越发明显。随着深度学习的发展，传统光学字符识别框架被打破，基于深度学习的光学字符识别作为新的研究热点，展现出更多的活力和更广阔的应用场景。在此过程中，诸如卷积神经网络（convolutional neural network，CNN）和循环神经网络（recurrent neural network，RNN）等新型算法被开发，用以应对光学字符识别技术所面临的排版多样、背景复杂、分辨率环境恶劣等方面的挑战。

二、人工智能的技术特点和优势

（1）提升效率。人工智能技术可以在海量数据中快速准确地得出预测结果，在算力上，较人工操作有巨大优势。机器学习算法可以基于不同的数据集进行学习，根据数据的变化进行算法的自我改进和完善，学习效率远远高于人脑。自然语言处理和光学字符识别技术可以对自然场景下的文字和图像进行识别和理解，不仅能够提高自然场景信息抽取、审核、检索的效率，准确度也极大提升。

（2）降低人力成本。人工智能技术通过直接代替人类或人机协作，解放人类劳动力，极大地降低了人力成本。例如，自然语言处理技术可以代替手动信息输入，人工智能和大数据的自动报告生成技术可以快速生成合规报告，相较于人工撰写和校对报告，更具有效率和成本优势。

（3）减少人为失误。人工智能按照设定好的程序运行，可以有效避免人的主观情绪对操作流程和结果带来的不良影响。人工智能尤其是机器学习技术，可以让机器通过算法稳定高效地工作，遇到突发情况，能够自动判断出最优解进行快速应对。例如，借助人工智能算法操控无人汽车驾驶，可以有效减少驾驶人因酒驾、疲劳驾驶或注意力不集中所造成的事故，降低事故的伤亡率；在金融反洗钱领域，人工智能技术可以有效地降低"假阳性"（误报）比例，有助于发现犯罪事实，提升反洗钱筛查准确率。

三、人工智能在金融领域的主要应用场景

（1）金融风险管理（financial risk management）。人工智能在金融风险管理领域的应用主要是基于人工智能的核心算法，即以深度学习和强化学习为主要手段对风险控制提供支持，为金融风控模式带来了革命性的变革。金融机构从线上线下多渠道收集用户的海量数据，依托分布式大数据框架存储和管理数据集，并利用人工智能快速分析预测，从而进行信用评级管理。例如，大数据风控通过对具备全面性、相关性和时效性的数据进行整合分析，客观地反映用户风险水平，进而提升风险评估准确性和信用风险管理水平。基于人工智能的智能风控体系，本质是数据驱动的风险管控与运营优化，因其强大的计算分析能力，被广泛运用于信贷风控、反欺诈、交易监控、保险理赔等场景。智能风控改变了过去以满足监管检查为导向的风险管理模式，强调用金融科技降低风险管理成本、提升客户体验，这代表了一种精益风险管理的思维。

（2）反洗钱（anti-money laundering，AML）。人工智能在反洗钱领域的应用主要包括反洗钱的源头识别、勾勒用户画像、监测异常资金交易、精准定位洗钱账号等。在源头识别上，人工智能基于设备型号、行为特征、访问频率、地理位置等多维特征，可以有效识别利用模拟器、刷机改机等方式进行洗钱交易的情形。在用户画像勾勒上，人工智能基于账户的紧急联系人、通讯记录、关系网络等特征信息，以及信贷申请、日常存贷、资金交易、设备登录等行为数据，可以快速勾勒出用户的个体特征及群体画像，并利用关联网络技术，构建

用户关系图谱。在异常资金交易监测上，人工智能基于业务数据，通过挖掘关联关系图谱中包含的资金交易数据，借助规则或模型识别图谱中异常的资金交易行为和异常的交易团体，并与相关业务系统及反洗钱系统配合，能够实时监测异常资金交易、排查风险。在洗钱账号精准定位上，人工智能基于深度学习的关联关系图谱技术，可构建出一套完整的洗钱账户识别机制，扩展风险防控的视角和手段，实现对洗钱账号的精准定位。

（3）智能投顾（robo-adviser）。智能投顾是近年来金融与人工智能相结合衍生出的创新产品，它通过采集、分析投资者的个人信息、资产状况、风险偏好、风险承受能力等数据，凭借人工智能算法，采用构建金融模型的方式，为投资者提供最优化的投资建议和资产配置管理服务。智能投顾与传统人工投顾相比，有着突出的应用优势：①从决策流程上看，智能投顾的预测和决策基于现有的海量数据，不易受个人情绪影响，具有科学性和客观性；此外，智能投顾可以根据获取的信息多维度构建差异化投资方案，多元化程度高，能满足不同层次投资者的需求。②从决策效果上看，智能投顾让普通投资者拥有实现真正分散化投资策略的途径。机器学习算法融合金融机构多年的资产配置经验，为普通投资者提供了一套一键式组合配置工具，更大限度地分散风险、提升收益。

四、人工智能在监管科技领域的应用特点

（1）提升监管效率和准确性。一方面，人工智能提升监管的智能化与自动化水平。人工智能相较于人类，可以保持全天候待机状态，随时快速为监管机构提供风险筛查报告等各类数据和服务。同时，人工智能可以基于有效数据集得出数据分析结果并自动生成报告，提升金融机构监管部门的工作效率和准确性。另一方面，运用人工智能对数据进行实时的搜集和整理分析，还可以保障监管的实时性和动态性。明确算法后，人工智能可以分析每个金融机构的风险系数，并以此判断其风险状况。传统的监管手段很难实现对所有金融从业机构的实时精准监管，但借助基于人工智能的监管科技手段，监管部门可以实现对金融从业机构的监管全覆盖，及时准确地识别单个机构风险和系统性风险。

（2）变"被动"为"主动"，提升监管执法效率。监管部门传统的人工监测只是通过非现场监管和现场检查等手段来对金融机构进行监管，但是引入人工智能的监管科技赋予了监管部门实时监控业务的能力。当某些金融机构的金融活动越过监管部门所规定的红线时，人工智能自动连接监管部门的接口便会识别出不符合规定的业务，在第一时间叫停此项业务，并且生成相关报告以备使用。人工智能还可以在监管部门提出整改意见后实时监测金融机构的整改进度，当金融机构被紧急叫停的金融业务指标回归到正常水平上时，业务锁定状态也会被及时取消。在这个过程中，人工智能不仅能缩短监管机构与被监管的金融机构之间的沟通时间，提高金融机构整改效率，而且能最大限度地避免影响金融机构的日常经营，在

保证风险防范的基础上将影响降到最低。

（3）改变当前金融运行模式，对监管带来新的挑战。人工智能具有"破坏性创新"的特点，由其引发的金融科技创新和对应的商业投资呈爆发式增长，兼之其本身发展的不确定性，金融监管在新的技术条件下面临着巨大挑战。随着金融机构对人工智能技术的应用，处理和上报的数据量不断增长，技术应用手段也日益更新。在数据控制方面，监管部门受限于金融监管智能化水平，缺乏配套系统支持，无法实现快速的、针对全量数据的排查。在技术控制方面，由于人工智能依托海量数据驱动学习，训练数据的数量和质量决定监管科技应用中算法模型的效果。从实践看，可供监管机构利用的数据数量和质量都存在不足，且关键技术错综复杂，算法决策存在局限，例如人工智能核心技术复杂、算法不可解释性、算法趋同等问题都可能给监管科技应用带来新的挑战。

第二节　大数据技术

"大数据"作为一种概念和思潮，从计算领域发端并逐渐延伸到科学和商业领域。"大数据"的概念最早出现于1998年，由美国高性能计算公司硅图（Silicon Graphics，SGI）首席科学家约翰·马西（John Masey）提出，进而在计算领域引发了广泛思考。如今我们所熟知的大数据技术，起源于Google在2004年前后发表的关于大数据技术"三驾马车"（分布式文件系统、大数据分布式计算框架 MapReduce 和 NoSQL 数据库系统 BigTable）的论文。当前，全球大数据市场规模逐年增长，2020年全球大数据相关硬件、软件、服务市场的整体收益已达到约1878.4亿美元，大数据技术已被广泛应用于企业信息管理、医疗信息化系统和商业精准营销等领域。本节将介绍大数据技术的定义、分支、特点和优势，并阐述大数据的应用场景和在监管科技领域的应用特点。

一、大数据技术的定义和分支

大数据技术有广义和狭义之分。广义的大数据技术是指针对大数据的全周期处理技术，包括数据采集、数据预处理、数据存储、数据分析与挖掘、数据归档与删除等；而狭义的大数据技术通常是指针对大数据的存储和分析处理技术。其中，大数据（Big Data）是指无法在一定时间范围内用常规软件工具进行捕捉、管理和处理的数据集合，是需要新处理模式才能具有更强的决策力、洞察发现力和流程优化能力的海量、高增长率和多样化的信息资产。随着大数据技术的日臻成熟，数据类型从过去的结构化数据扩展到如今包括日志、影音记录等的非结构化数据;数据分析方法从过去的抽样分析到如今的全样本分析;数据分析维度亦突破过去因果论证的相关性,进一步探索海量数据间更深层的逻辑关系。可以说,大数据技术为人们认识世界开启了一扇新的大门,而数据本身也成为个人、企业、政府核心的资产。

(一) 数据采集

数据采集是指从不同的数据源中抽取各类数据的过程。在这个过程中,需要基于应用场景需求来设定和采集字段,形成公共数据表,并与各个数据源直接建立映射关系,使得通过公共数据映射可以获取到统一、规整的数据内容,为后续的数据处理和分析提供基础。除公共字段的映射外,数据采集还涉及从不同的数据库(Oracle、MySQL、DB2 等)和不同的操作系统(UNIX、Linux、Windows)中,以不同的采集频度和形式抽取数据。

数据采集手段包括数据爬虫、文档内容解析提取工具等。数据爬虫是一种以 Python、R 等脚本语言为编程语言的,对超文本标记语言(hyper text markup language,HTML)格式文件进行解析和提取的程序。文档内容解析提取工具是一种利用拓扑数据分析对数据进行处理和索引,并提取关键信息以归档数据的系统,可以对 HTML、PDF、DOC、CSV 等格式的文件进行采集。目前较为广泛使用的文档内容解析提取工具主要有 Flume 和 Kafka 等,这类工具也可以用于数据的处理。

(二) 数据预处理

数据预处理即将数据规范化的过程,是指将采集到的数据进行清洗加工,主要包括数据格式处理、异常值处理和加工数据字段。例如某金融机构的风控系统链接了多个外部数据源,在数据生成时间上甲数据源为"2018 年 5 月 14 日"的格式,乙数据源为"2018/05/14"的格式,丙数据源为"2018 - 5 - 14"的格式,则需要统一日期格式方便后续处理,类似的还包括数据颗粒度的转换、单位的统一、命名的统一等。针对脏数据或者数据为空的情况,需要制定特殊的规则,如所有的空字段统一填充为"N/A",将不符合逻辑的字段设置为无效字段等。

(三) 数据存储

数据存储即将数据预处理后的数据文件存储到存储单元中的过程。传统企业通过数据库即可完成数据的存储与分析,但是随着数据类型的复杂度及数据量的指数级攀升,传统的数据库已无法满足业务需求,新的技术设施应运而生,如 Hadoop。Hadoop 是一种分布式系统基础架构,利用 x86 集群来支持高速运算和存储。Hadoop 采用的 HDFS(Hadoop distributed file system),又称 Hadoop 分布式文件系统,支持 PB(Petabyte,计算机存储容量单位,1PB = 1024TB)甚至更高级别的数据存储和读取。同时,HDFS 将数据保存多个副本,副本丢失后可自动恢复,具有极高的容错性。Hadoop 设计运行于相对低廉的商用硬件集群之上,无需昂贵且高性能的硬件,因此可为企业节省大量硬件成本。当硬件集群增加新存储节点之后,它采用的 NameNode 节点可以自动感知,实现负载均衡,将数据分发和备份到新的节点上,实现了数据的可追溯性。

(四) 数据分析与挖掘

数据分析与挖掘通常是指采用联机分析处理(online analytical processing,OLAP)技术和数据挖掘算法,探索数据规律并通过可视化手段展示,进而指导业务实践的过程。OLAP 包含对数据的多维分析、分组聚合、透视分析、可视化分析和预测分析等操作,通过对数据进行不同维度的比较,呈现出更多有价值的信息。数据挖掘则包含了聚类、回归等一系列监督学习及非监督学习算法,引入机器学习与深度学习算法进一步提升模型性能,并对挖掘到的有价值的规律进行可视化展示,指导具体应用场景下业务水平的提升。

(五) 数据归档与删除

数据归档即将数据仓库中业务价值较低、不常使用的数据统一整合至单独的区域。数据归档可以实现存档数据与生产数据的分层,将存档数据承载在成本较低的基础设施上,并使用压缩文件存储。数据删除则是将没有使用价值的数据彻底从数据仓库中删除,主要包括数据表整体删除和部分无效字段删除等操作。

二、大数据技术的特点和优势

(1) 可处理庞大的数据量。大数据技术通过数据摄取引擎可以处理大规模的数据集,实现在不同的数据库和操作系统下,以不同的摄取频度和形式萃取海量数据,并对其进行归档和清洗,最终存储到数据仓库当中。例如,目前被广泛使用的 Hadoop 团队开发的 HDFS 可部署在低成本硬件上,进行数据的多次分批读取,实现了海量大数据的文件存储。

(2) 可处理多样性的数据。大数据一般包括网络日志、社交媒体、互联网搜索、手机通话记录等多种数据类型,不仅可以是文字、图片,也可以是语音、视频等。在存储格式上也有多样性,例如数据库类型、非结构化数据和结构化数据等。不同的大数据类型,它们在处理和分析方式上的区别也很大。例如,Hive(基于 Hadoop 的数据仓库工具)可以将结构化的数据文件映射为一张数据库表,提供简捷的 SQL 查询功能,可以将 SQL 语句转换为 MapReduce 任务,可以快速对结构化数据进行统计分析。类似的,非结构化数据可以使用 HBase(一个分布式、面向列的开源数据库)等工具进行处理。

(3) 快速化处理。大数据技术应用批处理和流计算方法,实现了大数据离线处理和实时处理。其中，MapReduce 和 Spark 这类批处理计算框架可以以固定频率对历史数据进行快速处理，又可称之为大数据离线计算。大数据流计算可以对实时产生的大量数据进行即时快速化处理，这对处理速度和精度要求都极高，诸如 Storm、Flink、Spark Streaming 等流计算框架可以满足这种实时计算需求。在真实数据业务中，采用批处理技术来处理历史全量数据，采用流计算处理实时新增数据，可以实现存量与增量数据的快速化处理。

（4）可深度挖掘数据的价值。原始数据中包括大量的不相关信息，这就需要做提纯处理，包括对未来趋势与模式的可预测分析、深度复杂分析等。大数据技术引入 OLAP 和数据挖掘算法，通过对原始数据的探查，寻找与应用场景紧密相关的业务逻辑规律。通过引入机器学习算法，形成预测分析结果，并根据特征工程的结果，结合特征重要性形成可解释性报告，帮助业务人员理解数据规律与业务痛点，指导特定应用场景下的业务开展与流程优化。

三、大数据在金融领域的主要应用场景

目前，大数据已经在诸多领域广泛应用，如精准营销、趋势预测、智能风控等，这些应用都体现了大数据的核心价值在于挖掘、洞察和预测。但大数据技术并不是一门孤立的技术，它与人工智能、云计算等新兴技术是紧密相连、相辅相成的。在大数据技术应用中，海量数据的运算和处理离不开云计算技术的强大算力支撑，同样在大数据技术应用于个性化推荐时，机器学习的推荐与排序算法功不可没。可见，大数据技术的应用只有与其他新兴技术共同协作，才能充分释放大数据技术的潜能，发挥出最大的效用。在金融相关领域，当前大数据的应用场景主要包括：

（1）大数据精准营销。精准营销是大数据背景下广告行业逐渐兴起的一个概念，表现为在企业的实际营销过程，基于大数据技术开展的个性化推荐和程序化购买活动。如今，人们身边越来越多的广告呈现出精准营销的个性化特征。例如，购物网站会根据用户的历史购买、搜索、地理位置等数据，结合 App 端用户行为记录如点击次数与浏览时长等，为用户推送个性化的定制广告，以提升营销效率。大数据技术使得传统营销与数据得到了充分的融合，变革了原有的营销流程和营销结果，这主要体现在以下几个方面：①对原有营销方式的价值进行了再次挖掘。例如，国际商业机器公司（International Business Machines Corporation，IBM）利用大数据挖掘技术将呼叫中心产生的所有语音对话转换成文本数据，再依托 NLP 技术进行文本数据挖掘，最终 IBM 可以获得大量消费者对产品和服务的需求信息，这些信息是原有营销方式难以触及的。②使原有营销策略更加优化。例如，麦当劳的部分门店安装了搜集运营数据的搜集器，其目的是通过跟踪客户行为、客流量、预订模式等，来进行菜单变化、餐厅设计等方面的对比，从而帮助麦当劳更加有针对性地改变自己的营销策略，使原有营销策略更加优化，进而达到大幅提升营业额的目的。③对消费者进行完整的画像。通过跟

踪消费者行为，利用搜索引擎的浏览数据、社交数据、地理数据等对消费者的消费行为进行完整的画像，这样有助于企业更加有针对性地为消费者提供个性化定制产品和服务。

（2）大数据智能风控。与传统征信相比，大数据征信体系覆盖面广、信息维度丰富、数据获取实时，赋能贷款业务的风险评估，具体表现在以下三个方面：①数据来源广泛，以消费信贷为例，金融机构通过互联网获取数据，弥补了传统征信体系的主体限制，有效拓展业务。②数据维度和种类丰富，传统征信数据主要采集身份信息、信贷信息、非金融负债三类信息以及部分公共信息。在大数据征信系统中，信用评估的来源更加广泛，如社交网络与电子商务行为中产生的海量数据，都能给用户行为提供侧面支持。③大数据挖掘获得的数据具有实时性、动态性，能够实时监测到信用主体的信用变化，帮助金融机构进行及时的风险防控。

四、大数据在监管科技领域的应用特点

（1）提升监管数据的真实性和时效性。大数据监管思维着眼于对全球各大金融市场的运行规律、供需结构、风险传导关系的识别与预警，从各金融市场或金融机构获取的数据可在多个市场或机构间进行快速交叉验证，确保监管数据的真实可靠。依托于大数据基础软件所提供的强大的存储和计算能力，批处理和流处理技术的共同协作，以及应用基于大数据的机器学习和深度学习的数据分析和挖掘理论，如支持向量机、随机森林、神经网络等，可满足对多来源、多维度数据进行快速分析的要求，能最大限度地保障监管数据的时效性，有助于监管当局实现对风险的事前预防和事中控制，而不只局限于事后分析，有效保证了监管的及时性和前瞻性。

（2）拓宽监管视角的系统性和全局性。现代金融市场产品复杂、交易频率高、资金流动快，单体或局部风险有可能经过放大和扩散，演化成全局性、系统性风险。因此，监管部门所监测的数据来源应该是跨机构、跨行业、跨周期和跨市场的，以便全面地分析出经济和金融运行总体情况。大数据技术赋能监管，可助力监管部门在数据共享和融合的基础上，建立相应的模型和完善的预案体系，对系统性风险做出准确预判。此外，运用大数据技术对主流媒体、搜索引擎、社交网络中的文本、日志等信息进行分析，监管部门可以判断出社会公众在某项金融新政颁布后或在市场剧烈震动后的情绪波动情况，预测出当前及未来一段时间内的市场走势，对潜在的风险进行预判和预防。

第三节 云计算技术

在 2006 年 8 月 9 日的搜索引擎大会上，谷歌 CEO 施密特首次提出了"云计算"的概念。近几年，全球云计算市场保持稳定增长态势。2020 年，以 IaaS（infrastructure as a service)、PaaS(platform as a service)和 SaaS(software as a service)为代表的全球云计算市场规模达到 2083 亿美元,增速 13.1%。整体来看,云计算在北美、欧洲和亚太地区的发展较为成熟,并在包括银行业、证券业、保险业在内的金融各领域已得到广泛应用。相关数据显示:美国云计算市场规模占全球比重超过 40%,2020 年约为 44%;欧洲地区占比在 19% 左右;亚太地区为全球云计算市场增速最快的地区,2020 年中国和日本占比分别达 16% 和 4%。本节将介绍云计算的定义、分支、技术特点和优势,并阐述其应用场景及其在监管科技领域的应用特点。

一、云计算的定义和分支

云计算(cloud computing)是指将计算任务分布在大量计算机构成的资源池上,使用户能够按需获取计算力、存储空间和信息服务的一种技术。得益于分布式计算技术和虚拟化技术的发展,云计算拥有了广阔的发展空间。传统的计算资源如中央处理器(central processing unit,CPU)、存储、网络带宽等均以物理机的方式提供,使用门槛相对较高,使用者需投入较多的人力、物力构建专属机房。如今,在云计算模式中,用户所需的应用程序并不运行在用户的个人计算机、手机等终端设备上,而是运行在互联网上的服务器集群中。此外,用户所处理的数据也不存储在本地,而是保存在互联网上的数据中心,用户只需要连接至互联网的终端设备,即可"像使用水电一样使用计算资源"。

(一)三种部署方式

目前,世界各国 IT 巨头均布局云计算领域,私有云、公有云和混合云产品在全球范围广泛使用,市场规模不断攀升。其中,公有云的迅猛发展是推动市场规模持续扩大的主要原因。

(1)私有云。私有云是指计算资源仅由某个企业或组织私有的云计算平台。在物理上,私有云可搭载于企业或组织的现场数据中心,也可搭载于第三方服务商的托管数据中心。但管理和维护仅在私有网络上进行,硬件和软件的使用权也仅归该企业或组织所有。私有云允许特定企业或组织更加便捷地选择并使用计算资源,满足自身特定的计算需求。

私有云的使用对象通常为政府机构、金融机构以及其他具备关键业务运营需求且对数据隐私敏感的大中型企业。对于金融从业机构及金融监管机构而言,出于对消费者数据隐私的保护以及网络安全的担忧,往往不接受通过公有云的方式访问自身数据,很多时候仍需将服务器部署在自身机房,因而私有云可满足其数据安全性和隐私性需求。

(2)公有云。公有云是指第三方提供商通过公共互联网面向任何有需求的用户所提供的计算服务。它允许客户根据中央处理器周期、随机存取存储器(random access memory,

RAM）存储或带宽使用量灵活调整支付费用。与私有云不同，公有云系统的所有管理和维护工作将由云服务提供商负责，可以为企业节省购买、管理和维护本地硬件及应用程序等基础结构的昂贵成本。相较于本地基础架构，公有云可以更快地部署一个具有可伸缩性的平台，只要用户可访问互联网，就可在任意办公环境下自定义配置参数，在公有云上使用相同的应用程序。由于公有云的开放性，其数据安全性受到质疑，但如果云服务提供商采取适当的安全措施（如入侵检测防御系统），公有云可以与高效管理的私有云一样安全可靠。

（3）混合云。混合云实质是公有云与私有云的折中，既保留了使用外部公有云的接口，又实现了核心敏感数据的本地化处理与保存。混合云具有边缘工作负载的特点。边缘计算将云计算能力引入靠近数据存载位置的物联网设备，通过将工作负载迁移到更近的物联网设备，设备可减少与云的通信时间并降低延迟，甚至能在较长的离线期内可靠地运行。

许多企业和组织选择混合云是出于业务需求方面的原因，例如要满足法规和数据主权要求和低延迟需求。混合云平台对于企业和组织而言具有许多优势，例如更大的灵活性、更多的部署选项、更高的安全性和符合性。当计算和处理需求变化时，混合云计算允许企业将其本地基础结构无缝扩展到公有云，而无须授予第三方数据中心访问其完整数据的权限。通过在云中运行特定工作负载，组织可以获得公有云提供的灵活性和创新能力，同时将高度敏感的数据保存在自己的数据中心内，满足客户需求或监管要求。这样不仅允许公司扩展计算资源，还消除了进行大量资本支出以处理短期需求高峰的需要，以及企业释放本地资源以获取更多敏感数据或应用程序的需要。公司将仅就其暂时使用的资源付费，而不必购买、计划和维护可能长时间闲置的额外资源和设备。

（二）三种服务模式

（1）IaaS（infrastructure as a service，基础设施即服务）。IaaS 是指将硬件设备等基础资源封装成服务供用户使用，并根据用户对资源的实际使用量或占用量进行计费的服务模式。最著名的亚马逊云计算 AWS（Amazon Web Services）的弹性计算云 EC2 和简单存储服务 S3 即为 IaaS 模式。在 IaaS 环境中，用户相当于在使用裸机和磁盘，既可以让它运行 Windows，也可以让它运行 Linux，在操作系统与环境配置上有较大的灵活性。IaaS 最大的优势在于它允许用户动态申请或释放节点，按使用量计费。运行 IaaS 的服务器规模达到几十万台之多，因而几乎可以认为用户能够申请的资源足以满足实际业务需求。同时，IaaS 是由公众共享的，因而具有更高的资源使用效率。

（2）PaaS（platform as a service，平台即服务）。PaaS 是指提供开发软件相关的编译环境、自动化代码测试工具、网络部署组件等一系列中间件的服务模式。PaaS 可提供高可用性的服务，使用者无须自行搭建，便可直接使用成熟的应用框架进行开发。但与此同时，使用 PaaS 会导致用户的自主权降低，用户必须使用特定的编程环境并遵照特定的编程模型。

（3）SaaS（software as a service，软件即服务）。SaaS 是指提供商直接完成应用软件的开发并部署在云端，使用者仅需利用服务商提供的账号登录，以 SDK（software development kit，软件开发工具组）、API 或独立网站的形式使用相关的应用软件功能的服务模式。SaaS 的针对性更强，它将某些特定应用软件功能封装成服务，如 Salesforce 公司提供的在线客户关系管理（client relationship management，CRM）服务。SaaS 既不像 PaaS 一样提供计算或存储资源类型的服务，也不像 IaaS 一样提供运行用户自定义应用程序的环境，它只提供某些专门用途的服务供应用调用。

二、云计算的技术特点和优势

（1）虚拟化。云计算广泛应用虚拟化技术，突破了时间、空间的界限，支持用户在任意位置，使用任意终端来获取服务。用户请求的资源来源于"云"，而不是固定的有形的物理实体。用户可以在"云"中运行所需的应用，无需了解应用运行的具体位置，只需一台设备，就可以通过网络来获取各种高性能的服务。

（2）低成本。云平台拥有特殊容错机制，可以采用极其廉价的节点构成云。同时，云平台实现了自动化管理，可以使数据中心管理成本大幅降低。云平台的公用属性也让资源的利用率得到大幅提升。Google 每年投入约 16 亿美元构建云计算数据中心，所获得的能力相当于使用传统技术投入 640 亿美元，节省了 97.5% 的成本。用户也可以充分享受云的低成本优势，需要时，花费几百美元、一天时间就能完成以前需要数万美元、数月时间才能完成的数据处理任务。

（3）稳定性。云计算采用了数据多副本容错、计算节点同构可互换等措施来保障服务的高稳定性，比本地计算更可靠。即使单点服务器出现故障，云计算依然可以通过虚拟化技术将分布在不同服务器上的应用进行恢复，或利用动态扩展功能部署新的服务器进行计算，不影响计算与应用的正常运行，具有较强的稳定性。

（4）可扩展性。在云计算技术中，用户可以利用应用软件的快速部署条件，简单快捷地将自身所需的已有业务以及新业务进行扩展。例如，如果云计算系统中突发设备故障，用户无论是在计算机层面上，抑或是在具体运用上均不会受到阻碍，因为用户能够利用云计算具有的动态扩展功能来对其他服务器开展有效扩展，这样一来就能够确保任务得以有序完成。在对虚拟化资源进行动态扩展的情况下，同时能够高效地扩展应用，提高计算机云计算的操作水平。

（5）强算力。云计算具有高效的运算能力。计算机包含了许多应用、程序软件等，不同的应用对应的数据资源库不同，所以用户运行不同的应用需要较强的计算能力对资源进行部署，而云计算平台能够根据用户的需求快速配备计算能力及资源。

三、云计算在金融领域的主要应用场景

（1）信用卡云架构。信用卡业务作为银行零售业务的重要组成，服务体验尤为重要，背后考验的是其产品设计和系统支持的综合能力。将云计算技术应用于信用卡系统，也是金融核心系统"去 IOE"（所谓"IOE"，指的是以 IBM 为代表的主机、以 Oracle 为代表的数据库和以 EMC 为代表的 IT 基础架构）的重要应用。传统的信用卡核心系统，客观上存在架构陈旧的现实痛点，随着存储需求的增加，"容量瓶颈"的局限越发明显，扩容成本也居高不下。以云计算为支撑的新型信用卡核心系统，打破了这一僵局，在容量、性能和系统承载力方面全方位升级，不但可以提供秒级时延的海量数据实时查询，亦能提供数据在不同场景下的横向关联的穿透能力，面向信用卡中心包括客户服务、营销支撑、产品服务、信贷风险、运营支撑等条线，提供不同时效、复杂场景的数据服务，同时，实现"异地灾备"，使得系统稳定性和可靠性进一步增强。

（2）量化交易云平台。一个完整的量化投资交易过程，包括交易策略模型计算与交易指令执行等过程，其中涉及复杂的数据处理、存储和建模分析过程，对计算机内存和性能都提出了相当苛刻的要求。随着云计算技术应用的蓬勃发展，越来越多的量化投资者从搭建本地高性能计算设施向公有云或私有云迁移。量化交易云计算平台除了可以为量化交易提供稳定且可扩展的强大算力支撑，还降低了量化交易的知识和技术门槛。诸如 BigQuant、JoinQuant 等量化交易云平台，为中小投资者参与量化交易提供了强大的支持。量化交易云平台内置了高速实盘交易接口，为用户提供经过专业清洗的股票市场数据、期货数据、期权数据、基金数据、宏观数据，以及常用因子和第三方数据库，节约用户大量的数据搜集和清洗时间。量化交易云平台也提供精准的回测功能，通过调用提前封装好的程序模块，用户可以便捷地实现策略收益率、回撤率、波动率等指标的计算和回测结果的可视化。为方便用户进行策略分析和建模，量化交易云平台还提供了由易入难的策略库，方便用户快速实现和使用自己的量化交易策略。量化交易云平台的大量涌现，较大程度上改变了量化交易的生态系统，让中小投资者也能够以较低的成本参与到量化投资过程中。

四、云计算在监管科技领域的应用特点

（1）整合金融机构信息系统，消除信息孤岛。长期以来，金融机构之间各自的数据系统相互孤立，监管部门很难直接触及金融机构的数据，这对监管的时效性提出了挑战。监管机构可通过建立和维护监管云平台，要求金融从业机构在云端进行数据报送，这不仅可以实现对金融机构间数据的互相印证，还可以实时触及原始数据，有效缓解甚至消除信息孤岛问题。依托大数据技术，并利用云计算的算力优势对数据进行整合和处理，可以快速生成真实

有效的监管数据，指导监管。

（2）增强监管数据生成、存储、管理和使用的灵活性。云计算和大数据技术的结合，可实现金融机构的经营数据实时上云。大数据摄取引擎首先对原始数据进行处理和归档，然后将数据上传到中央数据池。中央数据池也是一种云平台，为大量监管数据的实时存储与调用提供技术基础。监管机构可以通过工作管理环境中的应用程序调用和管理云平台的监管数据，通过机器学习或深度学习的数据分析，形成数据分析结果指导监管。监管数据生产、存储、管理与使用的整个过程，都可以通过云计算服务来进行，基于云计算的虚拟化特性与可扩展性，监管部门可以根据需求灵活调整云服务的规模和性能，为监管数据使用提供了极大的灵活性。

（3）提升监管数据的安全性、连续性和及时性。云计算技术采用数据多副本容错、计算节点同构可互换等方式，监管数据遗漏或丢失的风险大大降低，即使人为删除，也可以进行数据回溯。云计算的虚拟化技术，确保数据更加安全。金融从业机构数据上云，数据摆脱了硬盘等物理存储方式的束缚，避免因存储设备故障或遗失导致的数据丢失风险。云计算采用分布式计算，即使服务器故障也不影响计算与应用的正常运行，使得监管数据的使用更有连续性保障。各金融从业机构数据实时上云，也可以保证监管数据的及时性，为监管部门迅速应对风险提供了更大的可能。

第四节　区块链技术

2008年，署名为"中本聪"的匿名人士发表论文《比特币：一种点对点的电子现金系统》，期望推出一种可以自由流通的点对点电子现金比特币，其底层技术被视为区块链的开端。2013年以太坊的推出，直接推动区块链进入到2.0时代。2017年年底，稳定币的流行以及MakerDAO上线，推动区块链进入3.0时代。截至2018年，区块链诞生十年间，全球市场规模已达到122.6亿元。2019年6月，Facebook发布Libra白皮书，引起全球各界的关注与讨论，各国监管部门先后发声，显示出区块链技术在重塑全球金融基础设施方面的巨大潜力。区块链技术本身吸引了越来越多的人对其进行深入研究并探索其宽广的应用空间，各地政府对区块链积极扶持，国内外科技及金融巨头纷纷涉足区块链行业。本节将介绍区块链的定义、分支、技术特点和优势，并阐述其应用场景和在监管科技领域的应用特点。

一、区块链的定义和分支

狭义来讲，区块链是一种按照时间顺序将数据区块以顺序相连的方式组合成的一种链式数据结构，是以密码学方式保证的不可篡改和不可伪造的分布式账本。广义来讲，区块链技术是利用块链式数据结构来验证和存储数据、利用分布式节点共识算法来生成和更新数据、利用密码学的方式保证数据传输和访问的安全性、利用由自动化脚本代码组成的智能合约来编程和操作数据的一种全新的分布式基础架构与计算范式。根据区块链网络中心化程度的不同，分化出了三种不同应用场景下的区块链：公有链、联盟链、私有链。

（1）公有链。公有链是指任何人（节点）在任何地址都能参与共识（共识的过程决定哪个区块可被添加到区块链中），加入网络写入或者访问数据的区块链。作为最早的区块链模式，公有链被形象地称为"区块链世界的操作系统"，最广泛的公有链平台为以太坊（Ethereum），以太坊是一个开源的、有智能合约功能的公共区块链平台。在公有链中，任何节点无需许可便可自由地加入或退出区块链网络，加入区块链网络的节点可以得到从创世区块到当前区块上的所有数据，全部节点通过共识机制对新区块的产生以及对区块上记录的交易达成一致，共同维护区块链的稳定。公有区块链具有三个特点：用户与开发者隔离、使用门槛较低以及全部区块链数据处于公开状态。

（2）联盟链。与公有链对所有用户完全开放不同，联盟链是只允许授权节点接入网络的半开放式区块链。联盟链针对某些特定群体或机构，通过对节点授权来设置准入门槛，使数据的产生和接触可控，能在一定程度上兼顾数据的多方维护和数据安全。联盟链可内部设置记账节点，负责打包交易以及产生新区块，普通节点只负责产生交易和查询交易，没有记账权，避免了工作量证明（proof of work，PoW）共识所带来的计算资源、电力资源、存储资源的浪费。联盟链通常在多个互相已知身份的组织之间构建，例如多个银行之间的支付结算、多个企业之间的物流供应链管理、政府部门之间的数据共享等。因此，联盟链系统一般都需要严格的身份认证和权限管理，节点的数量在一定时间段内也是确定的，适合处理组织间需要达成共识的业务，其典型代表是 Hyperledger Fabric 系统。相较于公有链，联盟链的特点是效率有很大的提升，拥有更好的隐私保护，且不需要额外的代币激励。

（3）私有链。私有链与公有链是相对的概念，所谓私有就是指不对外开放，仅仅在组织内部使用。私有链是联盟链的一种特殊形态，即联盟中只有一个成员，例如企业内部的票据管理、账务审计、供应链管理，或者政府部门内部管理系统等。私有链通常具备完善的权限管理体系，要求使用者提交身份认证。在私有链环境中，参与方的数量和节点状态通常是确定的、可控的，且节点数目要远小于公有链。相较于公有链和联盟链，私有链在确认时延和写入频率上都有很大提升，且拥有更好的安全隐私保护能力。

二、区块链的技术特点和优势

（1）去中心化。在区块链去中心化的系统中，网络的所有节点均是对等的，且可平等地发送和接收网络中的消息。所以，系统中的每个节点都可以完整观察系统中节点的全部行为，并将观察到的这些行为在各个节点进行记录，即维护本地账本。整个系统对于每个节点都是透明且均等的，即使部分节点因受到攻击而损坏，也不会影响整个系统的正常运行。

（2）不可篡改。一方面，区块链由若干个区块构成，每个区块之间由一个哈希指针链接。若某一个区块被修改，其对应的哈希值就会发生变化，后继区块中的哈希指针都会改变。因此，若要这一修改不被发现，则需对被修改区块之后的所有区块进行修改，这将耗费巨大的计算量，几乎难以实现。另一方面，对以 PoW 作为共识算法的区块链系统进行篡改的难度及花费都是极大的。若要对此类系统进行篡改，攻击者需要控制全系统超过 51% 的算力，且攻击过程会被全网见证；此外，当人们发现这套区块链系统已经被控制之后便不再会信任和使用这套系统，这套系统也随之失去价值。

（3）可追溯。区块链系统的数据库使用分布式存储技术，任意参与节点都允许有一份完整的数据库备份。同时，区块链的防篡改特性保证了写入到区块链上的交易很难被篡改，为可追溯特性提供了保证。并且区块链在数据存储时保留了时间戳，每份数据都有自己的时间维度，具有极高的可追溯性。

（4）智能化。以太坊引入的智能合约技术将区块链由底层账本升级为可编程的运行环境，极大地推动了区块链的发展。在智能合约中，当合约参与方满足触发条件后，合约条款将自动执行，从而实现合约的智能化执行。

三、区块链在金融领域的主要应用场景

（1）支付清算。支付清算体系是金融系统的核心基础设施，关乎金融业的效率与稳定。跨境支付涉及诸多环节，传统的跨境支付清算中包含了大量的信息修改和信息查询等内容，需要每个环节的工作人员及时沟通，导致跨境支付的周期较长，而且在此过程中容易出现信息篡改、交易透明度较低等问题。区块链依托其去中心化和实时交易等特点，在跨境支付中备受青睐。例如，在基于区块链技术打造的 Ripple 分布式账本清算系统中，银行可以通过 Ripple 直接进行资金的转移。这种支付方式极大程度地降低了跨境清算支付的成本、缩短了清算支付周期。通过共享账本，境内银行在确定账户资金符合法律后，可以直接进入境外代理银行的账户，通过境外清算网络将资金发放到收款人手中，提高了跨境支付清算的工作效率。

（2）数字票据。票据是依据法律按照规定形式制成的并显示有支付金钱义务的凭证，其主要生命周期包括承兑、背书转让、贴现、转贴现、再贴现、兑付等。数字票据就是一段包含票据业务逻辑的程序代码及对应的票据数据信息，拥有独立的生命周期和自维护的业务处理能力。区块链技术在数字票据领域的运用解决了长期以来困扰票据市场的诸多问题。首

先，区块链的分布式结构建立了更加安全的"多中心"模式，使得票据的开票、承兑、贴现等环节都真实可追溯，确保了票据的真实性；其次，智能合约的使用明晰了票据的交易规则，一旦完成规则定义，任何参与方都无法轻易对其修改，提高了交易的透明度；最后，区块链大大降低了监管的调阅成本，智能合约还可以实现自动的业务合法性检测，例如可通过背书转让时的前置检查规避票据的非法流通。

四、区块链在监管科技领域的应用特点

（1）用技术替代信任。信任是现代金融的基础，在传统金融体系里，信任的建立往往是以法律和制度为保障，这种信任需要一整套的社会规则、制度、法律作为保障，其运行成本高昂。区块链技术的出现，创造性地提出了基于算法保证的机器信任，实现不依赖第三方主观意志的客观信任。系统中的交易公开、透明、有效、可信，让彼此之间没有建立信任关系的人们达成合作，从而极大地降低了交易执行时的信任成本，提高资源配置效率，为金融交易开辟了新的路径与保证。反观在传统的金融行业里，包括数字货币、信用证业务、跨境支付、数字票据、供应链金融、征信业务、资产转让、贷款业务、银团业务、KYC以及相关的延伸业务，主体间缺乏信任和需要数据确权的场景广泛存在。区块链技术越来越成熟，如果在金融体系内大范围应用，将会给传统金融中介的信用创造机制和商业模式带来巨大的冲击，并且通过金融服务的各种业务形式带给广大用户新的体验。

（2）缓解信息不对称，对传统金融中介带来压力。区块链的分布式记账技术，可以较大程度地解决信息不对称问题。在传统的金融体系中，大量数据掌握在中介机构和平台手中，金融投资者和消费者在大多数情况下难以获得或使用这些数据，进而产生了信息的不对称，这也是金融中介得以生存并赚取利润的重要原因。而按照区块链技术的发展构想，依托区块链能够创造一个更自由、更安全、更公正的金融交易环境，任何人都可以发起一笔交易，参与并验证交易，也可以同时读取区块链上的所有信息，从而极大地改善了信息不对称问题，压缩了金融中介的利润空间，为客户与客户之间的直接交易带来了便利。

（3）实现监管信息的安全可追溯。在区块链写入机制中，数据会在链上进行广播，只有获得链上所有接入用户的认证与共识的数据才可以被完整地写入。一方面，在监管信息写入的流程里，信息写入、信息传递、用户核实等所有操作都会以时间戳的方式在链上进行不可逆的记录，并且会实时永远地储存，有效保证了监管的真实性和完整性；另一方面，链上的监管信息自被记录的那一刻起就被全网监控，一旦发现某些主体试图篡改、删除数据，区块链系统将会自动拒绝和记录，保障了监管信息的一致性和可追溯性。

（4）提升金融服务的效率。首先，运用区块链去"中心化"思想，各金融机构之间可以建立点对点联系，缩减业务相关方的数据交互流程，区块链赋能支付清算减少了金融中介

的参与，极大地提升了支付清算的效率；其次，区块链技术赋能金融服务，减少人工信息核查，减少纸质单据的开具与传递，节约了人力物力，提高了金融服务效率。

然而，区块链技术也对中心化监管模式形成了巨大的挑战。传统的监管模式是集中化的、反匿名的，与区块链技术去中心化的本质特点相悖。去中心化是区块链的根本特征，即区块链系统是点对点的，每一个节点都是平等的，并没有任何中心化的系统控制者。去中心化的意义就是没有一个组织或个人对全链信息的真实性与完整性承担责任，这对传统的中心化的监管模式提出了挑战。

第五节　物联网技术

早在1999年，物联网的概念便由麻省理工学院Auto‐ID研究中心提出。业内人士普遍认为物联网起源于传感器网络和无线射频识别，并与移动通信系统有着千丝万缕的联系，因此很早以前物联网的雏形应用就已进入人们的视野。根据IoT Analytics的研究报告，2020年全球物联网的整体支出已经达到1289亿美元，同比增长12.1%。未来，物联网将与许多依托人工智能技术的智能设备相结合，实现人工智能物联网（AI and internet of things，AIoT），使人们的生活更加方便。本节将介绍物联网的定义、分支、技术特点和优势，并阐述其应用场景和在监管科技领域的应用特点。

一、物联网的定义和分支

物联网（internet of things，IoT）是指通过信息传感器、射频识别技术、全球定位系统、红外感应器、激光扫描器等各种装置与技术，实时采集需要监控、连接、互动的物体或过程，采集其声、光、热、电、力学、化学、生物、位置等信息，通过网络接入，实现物与物、物与人的泛在连接，以及对物品和过程的智能化感知、识别和管理的技术。因此，从本质上讲，物联网是一个基于互联网、传统电信网等的信息承载体，它让所有能够被独立寻址的普通物理对象形成互联互通的网络。物联网早期主要应用于高端食品行业及物流行业，之后随着终端设备成本下降，物联网技术被逐步推广到电网、农业、家居等行业，帮助相关企业提高消费者的满意度和忠诚度，以及自身在行业内的竞争力。近年来，物联网技术越来越多地服务于交通、环保、医疗等公共事业。从技术架构来看，物联网技术应用需要多项分支技术的支撑，主要包括射频识别技术、传感网、端到端（Machine-to-Machine/Man，M2M）系统框架等。

(一) 射频识别技术

射频识别（radio frequency identification，RFID）技术是一种基于射频的通信技术，又称电子标签、无线射频识别，从20世纪90年代开始兴起，本质上来说属于一种可通过无线电信号识别特定目标并读写相关数据，而无须在识别系统与特定目标之间建立机械或光学接触的自动识别技术。利用射频信号，RFID技术通过空间耦合实现无接触的信息传输，并通过所传输的信息达到识别特定目标的目的。

2000年以来，射频识别产品种类愈加丰富，有源电子标签、无源电子标签及半无源电子标签均得到发展，同时，电子标签成本的不断降低，使得规模化应用成为可能，越来越多的行业开始将电子标签应用于业务流程之中。射频识别技术的理论得到丰富和完善，单芯片电子标签、多电子标签识读、无线可读可写、无源电子标签的远距离识别、适应高速移动物体的射频识别技术与产品正在成为现实并走向应用，为物联网的发展提供了可行性。

(二) 传感网

传感网是由大量部署在作用区域内的、具有无线通信与计算能力的微小传感器节点通过自组织方式构成的，一种能根据环境自主完成指定任务的分布式智能化网络系统。传感器网络中的节点以协作的方式监控不同位置的物理或环境状况（例如温度、声音、振动、压力、运动、污染物等），通信距离较短，一般采用多跳（multi-hop）的无线通信方式传输感知到的信息。传感器网络可以在独立环境中运行，也可以通过网关连接到互联网，使用户可以进行远程访问。

传感器网络综合了传感器技术、嵌入式计算技术、分布式信息处理技术、现代网络及无线通信技术等，能够通过各类集成化的微型传感器协作，实时监测、感知和采集各种环境或监测对象的信息，通过嵌入式系统对信息进行处理，并通过随机自组织无线通信网络，以多跳中继方式将所感知到的信息传送到用户终端，从而真正实现无所不在的普适计算理念。

(三) 端到端系统框架

M2M是一种以机器终端智能交互为核心的、网络化的应用与服务，可以帮助使用者实现对机器终端的智能化操作。M2M技术涉及5个重要的技术部分：机器、M2M硬件、通信网络、中间件和应用。基于云计算平台和智能网络，可以依据传感器网络获取的数据进行决策，对改变对象的行为进行控制和反馈。以智能停车场为例，当车辆驶入或离开天线通信区时，天线以微波通信的方式与电子识别卡进行双向数据交换，从电子车卡上读取车辆的相关信息，在驾驶人卡上读取驾驶人的相关信息。同时判断车卡和驾驶人卡的合法性，核对车道控制终端中该电子车卡和驾驶人卡对应的车牌号码及驾驶人等资料信息；并将车辆通过时间等有关信息存入数据库中，在此过程中，车道控制终端会根据读到的数据判断是正常卡、未授权卡、无卡或是非法卡，据此做出相应的回应和提示。

二、物联网的技术特点和优势

（1）全面感知。物联网可以利用射频识别、二维码、卫星导航系统、摄像头、传感器、网络等感知、捕获、测量的技术手段，随时随地对物体进行信息采集和获取，且获取的信息十分全面。据 Sanford C. Bernstein 公司的零售业分析师估计，关于物联网 RFID 等技术带来的这一特性，可以帮助零售业解决商品断货和损耗（因盗窃和供应链被搅乱而损失的产品）两大难题，可以使沃尔玛每年节省83.5亿美元，其中大部分是因为不需要人工查看进货的条码而节省的劳动力成本。

（2）可靠传递。物联网技术通过各种通信网络与互联网的融合，将物体接入信息网络，随时随地进行可靠的信息交互和共享。由传感器获取到的物体信息，通过网络传输到互联网云端，利用云端便可以便捷地存储和调用数据信息，同时云端会对收集到的信息进行分析处理，并形成分析结果和决策建议传递回物体本身或用户网络设备。

（3）智能处理。物联网利用云计算、模糊识别等各种智能计算技术，对海量的跨地域、跨行业、跨部门的数据和信息进行分析处理，利用数据挖掘等技术提升对物理世界、经济社会各种活动和变化的洞察力，实现智能化的决策和控制。物联网存在的意义是使人们的生产、生活更加智能化，而数据背后的价值是否能够被挖掘并得以有效分析是智能化应用的基础，也是衡量物联网是否实现智能化的标准之一。

三、物联网在金融领域的主要应用场景

（1）供应链金融。物联网与区块链的结合将成为贸易金融领域的关键创新。将供应链流程的每个动作编码为智能合约，通过传感器、标签、生物识别、数字光处理、条码、摄像头、卫星导航系统等工具从供应链产品生产、运输和销售的每一个环节收集信息。这样，核心企业可以掌握供应链上下游的资金、货物流通、经营等众多数据，将经营数据与企业财务数据相结合，构建更为全面的信用评价模型；银行获得供应链企业产品流和资金流等数据，及时了解企业的经营状况，对供应链上下游的企业资金流等进行高效监管。全自动的信用监控显著地减少了对供应链流程的人工干预，供应链更加透明和高效。

（2）身份识别和账户管理。消费者可以通过物联网上的联网数字接口，安全地使用其自身的物理、生物甚至行为特征来登录自己的银行账户，从而享受轻松、无缝和即时的金融服务。金融机构通过电子身份识别可实现客户身份信息采集、身份验证和统一管理，减少因身份信息缺失和冒用身份信息带来的风险。

（3）物联网端点的移动支付。随着生物识别技术的日益创新，人们对非接触式技术的安全信任逐渐增强。以往仅限于计算运动步数或测量心率等任务的物联网设备，现在被允许开发和提供支付功能。物联网与移动支付相结合，产生了许多新业态，例如，动态通关不停车支付功能将停车静态支付变为不停车动态支付，将人工支付变为电子支付，为降低物流成本、提高运能效率提供了技术支撑。

（4）对抵质押品的全流程实时监控。集合了物联网网络、行车控制、叉车监控、摄像头和重量感性等技术的物联网，使银行能够实时监控和跟踪融资资产的状态。银行的信贷业务各方均可对贸易过程中的货物采购、物流、入库等环节进行实时管控，使银行传统的事后信贷风险追踪变为事前、事中和事后的全流程监管。银行还可以通过监测资产状况，实时监控和判断抵押品质量，有效改善传统仓单质押业务中的盗抢、货权纠纷、货物真假等问题。例如，银行可以利用安装在借款人仓库的传感器设备的输出数据，跟踪原材料和库存并推断出借款人的账户余额，确保借款人在库存销售时及时返还贷款。这种动产质押特别适合中小企业融资的"短、频、急"的特点。

四、物联网在监管科技领域的应用特点

（1）降低监管数据的获取成本。物联网技术可以利用射频识别、二维码、全球定位系统、摄像头、传感器、网络等感知、捕获、测量的技术手段随时随地搜集金融机构的业务设备和客户群体的全面数据。同时，搜集到的原始数据会通过互联网自动传递到监管数据云平台。这一过程减少了对人工的依赖，除了安装射频识别等设备的成本之外，几乎没有额外成本，极大地降低了监管数据的获取成本。

（2）监管数据可靠性高。物联网技术通过射频识别等技术手段获取到的监管数据，相较于人工报送的数据，很难被篡改或伪造，也可以很大程度地避免人为失误。同时，人工智能物联网的兴起，使得监管数据的筛选和辨别更加智能，有效保证数据的可靠性。

（3）监管智能化。在数据收集方面，基于物联网技术的监管科技通过射频识别等技术手段收集数据，在云端对交易数据进行验证、整合和可视化处理，形成自动化实时监测报告并将相关数据分析结果推送监管当局，实现企业与监管部门信息的互联互通，有利于监管部门实时掌握企业动态。同时，基于物联网技术的监管科技可以让监管部门实时触及数据来源，实施精确到单个来源的监管措施。此外，根据最新信息和即时反馈，监管部门可以灵活调整当前的监管政策安排以适应局势变化。

第四章 ▶

监管科技的国际实践

随着英国率先提出监管科技的概念并付诸实践，世界各经济体纷纷开启了监管科技的研究与实践。目前，英国、美国、欧盟国家和新加坡等都在监管科技的探索与实践中取得了不错的成绩。本章将在介绍各个国家和地区金融科技监管框架的基础上，阐述监管科技的发展历程，并介绍其在监管科技领域的现行做法与发展现状。

第一节 监管科技在英国的实践

2019年9月英国政府发布了《英国金融科技国家报告》，认为英国已成为全球领先的金融科技中心。毕马威的报告数据显示，2021年上半年英国金融科技投资总额达到245亿美元，同比增长1341%，在全球金融科技投资总额中占比25%。金融科技在英国的金融产业、经济的创新和变革中扮演着越来越重要的角色，然而它在蓬勃发展的同时也对传统的监管和执法方式形成了冲击。英国监管当局率先尝试监管沙盒、创新中心等措施来应对新技术的挑战，提高金融科技的监管效率与效果，促进金融科技创新发展，在国际上具有重要影响与借鉴意义。

一、英国的金融科技监管框架

作为全球老牌金融强国，英国不仅在金融发展及其监管方面积累了丰富的经验，在制度建设上也独具特色。早在20世纪，英国金融服务管理局（Financial Service Authority，FSA）就作为一家直接向财政部负责的独立机构，对金融市场实施统一监管。2008年全球金融危机爆发后，英国政府基于对金融监管经验的反思，将FSA拆分为审慎监管局（Prudential Regulation Authority，PRA）和金融行为监管局（Financial Conduct Authority，FCA），开始实施"双峰金融监管"（twin peaks regulation）。

（一）主要监管机构及监管目标

（1）英格兰银行（Bank of England，BoE）。BoE是英国金融监管的核心组织部门，既直接承担"双峰"中的微观审慎监管，又以宏观审慎统筹"双峰"。2016年之前，"双峰"模式尚未完全形成，BoE设立了金融政策委员会（Financial Policy Committee，FPC）负责监控和应对系统性风险，实施宏观审慎监管，从而实现对"双峰"的统筹。2016年英国议会通过了《2016年英格兰银行与金融服务法案》（*Bank of England and Financial Services Act 2016*），明确 PRA 正式成为 BoE 的附属机构，标志着"双峰"模式的正式形成。

（2）审慎监管局（PRA）。PRA 作为"双峰"金融监管模式的左峰，主要职责是审慎监管，通过对金融机构的有效监管来推动金融体系的稳定，将因金融机构倒闭所引起的破坏性影响降到最低。PRA 是 BoE 的附属机构，仅对具有系统性影响的金融机构实施微观审慎监管，涵盖约1500家银行、建筑协会、信用合作社、保险公司和大型投资公司。PRA 对这些金融机构开展的金融科技业务实施监管，例如审核和颁发数字银行牌照等。根据2021年—2022年 PRA 的工作计划，PRA 在金融科技方面的工作重点在于积极推动金融科技在支付系统、数字货币、跨境金融等领域的应用，以及构建稳定币、加密币的监管框架。与此同时，PRA 也在持续推动监管端监管科技的发展和应用。

（3）金融行为监管局（FCA）。FCA 作为"双峰"金融监管模式的右峰，主要职责是行为监管，同时也承担 PRA 监管范围之外的金融机构的微观审慎监管，监管对象包括约18000家系统性影响较小的投资公司、贷款公司、保险中介机构。FCA 以有限责任公司的形式运作，业务上接受 BoE 的指导并直接向财政部和议会负责，其主要监管目标是促进创新、保护消费者、促进市场竞争。相比 PRA，FCA 更加专注于金融行为这一核心监管对象，因此随着金融科技的蓬勃发展，金融科技企业和传统金融机构的金融科技业务的监管也由 FCA 负责。2015年 FCA 首次提出监管科技的概念，并在相应的监管领域展开探索。

（二）金融科技监管的法律法规

（1）《2012年金融服务法案》（*The Financial Services Act 2012*）。该法案对金融机构准入职责做出明确分工：具有系统性影响、接受双重监管的金融机构准入由 PRA 主导；不具有系统性影响的中小机构准入由 FCA 统一负责，准"双峰"金融监管模式形成。任何金融科技监管规则的制定必须经过 PRA 和 FCA 沟通协商，以确保监管的连贯和协调，若二者无法达成一致则由 FPC 仲裁。PRA 和 FCA 均可对金融科技企业实施处罚，但如果 PRA 认为 FCA 的处罚威胁到金融体系的稳定，则有权否决该项处罚。

（2）《2016年英格兰银行与金融服务法案》。该法案正式确立 PRA 作为 BoE 的内设部门，与独立于 BoE 的 FCA 共同组成"双峰"监管架构。同时，该法案简化了 BoE 内部治理结构，除了将 PRA 完全整合进入 BoE 之外，其董事会升格为审慎监管委员会（Prudential Regulation Committee，PRC），与金融政策委员会（FPC）和货币政策委员会（Monetary Policy Committee，MPC）并列成为 BoE 三大专业委员会，确保货币政策、宏观审慎和微观审慎的协调配合。

（3）《金融市场行为监管局与审慎监管局的监管备忘录》。2013年4月签署的监管备忘录要求建立多层次的金融科技监管协调机制，指导 PRA 与 FCA 在金融科技监管规则、执行和信息共享等层面相互协调配合。在金融科技监管规则层面，PRA 与 FCA 每季度会面，就各自的金融科技监管规则对对方履职的影响进行充分沟通协商。在金融科技监管执行层面，原则上 FCA 与 PRA 不进行联合监督检查，以确保二者在工作目标、重点和文化上"泾渭分明"，但针对接受双重监管的机构建立"监管联席会"，双方定期进行信息沟通与协调。在信息共享层面，双方共同成立联合数据管理委员会，每季度就金融监管数据的采集与共享机制充分协商。PRA 拥有否决 FCA 对金融科技企业做出处罚的权力，但 PRA 否决 FCA 的处罚之前必须向 FCA 做出充分合理的解释，且否决的决定最终由 PRC 决策。

（三）金融科技监管的主要尝试

2014 年 10 月，FCA 设立了创新项目（Project Innovate），并成立创新中心（Innovation Hub），以鼓励金融科技的相关创新。FCA 通过直接支持（Direct Support）计划为开发创新产品和服务的公司提供一个支持联系人，由支持联系人帮助企业了解 FCA 的法规和流程，确保创新项目符合法律法规的要求，并辅助 FCA 制定有益于创新的新规则。FCA 还设立咨询小组（Advice Unit），该小组为创新企业提供有关金融科技的监管反馈，帮助企业改进和完善创新产品和服务。

2015 年 11 月，FCA 率先提出了监管沙盒的创新监管理念，旨在为金融科技公司的创新产品和服务提供有限制的监管测试环境，协助公司确定适当的消费者保护措施，为企业提供融资渠道，并帮助其缩短上市时间和降低上市成本。截至 2021 年 7 月 31 日，英国已开展 7 批监管沙盒测试项目，累计 153 家企业参与了测试。2021 年 8 月，FCA 宣布监管沙盒永久开放，不再按批次进行测试，公司可在全年任意时间提交申请并在审核批准后进行测试。这意味着创新公司可以在其产品开发生命周期的合适时间节点访问沙盒测试服务，以最大限度地利用实时测试环境来推进其创新产品的开发和落地。

自 2016 年以来，FCA 一共举办了 8 场技术冲刺活动（TechSprint），分别围绕消费者访问（2016 年 4 月）、解锁监管报告（2016 年 11 月）、金融服务与心理健康（2017 年 3 月）、模型驱动机构可执行监管报告（2017 年 11 月）、反洗钱和金融犯罪（2018 年 5 月、2017 年 7 月—8 月）、养老金（2018 年 11 月）和妇女经济赋权（2021 年 3 月）等议题征集解决方案并提出监管建议。2021 年 10 月，FCA 继续举办可持续发展技术冲刺活动，旨在为监管机构在环境、社会责任、公司治理（environment、social responsibility、corporate governance，ESG）数据和披露领域面临的挑战研究新的解决方案，这也是 FCA 首个专注于监管科技领域的技术冲刺活动。

2020 年 3 月 5 日，FCA 与伦敦金融城（City of London Corporation，CoLC）共同发起了第一个支持疫情后经济复苏的数字沙盒（Digital Sandbox）试点。数字沙盒试点围绕因新冠肺炎疫情大流行而备受关注的三个领域展开，包括预防欺诈、支持弱势消费者和改善中小企业融资渠道。第一阶段共有94家机构递交申请，其中28家获准参加为期11周的试验，该阶段已于2021年2月结束。基于第一阶段的经验和教训，数字沙盒第二阶段于2021年9月6日开放申请，同年11月向成功申请者开放沙盒，并在2022年1月开始进入测试环境。第二阶段主要面向针对ESG数据和披露领域开发和验证解决方案的创新公司，旨在在2021年11月举办第26届联合国气候变化大会（the 26th UN Climate Change Conference of the Parties，COP26）之前，围绕可持续发展和气候变化这一主题，为英国的绿色金融发展提供支持。同时，FCA正在与业界共同探索可行的可持续运营模式，争取在未来提供永久版本的数字沙盒。

当前，监管沙盒的运用虽然对金融科技创新发挥了重要推动作用，但随之而来的是对创新的保护问题。金融科技公司数量众多且竞争激烈，大多依托区块链、大数据、物联网等新兴技术，其竞争的核心在于金融产品和服务的创意和设计，这些一旦被竞争对手获取，很可能会被模仿或抄袭。当前，英国的监管沙盒体系要求保证试验公开透明，参与试验的金融科技公司必须要将其技术创新、产品和服务设计全部公开，这就很难保护金融科技产品和服务的创新，特别是对那些尚处于起步阶段的金融科技公司可能造成致命的伤害。因此，如何在信息披露和创新保护之间把握平衡，是英国金融监管当局必须重视的现实挑战。

二、英国监管科技的发展现状

（一）英国监管科技的市场状况

从企业数量来看，截至2021年英国监管科技行业已有569家企业，其中约25%的监管科技企业为打击金融犯罪提供解决方案，超过13.7%的金融产品旨在解决与行为风险相关的问题。据德勤的研究报告《监管科技世界》（*The RegTech Universe*），截至2020年5月，在全球20个国家和地区的前362家监管科技公司中，英国的监管科技公司最多，达到97家，其中从事合规咨询业务的公司有44家，涉及用户身份识别业务的有18家，从事监管报告业务的有15家，从事风险管理业务的有15家，主营交易监控的有5家。

从投融资情况来看，英国的监管科技投资额位居世界前列。从2017年到2020年6月底，英国监管科技行业投资额达到30亿美元。2012年—2016年，伦敦共有39家监管科技公司获得融资，位居全球所有城市之首。

（二）监管端监管科技的主要应用

在数据搜集方面，新冠肺炎疫情爆发后，各国央行均推出了一系列应对方案，以缓解疫情对金融市场造成的冲击。PRA尝试利用网页抓取技术实时跟进各国监管当局的官方网站，获取各国最新的监管政策，以评估其对英国海外金融分支机构的影响。与传统人工跟踪的方式相比，网页抓取技术极大提升了数据获取效率，为 PRA 及时形成监管判断和决策提供了支持。

在自动报告生成方面，FCA 于 2016 年 11 月举办了聚焦"解锁监管报告"的 TechSprint 活动，研究如何利用新技术来提高监管报告的效率和有效性，在扩大金融服务的覆盖面的同时降低合规成本。2017 年 11 月，FCA 基于 2016 年 TechSprint 形成的解决方案，启动了数字监管报告（Digital Regulatory Reporting，DRR）项目，旨在使用自然语言处理（NLP）、智能合约和分布式账本技术，将监管规则转换为机器可读和可执行的形式，实现监管报告流程的自动化，有效缩小监管目的和法条释义之间的差异，提高金融监管效率。

（三）合规端监管科技的主要应用

在合规咨询方面，CUBE 是一家总部位于伦敦的全球监管科技提供商，旨在帮助金融机构应对跨境合规挑战。CUBE 开发了名为 RegPlatform 的 SaaS 云平台，可以为金融机构提供实时、有效的监管信息，同时利用 AI 技术实现自主合规功能。此外，CUBE 还提供合规评估服务系统，可以为特定企业一键自动生成量身定制的详细清单，涵盖公司的所有法律和监管要求，并揭示公司可能面临的合规问题。

在身份验证方面，英国金融科技企业 Unit21 与全球领先的"了解你的客户"（know your customer，KYC）数据提供商合作，在自主开发的免代码 AI 平台上内置 KYC 规则库和自动化逻辑库，为用户提供身份管理、文件验证、观察名单和制裁筛选等服务，旨在帮助企业优化用户身份识别全流程。同时，Unit21 的身份验证产品允许企业通过定制的建模引擎自动执行决策，快速识别更多优质客户，带来更加卓越的客户体验。

案例

金融市场行为监管局的数字监管报告项目

监管报告是监管机构识别风险、确保合规和实现监管目标的核心机制，对监管决策至关重要。然而，金融机构出具监管报告的成本昂贵，英国一年因此产生的监管成本高达 15 亿～40 亿英镑，即便如此，仍有很多数据难以保证一致性和时效性，很难用于监管。当前，FCA 监管 5 万余家机构，每年会收到超过 50 万份的监管报告和特殊报告，如何以更加有效的方式接收高质量数据，对于有效监管和监控市场至关重要。在此背景下，FCA 与 BoE 联合开展了数字监管报告（Digital Regulatory Reporting，DRR）项目试点，旨在研究公司和监管机构应当如何利用新技术，使当前的监管报告过程更加准确、高效和一致。

2018 年 6 月，FCA 和 BoE 联合开展 DRR 第一阶段试点，为期 6 个月，旨在探索如何减少报告规则和指令对人类解释和执行的依赖，从而提高监管数据的质量。该阶段的重点是探索如何以机器可执行法规（machine executable regulation，MER）格式来编写法规，并为支持数字监管报告所需的目标运营模型（target operating model，TOM）开发解决方案。该阶段的核心任务有以下四个方面：①开发解决方案的工作原型，演示机器可执行报告的端到端流程；②以英国国内抵押贷款和核心一级资本充足率自动报告的开发为例，向全行业进一步推广 DRR；③与更多的行业分享试点成果，提升其他行业创建新的报告机制的可行性；④评估新报告机制潜在的成本和效益，并与当前监管模式进行对比研究。

2019 年 2 月，FCA 与 BoE 联合七家受监管公司正式开启 DRR 试点的第二阶段。该阶段的工作建立在第一阶段的基础上，重点研究 DRR 的经济可行性，并探索其在不同场景下的适用方案。虽然该阶段已于 2019 年 7 月底结束，但 DRR 团队仍花了数月时间来讨论和商议细节，随后发布了 DRR 的可行性评估报告。

截至 2021 年 8 月，DRR 试点已进入第三阶段，该阶段将最终确定机器可读法规（machine readable regulation，MRR）和 MER 的基本规范，并将对监管领域中所有数据的要求和使用规则做出调整。该阶段主要包括两个任务：①挖掘数据价值，针对不断涌现的新的监管领域设计和测试解决方案，为监管当局提供更加可信和可用的核心数据。同时尝试挖掘历史监管数据的价值，提高历史监管报告的效用。②完善 DRR 的监管解释、实施和执行，建立健全以数据标准化为代表的数据价值挖掘技术的基本要求，并测试 DRR 在整个金融服务领域推广应用的途径。

自 DRR 试点启动以来，监管报告创新的必要性已得到国内和国际的认可。当前，英国监管当局及全球金融监管机构都采取了多项与 DRR 相关的举措。FCA 已经将 DRR 作为数据战略的一部分，BoE 的数据收集审查也借鉴了 DRR 的许多想法和经验。

第二节　监管科技在美国的实践

作为全球金融中心和科技中心，美国的金融科技发展一直走在世界前列。据毕马威数据，2021 年上半年，美国金融科技投资总额达到 421 亿美元，同比增长 117%，在全球金融科技投资总额中占比 42.96%。为避免和解决金融科技发展带来的监管难题和不利影响，美国坚持以金融科技赋能监管，营造优良的金融科技发展环境。

一、美国的金融科技监管框架

长期以来，美国采取"双层多头"的伞形监管模式，以联邦政府和州政府为依托、以中央银行为核心、各专业金融监管机构共同监管。其中，"双层"是指联邦政府层和州政府层，"多头"是指联邦政府针对分业经营的需要设立了多个行业监管主体。

(一) 主要监管机构及监管目标

（1）美国货币监理署（Office of the Comptroller of the Currency，OCC），隶属美国财政部，负责授权、监管和监督所有国家银行、联邦储蓄协会以及外国银行的联邦分支机构和代理机构。OCC的主要监管目标包括确保银行系统的安全和稳健、促进银行间开发新产品和服务的竞争、执行反洗钱和反恐怖主义金融法、确保美国公民公平享有金融服务等。OCC拥有对金融科技公司从事数字银行、支付系统等银行业务的审查和监督权，同时负责受理和批准非存款性金融科技企业的全国性银行牌照申请。通过向金融科技企业发放特殊目的银行（special purpose bank）牌照，OCC将参与信托和信用卡等业务的金融科技企业纳入联邦银行监管框架之中，维持全国银行体系的稳固性和统一性。

（2）证券交易委员会（Securities and Exchange Commission，SEC），是直属美国联邦政府的独立机关和准司法机构，负责美国的证券监督和管理工作，为美国证券业的最高主管机关。SEC的监管目标主要是保护投资者，维持公正、有序、高效的市场和促进资本形成。SEC依法对证券业监管范畴内的金融科技企业与业务实施监管，例如基于分布式账本技术的数字证券资产、智能投顾等业务均在SEC监管范围。

（3）商品期货交易委员会（Commodity Futures Trading Commission，CFTC），是美国政府创办的独立机构，负责监管美国的衍生品市场，包括期货、掉期和部分期权等。CFTC的监管职责包括防范衍生品市场的欺诈交易和市场操纵等行为、执行严格的信息披露机制、保护投资者合法权益等。CFTC的监管目标是防范美国衍生品市场系统性风险，促进衍生品市场的完整性、开放性、弹性和活力。CFTC依法对期货业监管范畴内的金融科技企业与业务实施监管，例如期货市场的智能合约技术等均在监管范围。

（4）消费者金融保护局（Consumer Financial Protection Bureau，CFPB），隶属美国财政部。CFPB是2008年全球金融危机后新成立的机构，主要监管对象为资产100亿美元以上的金融机构，主要监管目标是保护金融消费者权益、确保消费者能够在金融市场上明确和及时地获取金融产品或服务的信息。CFPB有权对金融科技企业侵害消费者权益的行为做出处罚，尤其是金融科技企业利用其技术地位非法获取消费者隐私数据的行为。

(二) 金融科技监管的法律法规

（1）《金融服务现代化法案》（*Financial Services Modernization Act*）。该法案颁布于1999年11月12日。该法案的颁布意味着美国金融业拉开了混业经营的序幕，监管也实现了从强调安全、设立严格准入限制到推行功能监管、提倡竞争与效率的改变。当前，也正是由于金融业实施混业经营与分业监管，美国对金融科技的监管更侧重功能界定，即按照金融科技服务的业务范围来划分监管职责。

（2）《金融科技保护法案》（FinTech Protection Act）。该法案于2019年1月3日正式提交美国国会。该法案旨在：设立"打击恐怖主义和非法融资独立金融科技工作组"，对使用虚拟货币从事恐怖活动非法融资活动的组织和人员进行独立调查，并为实施有效监管提供必要的建议；设立"创新和金融情报领域的金融科技领导力计划"，用以支持开发能够侦查使用虚拟货币从事恐怖或非法融资活动的工具和程序，并进行创新授权和资助。目前该法案已通过众议院审议，于2021年1月13日提交给金融服务委员会和预算委员会。

（3）《金融透明度法案》（Financial Transparency Act）。该法案于2019年由美国众议院金融服务委员会成员提交至国会审议。该法案是第一个与监管科技直接相关的法案，要求包括SEC、OCC、CFTC、CFPB在内的8家监管机构放弃现有的纸质表格数据采集和报告模式，按照美国财政部的指导意见，采用统一、标准的电子化格式。2021年10月26日，该法案被提交至银行、住房和城市事务委员会审议。

（三）金融科技监管的主要尝试

早在监管科技概念尚未提出之前，美国已经开始探索如何利用科技赋能金融监管。2005年，SEC开始试行可扩展商业报告语言（Extensible Business Reporting Language，XBRL）计划，金融从业机构可自愿参与数据标准化计划。该计划致力于以数字报告取代传统纸质报告，建立企业数字报告的国际通用标准，以提升数据的质量和一致性，使监管当局和金融机构能够轻松地编译和共享数据。2008年全球金融危机之后，随着美国金融监管日趋严格和金融科技的飞速发展，SEC逐渐意识到金融科技的发展对自身监管能力造成的挑战，已将上述数据标准化计划转为强制性要求。

在金融科技发展早期，监管关注的重点多集中于对消费者的保护，因此CFPB是推动金融科技适度创新的主力。2012年，CFPB启动"催化剂"项目（Project Catalyst），主要包括构建与金融创新企业的互动渠道、制定创新激励政策等内容。在"催化剂"项目早期工作当中，CFPB并未重视金融科技公司带来的影响。2016年，CFPB在"催化剂"项目报告中，重点介绍了金融科技初创公司在促进消费者友好型金融创新中的潜在作用。2018年7月，CFPB成立了创新办公室，并由该办公室负责"催化剂"项目。2018年12月，CFPB发布了关于无异议函（No-action Letters，NAL）最终政策的建议修订，并提出创建一个监管沙盒，该沙盒将对金融科技企业及CFPB法规涵盖的任何其他实体开放。2019年9月，CFPB发布其最终的监管沙盒框架，即合规援助沙盒政策，为面临监管不确定性的实体提供约束性保证，使其产品或服务符合特定的法律规定。

2016年以来，各监管部门纷纷创立金融创新平台，支持金融科技发展。2016年10月，

OCC 成立创新办公室，负责举办与金融创新相关的会议，发布指南和白皮书，定期与行业参与者会面。2019 年 4 月，OCC 提出了一项创新试点计划，类似于监管沙盒的概念，以支持对金融创新产品、服务和流程的测试。2017 年 5 月，CFTC 成立科技实验室（LabCFTC），通过与行业参与者互动，设计有益于市场消费者的产品。2018 年 10 月，SEC 创建创新和金融技术战略中心（Strategic Hub for Innovation and Financial Technology，FinHub），旨在为参与和监控证券市场创新提供渠道，促进证券业良性发展。2019 年 10 月，SEC 效仿沙盒方法，首次对清算机构注册采取了无异议函，对数字资产结算的创新予以支持。2020 年 12 月 3 日，SEC 正式宣布 FinHub 正式成为其独立办公室。

在监管科技方面，2016 年 10 月，美国国际开发署（USAID）推出了监管科技监管加速器（RegTech for Regulators Accelerator，R2A），针对具体的监管合规问题，对接全球的初创金融科技企业，在境外试验创新解决方案。2017 年 USAID 开始牵头在法国巴黎、美国圣何塞和德国柏林举办了金融科技和合规科技论坛，开展 RegTech 领域的国际交流与合作。R2A 项目最终在 2018 年完成了第一阶段的试验，同年金融业监管局也发布了关于监管科技在证券行业应用的报告。

二、美国监管科技的发展现状

（一）美国监管科技的市场状况

从企业数量来看，德勤的研究报告 *The RegTech Universe* 显示，截至 2020 年 5 月，在全球 20 个国家和地区的前 362 家监管科技公司中，美国的监管科技公司数量位居第二，达 76 家。其中，从事合规咨询业务的公司有 36 家，涉及用户身份识别业务的有 19 家，从事风险管理业务的有 8 家，从事交易监控业务的有 7 家，主营监管报告的有 6 家。

从投融资情况来看，美国监管科技企业投融资交易量在全球范围内遥遥领先。RegTech Analyst 数据显示，2015 年—2019 年，美国监管科技行业融资总量超 100 亿美元，约占全球融资总量的 58%，交易笔数 456 笔，约占全球总交易笔数的 48%。

（二）监管端监管科技的主要应用

在数据报送格式统一化方面，SEC 通过要求美国金融企业上报的财务摘要信息逐步采用 XBRL 格式来实现监管数据标准化。如前文所述，SEC 关于 XBRL 计划的试验开展得较早，而 2008 年的全球金融危机促使试验由自愿性转向强制性，在最近几年又扩大了覆盖范围，同时升级至内联式可扩展商业报告语言（inline extensible business reporting language，IXBRL），将 HTML 和 XBRL 结合起来，IXBRL 消除了 HTML 和 XBRL 之间的数据格式差异所带来的不便，形成了一个既可人工读取又可机读的单一文档。在数据搜集方面，SEC 推出了市场信息数据分析系统（market information data analytics system，MIDAS）。MIDAS 利用大数据和云计算技术，不仅能实现每天从 13 个全国性证券交易所的专有数据源中收集时间戳记到微秒的数据，涉及超 10 亿条记录，还能够一次性分析六个月甚至一年的数千只股票的行情数据，处理超 1000 亿条记录。对于瞬息万变的证券市场来说，MIDAS 既可以帮助 SEC 监控并了解诸如小型闪电崩盘等突发市场事件，也能帮助 SEC 更好地了解长期市场趋势。

（三）合规端监管科技的主要应用

在反洗钱和反欺诈方面，Chainalysis 是一家 2014 年创立于纽约的监管科技公司，主要业务是向金融机构或其他企业提供基于区块链技术的客户活动追踪与调查服务。Chainalysis 使用区块链技术帮助金融机构和加密交易网站了解自己的客户，预防欺诈，验证比特币交易数据，以此来避免加密货币领域的洗钱、欺诈和其他违规行为。

在风险管理与合规技术方面，IBM 于 1911 年创立于美国，是全球最大的信息技术和业务解决方案提供商。IBM 在金融专业人士中心（the Center of Financial Professionals，CeFPro）发布的 2020 年新金融科技领导者中排名第一，并蝉联了金融科技人工智能领域的第一名。IBM 的监管科技解决方案，广泛使用 AI 等创新技术来帮助金融机构改善其治理、报告、合规和风险管理等问题。IBM 搜集了世界上所有的监管法规，通过机器学习和自然语言处理技术自动理解和智能提取信息，动态监控合规政策变化，并将它们映射到用户的合规框架之中。IBM 开发的 IBM Cloud 平台允许企业用户的关键工作负载向云端环境转移，向企业用户提供便捷高效的世界级风险管理和合规管理解决方案接口，也为企业的数字化转型提供了新思路。

案 例

美国证券交易委员会的监管科技应用

美国证券交易委员会（SEC）尝试利用机器学习的方法来分析注册申请人填报的描述性披露信息，以更全面地对申请人的行为进行预测，特别是对其潜在的欺诈和不当行为的市场风险进行评估。首先，采用主题建模（topic modeling）方法在所有注册申请人的大量描述性披露中识别与不同主题相关的单词和短语，并同时生成在每个特定文件中发现的主题分布结果。然后，利用自然语言处理技术进行情感分析，评估每个文件的情感色彩，如识别具有负面或难以区分的情感色彩的申请人。最后，使用机器学习算法将这些主题和情感色彩"信号"映射到已知的风险等级（如申请人的审查结果或过去违规情况）中。此过程可以应用于不同类型的披露及独特类别的注册人，其结果将帮助 SEC 调查和检查人员确定审查方向。

目前，SEC 已颁布《投资公司报告现代化规则》（*Investment Company Reporting*

Modernization Rules），通过"端到端"的数据报送流程、采用现代化表格、缩短报告时间表等新要求形成一个更紧密的监督环境，提高监管效率。对此，受新规影响的美国约 1.3 万家共同基金积极寻求 RegTech 解决方案来应对，数据自动化管理提供商 Confluence 公司的 Unity NXT 监管报告平台脱颖而出，通过提供数据集成和工作流程自动化，使共同基金可以在内部重复使用单一验证的监管数据集完成"端到端"的申报流程，满足报告要求所需的数据质量、可扩展性和时效性。

第三节 监管科技在欧盟的实践

虽然欧盟的金融科技起步较晚，但自 2015 年以来也获得了长足的发展，涌现了伦敦、法兰克福、巴黎等金融科技中心。毕马威数据显示，2021 年上半年，欧洲金融科技投资总额达 133 亿美元，同比增长 365.29%，在全球金融科技投资总额中占比 13.57%。欧盟金融监管当局不断完善监管框架，积极利用监管科技对金融科技进行监管，规范和指导金融科技市场蓬勃发展。

一、欧盟的金融科技监管框架

欧洲金融监管系统（European System of Financial Supervision，ESFS）包括两大支柱：支柱一是由欧洲银行业监督管理局（European Banking Authority，EBA）、欧洲保险和职业年金管理局（The European Insurance and Occupational Pensions Authority，EIOPA）、欧洲证券与市场管理局（European Securities and Markets Authority，ESMA）共同组成的欧盟监管机构（ESA）；支柱二是欧洲系统性风险委员会（European Systemic Risk Board，ESRB）。

（一）主要监管机构及监管目标

（1）欧洲银行业监督管理局（European Banking Authority，EBA）。EBA 是一个独立的欧盟机构，对整个欧洲银行业实施有效且连续的审慎监管，其目标是维持欧盟的金融稳定，并保障银行业的完整性、效率和有序运作。EBA 依据相关法律法规对涉及数字货币、支付系统、反洗钱等金融科技业务实施监管，并对金融科技信贷机构的初始资金和准备金比例进行监管。

（2）欧洲保险和职业年金管理局（The European Insurance and Occupational Pensions Authority，EIOPA）。EIOPA 是一个独立的欧盟机构，其监管目标是促进保险和职业年金市

第十章 ▶

金融科技业务的监管

金融监管科技

金融科技的发展不仅催生了金融科技公司、消费金融公司、互联网保险公司、第三方支付公司等有别于传统金融机构的企业，还同时推动了数字货币、互联网贷款、数字征信、智能投顾等新型金融业务。相比于传统金融业务，这些业务的服务效率更高、资金成本更低、用户覆盖面更广，但由于其具有业务创新性、风险特殊性、监管复杂性等特征，为传统金融监管体系带来了一系列的挑战。监管当局对这些新型金融科技业务的监管也成为监管科技不可或缺的组成部分。本章以数字货币、互联网贷款、征信业务和智能投顾业务这四个典型场景为切入点，分析金融科技业务与传统金融业务监管的异同，介绍这些金融科技业务的监管规则和动向。

第一节 数字货币的监管

从古到今，技术发展对货币演化都起着关键作用，从商品货币、金属货币、纸币到电子货币，货币的使用场景逐步拓宽，流通成本不断降低，但资产流动性、支付效率和交易便利性均在提升。近年来，技术对货币演化的影响进一步深入，随着区块链、云计算、大数据等技术的快速发展，数字货币应运而生，引起了各国央行、金融界和学术界的关注。

一、数字货币概述

David Chaum（1983）最早提出数字货币理论，设计了基于传统的"银行－个人－商家"三方模式的电子货币系统 E-Cash。2008 年，中本聪发表《比特币：一种点对点的电子现金系统》之后，私人数字货币在全球范围内蓬勃发展，数字货币种类持续增加，全球数字货币市场规模也呈指数级增长。

目前，国际上对数字货币的定义和范围界定较为一致。国际货币基金组织（IMF）的报告指出，数字货币以数字化形式实现价格尺度、价值存储和支付交易等货币职能。国际清算银行（BIS）将数字货币定义为价值的数字表现形式，强调通过各方数据交换实现各项货币职能。欧洲银行业监督管理局将数字货币定义为价值的数字化表现，这种虚拟货币既不由货币当局发行，也不与法币挂钩，但可以作为支付手段进行电子化形式的存储、转移和交易。从发行主体来看，数字货币可分为中央银行数字货币（central bank digital currency，CBDC）和私人数字货币（private digital currency）。

中央银行数字货币（简称央行数字货币）由中心化的国家或其中央银行发行，并由国家主权提供信用背书，是具有主权性和法偿性的纯数字化货币。根据相关机构统计，目前已有 60 多个国家的中央银行启动了央行数字货币的研发，部分项目已进入试运行阶段。IMF 等国际组织对中央银行的调查表明，截至 2021 年 7 月，全球仅有两个央行数字货币投入民众日常生活使用，分别为巴哈马的 SandDollar 和东加勒比地区的 DCash。

私人数字货币是指并无发行机构或由非中心化的私人机构发行，运用具有去中心化、去信任化、可追溯性特征的区块链（blockchain）技术的数字货币。根据币值赋值方式的差异，私人数字货币可以分为加密货币（cryptocurrency）和稳定币（stablecoin）两类。加密货币是基于区块链的原生代币，即依赖区块链系统并在该系统内产生和使用的数字货币，没有国家主权信用为其背书，币值波动较大，不利于支付体系的发展。稳定币应用区块链发行，但由实物资产或相关一揽子主权货币作为其价值锚定，发行方需储备实物资产或相关一揽子主权货币以应对稳定币的兑付，币值相对于加密货币更加稳定。除了满足投资、投机需求以外，部分私人数字货币可以用于经济生活支付领域，为商品或服务支付对价。比特币（Bitcoin）即是典型的私人数字货币代表，其他的数字货币还包括以太坊（Ethereum）、币安币（Binance Coin）、泰达币（Tether）、莱特币（Litecoin）、瑞波币（Ripple）、天秤币（Libra，现名为 Diem）等。

近年来，全球私人数字货币种类持续增加，市场规模呈指数级增长，但波动巨大。根据加密货币价格追踪网站（CoinMarketCap）的数据，如图 10-1 所示，全球私人数字货币市场总市值在 2016 年年初约为 72 亿美元，于 2020 年年末达到 7607 亿美元。2021 年 5 月 12 日，私人数字货币总市值飙升至历史高位，达到 24585 亿美元，其中比特币市值 10367 亿美元，占据 42.17% 的市场份额，以太坊和币安币市值分列第二位、第三位。2021 年第二季度末，全球私人数字货币交易所共 381 家，货币种类约 5500 种，总市值回落至 13894 亿美元，较高点下跌 43.49%。

图 10-1　全球私人数字货币总市值（2016 年 1 月 1 日—2021 年 7 月 12 日）

资料来源：CoinMarketCap

在当前全球发行的私人数字货币中，全球首个由大型网络公司发起的 Diem（原名 Libra，天秤币）受到了广泛关注。脸书（Facebook）于 2019 年 6 月发布 Libra 白皮书，希望建立兼具稳定性、低通胀、普遍性和可互换性等特点的超主权数字货币，在日常支付、跨境汇款等方面给使用者带来便利。由于发布后受到美欧多国政府的关注甚至抵制，2020 年 4 月 Facebook 发布的 2.0 版 Libra 白皮书做出多项调整，包括采用"全球支付系统"而非"无国界货币"提法，将 Libra 定位为结算币以避免挑战主权货币地位，同时明确挤兑风险应对手段等。2020 年 12 月 Libra 更名为 Diem，只锚定美元，以期通过美国政府的监管审批。

二、数字货币的特有风险

随着私人数字货币的不断发展和央行数字货币的逐步研发，数字货币的风险问题越来越引发社会关注，成为各界热议的焦点。2021 年 4 月，美联储主席杰罗姆·鲍威尔在加密货币交易所第一股 Coinbase 上市当天表示："加密数字货币实际上是投机的工具。它们并没有真正积极用于支付。"美国财长珍妮特·耶伦此前也表示，比特币是一种高度投机的资产，数字货币仍存在许多问题有待研究，包括反洗钱和消费者保护。2021 年 7 月，中国人民银行副行长范一飞表示："私人数字货币已经成为投机性工具，存在威胁金融安全和社会稳定的潜在风险，也成为洗钱和非法经济活动的支付工具。"总体看，目前数字货币应用的风险主要可以分为宏观和微观两个层面。

宏观层面的风险主要包括：①降低货币政策有效性。私人数字货币发行无须主权信用背书，大量数字货币在没有锚定主权货币的情况下被广泛使用，这势必使原本以主权货币计价、交易的经济活动产生割裂，影响货币政策的传导与最后贷款人机制的有效性。②加剧金融市场波动。数字货币流转依赖区块链技术的支撑，通过交易平台和电子账户等数字化手段进行支付、汇划、储藏，存在短板效应，链上某一节点的数据治理缺失往往影响区块链的整体质量，一旦某个节点出现技术漏洞、操作失误、黑客攻击等问题，数字货币高效的传递速度会导致风险快速扩散，加剧金融市场波动。③扰乱行业秩序。金融科技的本质仍是金融，数字货币发行方也应当遵守金融监管要求，获得相关金融牌照和资质，确保金融服务和产品的质量。大型科技公司或机构若无视金融监管要求，在未获得金融牌照和资质的情况下，凭借自身市场影响力大量发行数字货币，则可能扰乱金融行业秩序、影响金融市场秩序。

微观层面的风险主要包括：①就价值储藏职能来说，数字货币的安全性难以保障。一方面，部分私人数字货币缺少稳定的信用支持和价值支撑，币值不稳定，价格波动剧烈，不具备良好的价值储藏功能。另一方面，交易平台跑路、黑客攻击导致用户账户被盗等情况屡屡发生，货币持有者的资产安全和权益难以得到保障。②就交易媒介职能来说，数字货币的容错率较低。数字货币交易具有成本低、速度快的优点，但匿名、不可逆的特点使交易汇划的容错率和安全性较低，遇到诈骗、非法交易和转账失误等情况时难以追回损失。③就价值尺度职能来说，数字货币的币值波动性大。如前所述，数字货币币值不稳定，波动幅度大，用于衡量商品、服务价值将给使用者带来许多不便。

三、数字货币的监管挑战

数字货币的风险点繁多且复杂，现有监管手段还难以化解相关风险，给金融监管体系带来了较大的挑战。

（1）数字货币去中心化属性可能导致中心化监管失效。在现代经济中，中央结算机构作为系统重要性金融基础设施，通过集中式账户保障交易的连续性和可持续性，传统和集中的监管中心有利于避免支付风险。但是绝大部分数字货币采用的去中心化和分布式账本技术使得中心化监管失效，中介作用被消除，即使未来央行法定数字货币在一定程度上保留中心化监管设计，也将面临较大的监管难度。

（2）数字货币的匿名性加大监管难度。透明度是监管机构监管非法金融活动的重要基础，数字货币的可追溯性在一定程度上有助于监管部门收集违法金融活动线索，打击洗钱和涉恐融资，但同时数字货币的匿名性和点对点交易规避了金融机构用户的审核流程，使得监管者很难获取相应的用户信息和统计数据。

（3）数字货币规模的扩大可能影响金融稳定。上文已提到，数字货币将加剧金融市场的波动。未来，数字货币进入规模使用后，货币结构将出现较大变化，实物货币需求量下降，金融资产的转换速度加快。当出现特殊事件时，金融恐慌和金融风险的传播速度加快，从而给金融监管和金融稳定带来挑战。

（4）数字货币的跨境使用对国际监管协调提出更高要求。数字货币的跨境使用成本低、速度快，可能助长跨境套利，加剧跨境资本流动。由于各国监管规则、司法制度等方面存在差异，对跨境监管和司法合作提出了更高要求。随着数字货币的全球化，需要特殊的国际化标准对数字货币进行监管，标准制定权的归属问题以及国际监管协调将是未来绕不过的监管议题。

（5）数字货币的技术先进性倒逼监管科技的发展和应用。有专家提出，对于监管者来说，面对私人数字货币使用带来的跨境套利和资本流动加剧等问题，可行的有效途径是积极运用科技手段提升监管效能，如在技术层面实现对数字环境中交易主体的有效识别和监管。

四、数字货币的国际监管动向

考虑到当前央行数字货币尚未大范围普及，加之其自身由政府部门发行或背书的特性，本部分将重点讨论各个国家和地区对私人数字货币的监管实践经验和未来趋势。

(一) 持宽松监管态度，纳入监管体系：美国、欧盟和中国香港

私人数字货币在美国可获得合法地位。美国对数字货币的监管逻辑日趋清晰，目前形成了美国证券交易委员会（Securities and Exchange Commission，SEC）、美国货币监理署（Office of the Comptroller of the Currency，OCC）、美国金融犯罪执法网络局（Financial Crimes Enforcement Network，FinCEN）、商品期货交易委员会（Commodity Futures Trading Commission，CFTC）联合监管的局面。其中，SEC主要监管具有证券属性的首次代币发行（Initial Coin Offering，ICO）及交易行为，定义比特币和以太坊的非证券属性，进而将其纳入信托合规监管要求。CFTC监管比特币作为大宗商品的期货合约交易。OCC主要监管具有货币属性的稳定币（锚定法币），目前对稳定币的发行、托管和支付整体持支持态度。2021年1月，OCC进一步放宽稳定币监管，表示联邦银行和联邦储蓄协会可使用公共区块链和稳定币进行结算，用公共区块链来验证、存储、记录和结算现有法律允许的支付交易。FinCEN的反洗钱规定，无论是稳定币发行方还是交易所都须遵循。2021年4月14日，美国第一家合规的加密货币交易平台Coinbase获得了美国相关部门颁发的监管牌照，成功在纳斯达克上市，成为美国数字货币监管体系的一个重要里程碑。

私人数字货币在欧盟范围内也被认为是合法的。欧盟执行机构"欧洲委员会"于2020年9月发布了数字货币监管方案，引进了发行前审批制度以及违反规定时处以罚款的制度。在发行要求方面，数字货币发行主体须在欧盟内设立总部，向欧盟提交计划书并获得发行许可，同时须将相当于数字货币全部或部分发行额的担保资产作为准备金进行储备。在资产担保方面，以多种货币为担保的高风险数字货币，将由欧洲银行业监督管理局（European Banking Authority，EBA）直接监管；以一种货币为担保的数字货币将与欧元等欧盟的法定货币进行1对1联动，由欧洲银行业监督管理局和各国金融部门共同监管。在货币持有者权益保障方面，要求发行方将准备金以高安全性存款等形式存入欧盟批准的金融机构，消费者可以要求将数字货币与法定货币进行兑换。欧洲银行业监督管理局等监管部门拥有对数字货币发行方开展调查和检查的权限，如发现违反监管方案的行为将对发行方处以罚款。

中国香港地区采取将加密资产主动纳入传统金融监管体系的做法，加密资产企业若想在中国香港提供数字货币服务，必须申请相对应的传统金融牌照。与美国的情况相同，中国香港地区也有一家持牌的数字资产上市交易平台——BC科技集团，该公司旗下OSL加密资产交易所率先获得中国香港第一张也是目前唯一一张加密数字货币交易牌照。

(二) 持中性监管态度，开展创新实验：英国和新加坡

英国监管部门主要关注稳定币的应用，认为稳定币具有成为系统重要性货币的潜力。英国财政大臣里希·苏纳克表示，将为采用分布式账本技术进行技术创新的企业建立新的金融

市场基础设施沙盒。英国央行设立的金融政策委员会（Financial Policy Committee，FPC）提出了稳定币的设计和监管目标。首先，FPC对稳定币的一项关键要求是必须锚定货币体系，以此获得公众信心。换句话说，稳定币必须保证与现有货币形式实现可信和始终如一的完全互换，确保稳定币的支持资产始终覆盖未偿货币发行。其次，FPC考虑对稳定币采取支付监管措施。最后，FPC期望稳定币提供与商业银行货币同等的保护，包括依法求偿权、资本要求、流动性要求、在压力时期获得央行支持的资格，以及储户破产补偿担保等。

新加坡在监管沙盒机制下给予虚拟货币有限制的合规性。例如，新加坡金融监管部门给予首次代币发行有条件的"无异议函"，主要条件是禁止对新加坡本国居民发行和买卖虚拟货币。

（三）持审慎监管态度，严格限制交易：中国内地、俄罗斯和印度

中国内地对于数字货币和数字金融的发展与监管侧重于风险防范，尤其是对于虚拟货币等私人数字货币，采取严监管态度，禁止其参与非法证券发行、非法集资、非法金融交易等非法金融活动。人民银行等五部门早在2013年联合发布了《关于防范比特币风险的通知》，禁止金融机构参与比特币交易和为客户提供比特币相关的服务。人民银行等七部门于2017年联合发布了《关于防范代币发行融资风险的公告》，该公告明确表明非货币当局发起的首次代币发行实际上是未经批准的融资，是非法的；在私人加密货币交易所方面，该公告明令禁止平台将法定货币转换为加密货币，禁止平台为加密货币设定价格或提供其他相关代理服务，不符合要求的平台将被整顿或取缔。2021年6月，人民银行约谈部分机构，要求禁止为加密货币交易提供产品和服务，并应及时切断相关交易资金链路；相关部门禁止数字货币挖矿等浪费能源的行为；同时商业银行也配合监管部门落实禁止机构和个人将商业银行账户用于比特币、莱特币等数字货币的相关交易的要求。

俄罗斯对于数字货币采取严监管的态度及措施，出台相关监管法案，禁止比特币及所有类似性质的替代货币，认为其具有高风险特征，会对中央银行的货币政策产生较大负面冲击。

印度政府于2021年4月起禁止加密货币在国内交易，甚至将对持有此类资产的人处以罚款。

第二节 互联网贷款的监管

大数据、云计算等新一代互联网信息技术与贷款业务深度融合，催生了互联网贷款业务。相对于传统借贷服务而言，互联网贷款的风险控制模式发生了颠覆性变化，贷款便捷性

和普惠性显著提升。而实践中互联网贷款频繁出现的掠夺定价、违规担保、暴力催收、监管套利等违规问题，以及大数据风控模式下各参与方分工和权责拆解难的问题，也给监管部门提出了新的挑战。

一、互联网贷款概述

（一）互联网贷款的发展现状

中国银保监会在 2020 年 7 月发布的《商业银行互联网贷款管理暂行办法》（简称《互联网贷款管理办法》）中首次对互联网贷款业务进行了界定。互联网贷款是指商业银行运用互联网和移动通信等信息通信技术，基于风险数据和风险模型进行交叉验证和风险管理，线上自动受理贷款申请及开展风险评估，并完成授信审批、合同签订、放款支付、贷后管理等核心业务环节操作，为符合条件的借款人提供用于消费、日常生产经营周转等的个人贷款和流动资金贷款的金融行为。在业务实践中，互联网贷款则依赖多类机构的合作，各类持牌机构和非持牌机构以各种形式在互联网平台上发放贷款。除了商业银行，消费者还可以从消费金融公司、小贷公司以及互联网平台等机构获得贷款。因而，广义上的互联网贷款，是依托金融科技搭建统一平台，将信贷业务中的获客、数据、风控、增信、资金等节点各有所长的机构连接起来，构建成有机生态体系的信贷展业模式。

互联网贷款由于办理便捷、高效，受到广大贷款用户的欢迎，成为个人经营性贷款和消费性贷款增长的重要动力。银行 2021 年中期报告显示，中国工商银行个贷余额较 2020 年年末增加 4605.24 亿元，增幅 6.5%，其中经营快贷、网贷通等网络融资贷款产品为主要增长点，带动个人经营性贷款增加 1355.66 亿元；建设银行个贷余额较 2020 年年末增加 2951.42 亿元，增幅 4.08%，6 月末个人消费贷款余额达 2278.38 亿元，其中个人快贷余额达 2034.91 亿元。

（二）互联网贷款的发展历程

互联网贷款业务最早起源于 P2P（peer-to-peer lending 或 person-to-person lending）网贷机构、网络小额贷款公司等机构。2007 年，中国 P2P 第一家网贷公司——拍拍贷正式开展线上借贷业务。2008 年，银监会下发了《关于小额贷款公司试点的指导意见》，随后，头部互联网企业利用其数据规模和信息服务能力的优势，通过网络小贷公司在线发放贷款，突破了传统金融地域和模式的限制。2015 年，十部门联合发布了《关于促进互联网金融健康发展的指导意见》。互联网贷款业务在"互联网+"、宽松的经济发展环境以及监管对创新的包容等红利因素叠加下实现高速增长。P2P 网络借贷业务发展高峰时，有 5000 多家 P2P 平台运营，年交易规模约 3 万亿元。同时，大型互联网平台企业通过旗下小贷公司或与持牌金融机构合作放贷的模式，推出了花呗、微粒贷、京东白条等大量互联网贷款产品。

但随后 P2P 平台跑路以及爆雷事件的频发，对全社会造成恶劣影响。2016 年以来，中国开启了对互联网贷款市场的全面整治和规范之路。2016 年 10 月 13 日，国务院办公厅发布《互联网金融风险专项整治工作实施方案》，重点整治 P2P 网络借贷和股权众筹业务、通过互联网开展的资产管理及跨界金融业务、第三方支付业务等。截至 2020 年 11 月中旬，中国实际运营的 P2P 网贷机构已经全部清退归零。与此同时，网络小贷公司的牌照发放也被叫停；新增批小额贷款公司禁止跨省（区、市）开展小额贷款业务；存量小贷公司的出表资产需要按回表计算资本占用。人民银行数据显示，截至 2020 年 12 月末，中国的小贷公司数量也从 2016 年的 8673 家减少至 7118 家，贷款余额也在逐年递减。

随着《互联网贷款管理办法》的出台，监管部门对互联网贷款的范围进行了明确，并在风险管理、风险数据、风险模型、信息科技、合作管理和监督管理等多个方面进行详细政策规定。《互联网贷款管理办法》着力打造互联网贷款的新天地，让商业银行、消费金融公司等银行业金融机构以大数据风控技术为依托，力争成为互联网贷款行业的生力军。在此背景下，金融科技机构转而通过与商业银行等银行业金融机构合作开展互联网贷款业务，助贷模式和联合贷款模式逐渐成为主流的商业模式。

（三）互联网贷款的业务模式

互联网贷款之所以能够代表贷款创新的方向，关键是因其利用大数据、云计算、人工智能等新一代信息技术改变了信贷的运作模式和风险结构，从而使信贷风险的控制观念、策略、措施、手段也随之发生了调整。风险定价已从贷前关注的财务数据、历史数据、静态数据向信贷全生命周期综合关注行为数据、实时数据、动态数据转变。大数据风控模式促使持牌金融机构与金融科技公司强强联合，形成了三种常见的互联网贷款商业模式：自营贷款模式、联合贷款模式、助贷模式。

（1）自营贷款模式。自营贷款模式是指具备放贷资质的金融机构或金融科技机构利用自有资金、自有网络平台，独自完成线上贷款的模式。目前，建有互联网直贷平台的金融机构以商业银行居多，但由于缺乏客户的流量数据，大部分地方性银行通过自营模式投放的贷款规模并不大。此外，由于自营贷款模式要求放贷主体在具备放贷业务资质的同时拥有独立运营的金融能力、雄厚的资金实力，这些条件对于作为非银行类吸储机构的平台机构而言很难达到，即使是大型互联网平台与新兴的互联网银行，也很难有足够规模的资金通过自营贷款模式为广大潜在的普惠金融客户群提供小微信贷服务，因而自营贷款并非金融科技公司的主要贷款方式。

（2）联合贷款模式。2017 年发布的《关于规范整顿"现金贷"业务的通知》（简称《整顿现金贷通知》）对资产证券化进行限制后，联合贷款模式受到青睐。联合贷款模式是指商业银行与其他具有放贷资质的机构按照一定的出资比例（单笔贷款中合作方的出资比例不得低于30%）联合发放互联网贷款，各方共同筛选客户、共同出资、共担风险、共享收益的模式。金融科技公司掌握一定信息处理技术和多维度场景客户数据，具备在业务引流、客户发掘、信用鉴别等方面的优势，而在资金规模和成本、金融功能完备性等方面则存在着短板，因而通过与传统金融机构合作，实现优势互补，为相关客户提供了融资信贷的一种新型业态。

（3）助贷模式。助贷模式是指金融科技公司作为助贷机构与商业银行合作开展线上贷款，依托其客户资源和科技能力，为商业银行筛选客户、提供风控技术，其本身不发放贷款、不承担信贷风险的模式。实际上，助贷模式的兴起早于联合贷款模式，这种业务模式符合市场规律"多方共赢"的特点。对商业银行来说，通过与其他机构合作扩展了数据的维度，拓展了客户渠道，降低了信息获取成本，提升了风控效率；助贷机构则实现了更高的业务规模，更稳定的上下游供应链；长尾小微企业和消费者则获得了更好的消费体验、更低的信贷门槛和贷款利率。

二、互联网贷款的特有风险

不同类型的机构利用各自的优势联合开展金融业务，自然而然地形成了对现有经营模式和监管框架的一种挑战，如果不能合理地进行业务的切割和风险的阻断，必将产生风险管理不审慎、资金用途监测不到位等新问题，加剧金融机构内外部的风险传染性，并加大金融体系的系统性风险。互联网贷款业务中，除传统线下贷款业务可能面临的信用风险等常见风险外，还可能面临一些特有风险，主要包括：

（1）违规放贷风险。这类风险主要包括以下两种类型：①突破现有监管允许的业务范围。例如，部分不具备放贷资质的助贷机构违规开展放贷业务，由于监管部门并未对其按照放贷机构的资本、杠杆等要求进行监管，且这些机构在资金管理、贷后管理等方面存在明显短板，它们违规放贷可能会给金融秩序和稳定带来极大挑战。②突破现有监管允许的地域限制。金融科技公司基于互联网渠道向银行推荐的客户并没有地域限制，这使得一些中小银行能够规避属地监管原则，大量向属地以外的客户授信开展异地贷款，实施跨区域经营，有违中小银行立足本地和服务小微企业的基本定位。这些异地贷款一旦成为不良贷款，则后期清收处置难度较大，成本较高，给地方金融监管部门带来诸多难题。

（2）信息科技风险。在互联网贷款业务中，由于贷款申请、风险评估、贷款发放、贷款回收等业务环节全部实现线上化，对信息技术的依赖程度越来越高，系统安全、网络安全和客户端安全直接影响业务的效率与成效。银行机构既掌握大量客户金融数据，又储存电子账户资金，历来都是承受网络攻击的重灾区。这就要求商业银行等互联网贷款参与主体从根源上做好信息科技风险的独立管控，建立安全、合规、高效和可靠的互联网贷款信息系统，以满足互联网贷款业务经营和风险管理的需要。

（3）数据和模型风险。多维度客户数据信息和强大的模型分析能力是互联网贷款得以发展的基础。但是数据和模型本身是具有风险的：①数据维度。风险数据是指在对借款人进行身份确认，以及贷款风险识别、分析、评价、监测、预警和处置等环节收集、使用的各类内外部数据。随着互联网贷款业务的逐渐深化，数据风险逐渐暴露，数据泄露、违规数据爬取、贩卖个人数据、数据造假等数据失衡现象时有发生。②模型维度。风险模型是指应用于互联网贷款业务全流程的各类模型，包括但不限于身份认证模型、反欺诈模型、反洗钱模型、合规模型、风险评价模型、风险定价模型、授信审批模型、风险预警模型、贷款清收模型等。如果风险模型存在缺陷或者已不符合模型设计目标，并且未能及时发现并优化，那么风险模型将不适应风险管理要求，从而使得互联网贷款存在重大风险隐患。

（4）不当合作风险。在商业银行和金融科技公司合作开展互联网贷款的过程中，合作方的经营情况、管理能力、风控水平、技术实力、服务质量、业务合规和机构声誉等方面都会对另一方造成影响。目前，对合作风险的防控基本上采用合作资质审查的办法，即由金融机构拟定合作机构筛选流程，确定风险指标或要素，开展尽职调查，最终确定合作形式。这其中可能面临两类合作风险：①突破双方合同的约定。联合贷款模式下，往往是商业银行提前将放贷资金批量划付至互联网平台账户，互联网平台在自身账户汇集资金，再从该账户将贷款发放给客户。如果互联网平台借此违规设立资金池进行放贷，则违背了共同出资、共同授信、共担风险的联合机制，导致资金方风险激增。②风险承担与利益分配不一致带来的合作风险。在互联网贷款业务中，一个重要的合作要素是金融科技公司为商业银行提供风控支持。然而，部分商业银行缺乏风险控制意识，将授信决策、风险控制等核心业务完全外包给合作机构，把合作机构给出的授信建议直接转化为自己对客户的最终授信决策。如果合作机构一味追求扩大客户规模，降低风控标准和客户质量，这些风险仍将倒灌至商业银行，甚至引发系统性的金融风险。

三、互联网贷款的监管现状

国际上对互联网贷款的监管主要以保护消费者权益为中心，关注点多在保护隐私、提高消费者风险意识方面。英国金融行为监管局 2014 年对外发布了《关于网络众筹和通过其他方式发行不易变现证券的监管规则》，该政策正式确立了英国对借贷类众筹进行监管的基本规则⊖。

⊖ 英国金融行为监管局（FCA）使用"借贷类众筹"一词概括了 P2P 网络借贷及类似行为（即"通过电子系统经营借贷有关的活动"）。

围绕金融消费者保护这一监管目标，该政策建立了平台最低审慎资本标准、客户资金保护规则、信息披露制度、信息报告制度、合同解除权（后悔权）、平台倒闭后借贷管理安排与争端解决机制等七项基本监管规则。

当前我国互联网贷款业务的监管，已经形成了以持牌金融机构为抓手、机构监管与业务监管相结合的监管框架。监管法规上，《整顿现金贷通知》和《互联网贷款管理办法》《网络小额贷款业务管理暂行办法（征求意见稿）》（简称《网络小贷（征求意见稿）》），从整体上构筑了新时代互联网贷款监管规范体系的"一体两翼"。此外，地方监管部门还出台一系列互联网贷款的规范性文件，如浙江银保监局发布实施的《关于加强互联网助贷和联合贷款风险防控监管提示的函》《关于进一步规范个人消费贷款有关问题的通知》，北京银保监局印发的《关于规范银行与金融科技公司合作类业务及互联网保险业务的通知》等。具体而言，对于互联网贷款的监管呈现以下三个特征：

（1）以持牌金融机构为抓手。互联网贷款是经营资金和风险的业务，放贷主体资质是互联网贷款业务中的首要因素，《整顿现金贷通知》中明确强调"未依法取得经营放贷业务资质，任何组织和个人不得经营放贷业务"。目前，在自营贷款模式中，商业银行等有放贷资质的金融机构对其独立发放的互联网贷款承担百分之百的责任；在联合贷款模式中，商业银行及其他有放贷资质的金融机构按照约定的出资比例对互联网贷款承担相应的责任；在助贷模式中，商业银行等有放贷资质的金融机构对互联网贷款承担百分之百的责任。从这个意义上来说，商业银行等有放贷资质的金融机构是互联网贷款的主要风险责任主体。同时，有放贷资质的金融机构开展合作类贷款业务必须对合作机构进行资质审查。例如，北京银保监局《关于规范银行与金融科技公司合作类业务及互联网保险业务的通知》中，对合作业务的主体资质提出明确要求，特别对金融机构不能合作的对象提出了明确的禁止性规定，还要求"完善审批流程，合作机构准入应报总行审批，严禁未经授权开展合作"。

（2）要求授信、风控等核心业务不得外包。《整顿现金贷通知》首次对助贷、联合贷款做出明确限制，尤其禁止银行业金融机构在与第三方机构合作开展信贷业务时，将授信审查、风险控制等核心业务外包。《互联网贷款管理办法》《网络小贷（征求意见稿）》中有关不得将授信审查、风险控制等核心业务外包的规定，是对《整顿现金贷通知》的继承和补充。其中：《网络小贷（征求意见稿）》中有关小额贷款公司主要作为资金提供方与机构合作开展贷款业务的，不得将授信审查、风险控制等核心业务外包的规定更多是继承之前的规则；而《互联网贷款管理办法》中有关核心业务不得外包的规定则更多地体现为继承基础上的细化、创新，明确了完全不得外包或必须独立完成的情形，以及不得完全外包或委托第三方机构的情形。

（3）强调消费者保护。一方面，要求互联网贷款的各参与方明确权责边界，并向消费者充分信息披露。北京银保监局在《关于规范银行与金融科技公司合作类业务及互联网保险业务的通知》中首次明确要求："严格审慎制定与合作机构的协议条款，在风险承担、信息披露、风险揭示、客户信息传递及信息保密、服务安排、投诉和应急处理等方面，明晰权责边界。充分披露合作业务信息及合作各方的责任边界，揭示合作业务风险，明示收费主体、项目和标准"。另一方面，对客户信息安全和隐私保护加强规范。浙江银保监局发布实施的《关于进一步规范个人消费贷款有关问题的通知》明确要求，银行开展个人消费贷款服务时"不得滥用客户隐私信息和非法买卖、泄露客户信息"。

四、互联网贷款的监管趋势

虽然互联网贷款的风险不容忽视，但是它具有服务中小企业、放款快速的特点，有效填补了传统银行贷款服务的空白，对其监管不应采取"一刀切"的禁止取缔，而应制定适应性的监管规则，一方面鼓励负责任的金融创新，另一方面坚持问题导向，针对互联网贷款近年来的异化和风险，制定针对性的监管措施，有效防范金融风险。具体而言，可主要从以下两个角度着手：

（1）建立健全法律法规。由于互联网贷款业务本身缺乏明确的法律定位及统一的全国性管理办法，容易出现监管真空地带，也容易导致监管主体不明，"一行两会"与地方金融监管机构间无法协调管理权限，因此，互联网贷款行业亟待出台和完善全国性的法律法规确立各类参与主体的法律定位以及在业务开展过程中的各项基础规范。例如，在助贷模式下，现有监管缺乏对助贷机构的监管权力和职责，对它的监管要求只能通过银行等金融机构传导给助贷机构，未来监管须明确助贷机构是否需要持牌，或需要持有哪种类型的金融牌照。

（2）加强基于大数据和风控模型的风险管控能力。与传统信贷风控模式相比，互联网信贷业务的风险定价已转变为关注信贷全生命周期的动态数据，这就要求银行业金融机构强化基于大数据和风控模型的风险管控能力。具体来讲，互联网信贷机构要加强其风控能力，一方面要不断丰富其风险数据的维度，合法合规地打通内部数据、外部数据和第三方数据，并且保证数据来源合法合规、真实有效、授权充分，还要进一步提升数据处理挖掘的标准化程度，建立完善的筛选、核查、挖掘和校验机制；另一方面要加强云计算、人工智能等先进信息科技手段的运用，建立各类多维度、多层次的风控模型，包括基础获客模型、反欺诈模型、反洗钱模型、信贷审批模型、贷后管理模型等，完善对于风控模型的开发测试、评审、检测、迭代、退出等管理环节，对互联网信贷的贷前、贷中、贷后风险进行系统性的评估和管控。

第三节　征信业务的监管

征信是现代金融体系运行的基石。征信通过对经济主体信用活动的准确记录和信息分享，增强了金融机构的风险识别能力，有利于开展信贷活动、提高经济效益、培育诚信社会。征信系统覆盖社会全部主体，涉及所有行业领域，是经济社会发展的重要基础设施。近年来，随着金融科技发展，我国征信业务呈现出数据来源和参与主体更多、客群覆盖面更广、征信产品更丰富的发展趋势，同时也放大了超范围经营、隐私保护难等监管痛点，突出了信息采集成本高、信息共享激励弱等行业发展难点。

一、征信业务概述

（一）征信体系的发展现状

根据2022年1月起施行的《征信业务管理办法》，征信业务是指对企业和个人的信用信息进行采集、整理、保存、加工，并向信息使用者提供的活动。其中，信用信息是指依法采集，为金融等活动提供服务，用于识别判断企业和个人信用状况的基本信息、借贷信息、其他相关信息，以及基于前述信息形成的分析评价信息。公共征信系统由政府或中央银行主导运营，主要采集金融机构的信贷信息，侧重于为监管部门监督和规范信贷活动、防范金融风险服务；市场化征信系统由产权私有、市场化运作的征信机构建立和运营，整合多种公开数据，侧重于帮助金融机构等信息使用者进行信贷决策。

我国公共征信系统的核心是国家设立的金融信用信息基础数据库，建设源起于1992年人民银行深圳分行推出贷款证制度[1]。2002年，银行信贷登记咨询系统建成。2006年，第一代全国集中统一的企业和个人征信系统实现全国联网运行，同年3月，人民银行设立征信中心，负责征信系统的建设、运行和管理。2013年《征信业管理条例》将征信系统定位为"金融信用信息基础数据库"，为信息主体及经其书面同意的信息使用者提供信贷信息查询服务。2020年1月，二代征信系统上线，征信系统收录的信息规模稳步增长，接入机构不断增加，查询总量显著提升，在服务效能、运行效能、安全性能等方面均明显增强。根据人民银行征信中心的数据，截至2020年年末，征信系统共收录11亿自然人、6092万户企业

---

[1] 全国集中统一的企业和个人征信系统简介，中国人民银行征信中心，2015年6月8日，http://www.pbccrc.org.cn

及其他组织，个人征信和企业征信业务分别接入放贷机构 3904 家和 3712 家。2020 年全年，个人征信和企业征信业务日均查询分别达 866 万次、19 万次，即全年累计查询 32.3 亿次。

我国市场化的征信机构按经营范围可划分为经营企业征信业务的机构和经营个人征信业务的机构，前者设立实行备案制。截至 2020 年年末，全国共有 23 个省（市区）的 131 家企业征信机构在人民银行完成备案。由于个人信用信息涉及隐私，管理更为严格，开展个人征信业务需经人民银行批准并颁发经营许可证。截至 2021 年年末，全国仅百行征信、朴道征信和钱塘征信 3 家机构获得个人征信业务牌照。征信市场逐步形成了国家金融信用信息基础数据库与市场化征信机构"错位发展、功能互补"的格局。截至 2020 年年底，百行征信累计拓展金融机构达 1887 家，开发替代数据源渠道 30 个，收录个人信息主体 1.63 亿人（去重后），百行征信所有产品累计使用量超过 4 亿笔。2020 年，百行征信所有产品全年使用量达 3.16 亿笔，其中个人信用报告使用量 1.67 亿笔，特别关注名单、信息核验、反欺诈系列等增值产品使用量 1.49 亿笔。

（二）数字化征信的新特征

近年来，征信业务得到大数据、区块链等科技赋能，内涵不断丰富。无论是人民银行的二代征信系统还是市场化征信系统，均呈现出数据来源和参与主体更多、客群覆盖面更广、征信产品更丰富的发展趋势。

在公共征信系统方面，与一代征信系统相比，二代征信系统主要进行了五方面优化改进。①优化信息内容丰富度，提升信息采集的扩展性、灵活性和便利性；②优化信用报告展示形式和生成机制，提升信用报告的易读性、适应性和便捷性；③改进系统技术架构，提升信息采集和征信服务效率；④强化系统安全防护能力，提升信息安全；⑤强化信息主体权益保护，优化异议处理流程，提高处理效率。

在市场征信系统方面，市场化征信机构较好地运用金融科技手段进一步丰富征信信息替代性数据来源，扩大了对长尾客群的覆盖，提升了征信产品的适用性。以百行征信情况为例：在数据采集方面，通过大数据等科技手段，进一步丰富替代性数据来源，收集整合海关、税务、司法、电商平台等渠道的信息数据；在客群构成方面，将传统金融服务难以覆盖的长尾客户作为重点客群，降低信息不对称程度，扩大普惠金融覆盖面，有利于企业或者机构更加全面地规避风险；在征信产品方面，运用人工智能、云计算等技术推出特别关注名单、多头申请监测、信贷行为标签、共债预警等增值征信产品，为信息使用者提供了更多样优质的征信产品，对于我国个人征信体系的补充完善发挥了良好的作用。

二、征信业务的监管挑战

我国征信业务的监管部门为人民银行[一]，其内设的征信管理局承担着制定法规制度及行业标准、管理征信市场准入、监督征信机构相关征信行为、管理征信系统、维护征信信息主体合法权益等职责，以及关注推进社会信用体系建设，加强企业和个人征信信息利用和保护等目标[二]。金融科技给征信业务带来蓬勃发展动力的同时，也放大了市场准入规范难、隐私保护难和信息共享激励弱等监管痛点和行业发展难点。

（1）市场准入规范难。一方面，数字时代，征信业务参与者的范围不断扩大，信息提供者和使用者的数量有所增加。金融科技企业在日常经营中收集保存了大量用户数据，部分属于反映用户信用状况的"替代数据"，未来可能纳入征信监管范畴，征信业务参与者的范围将进一步扩大。另一方面，传统征信监管主要依托征信系统，采用事后监管的模式，难以及时发现和制止违反征信业市场准入相关规定的行为。机构未向监管部门报备而从事企业征信业务，或未经批准开展个人征信业务，均属超范围经营的违规行为。

（2）隐私保护难。征信业务较以往的数据来源更广。信息使用方不仅从信贷机构采集信贷数据，还通过对接政府、公共事业部门获取了工商、税务、司法、水电燃气、移动通信等社会信用信息，正逐步通过大数据或数据共享等方式从互联网平台公司获取能反映企业日常经营数据和个人消费能力、履约能力的数据。当前，越来越多的商业机构认识到信用信息的价值，通过多种手段采集用户信用数据，滥采滥用现象比较突出。例如，未经授权查询个人信用报告，以及未经用户许可将数据提供给信贷机构或第三方，均侵害了信息主体的合法权益。

（3）信息共享激励弱。当前，越来越多的商业机构采集用户信用数据，但不愿意共享掌握的信用信息，信息孤岛效应明显。由于数字化信息资产具有可复制的特征，信息资产所有权和使用权的界限难以划分，信息共享的激励机制不足。优质信息提供者担心核心数据对外提供后导致数据泄露，无法保障信息所有者的权益。因而，监管部门需要引导金融机构打破信息孤岛，降低信息采集成本，共同建设信息共享的平台。

三、征信监管科技的应用探索

随着金融科技的快速发展，金融分布式账本技术在共识协议、智能合约、隐私保护、监管支撑等方面具有良好的应用前景，将联盟链应用于新型征信体系建设得到了征信业专家和

[一] 根据《征信业管理条例》，中国人民银行（国务院征信业监督管理部门）及其派出机构依法对征信业进行监督管理。http://www.gov.cn/flfg/2013-01/29/content_2323780.htm。

[二] 中国人民银行征信管理局网站：http://www.pbc.gov.cn/zhengxinguanliju/128332/index.html。

监管部门的广泛认可。近年来,围绕规范行业准入、强化信息保护、提升共享效能等监管目标和难点,征信行业和监管部门已探索得出部分与现实场景契合度高、适用性好的监管方案。

(1) 强化事前规范和事中监测,高效打击违法经营。当前,提高征信业务监管效率、精准打击违法经营问题的重点在于加强事前和事中监管能力。在研究者设计的双层多链区块链征信体系等联盟链征信架构中⊖,监管机构是直接接入区块链节点的参与方之一,能够通过主链节点抽查授权数据,包括征信数据、替代数据和社会公共信息数据,也能够通过行业子链调阅行业监管报告以及具有行业针对性的征信报告,如图10-2所示。监管部门通过构建良性循环的"征信联盟链"生态体系,将进一步丰富监管抓手,由事后监管逐步转变为事前规范和事中监测,从而有力规范行业准入管理,有效监测征信系统以外的征信业务;通过区块链共识机制自动生成监管报告,将同时降低监管和合规双方的人力成本,提高系统整体运行效率。

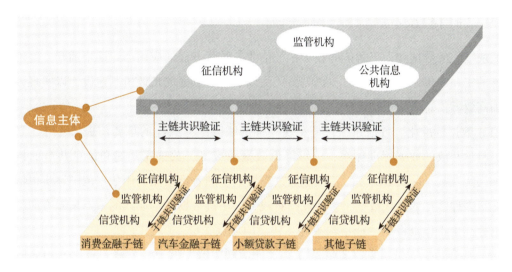

图 10-2 双层多链区块链征信体系架构

资料来源:百行征信。

(2) 加强信息保护,维护主体权益。基于联盟链技术建立信息主体授权存证区块链联盟,为信息确权和授权核验提供了可行方案。信息主体授权存证区块链联盟可以由征信机构主导,基于一定的会员准入标准和管理制度,联合金融机构、金融科技公司等信息提供方和需求方共同建立,将授权范围、授权时间、授权用途等信息主体授权相关信息在链上存证。联盟内,征信机构担任类会员服务机构,负责每个信息主体授权的验证码下发、校验服务,对征信数据的每次查询进行授权核验与记录存证,及时发现超越授权的查询行为,强化后期

⊖ 双层多链区块链征信体系架构由百行征信与清华大学金融科技研究院等机构在《非银金融业务区块链征信技术路径研究》专项课题研究中提出,该架构设计能够连接监管机构、信息主体、征信机构、信贷机构和公共信息机构五类参与方。

存证记录的追责，最大限度降低操作风险、联合欺诈风险等，实现数据的有序流通，更好地维护信息主体的合法权益。

（3）共享信用信息，推动征信生态圈建设。监管部门正在探索运用联盟链建立新型征信模式，完善信息共享激励约束机制、推动征信信息安全利用和共享、建设良性循环的征信生态圈。一方面，"征信联盟链"模式可以在信息确权基础上实现参与方之间信息点对点有偿共享，充分保障信息所有者的合法利益，形成信息共享的激励机制；另一方面，基于同态加密、数据重加密和密钥交换等技术，"征信联盟链"模式按照"最少必要"原则精准调用征信报告结果，避免展示原始信息，更好地保障信息提供方的信息安全和"所有权"，完善信息共享的约束机制。2020年以来，人民银行总行牵头建设推广"长三角征信链""珠三角征信链"，为异地企业信贷提供了可行方案。

四、监管科技发展长效机制建设

区块链、大数据和人工智能等技术在征信业务监管方面的应用已经逐步铺开，实现了较为可喜的实践成果。但中长期看，仍需要关注以下几个方面的长效机制建设，以实现数据共享更加高效、信息质量更加优质、征信业务更加合规的征信体系。

（1）数据标准化。数据标准化是实现"征信联盟链"共建的重要前提。通过建立行业通用、科学开放的数据标准体系，能够降低数据源接入、数据库共建和信息共享的技术门槛，加快实现基于区块链的新型信用数据共享模式。随着征信业应用数据范围逐步由信贷数据拓宽至多种多样的替代数据，替代数据将成为区块链数据共享模式的重点拓展方向，而替代数据标准化工作也将是"征信联盟链"建设的重点和难点。

（2）提升数据质量。数据质量是成就"征信联盟链"共享、共赢目标的基石。区块链技术能有效地确保链上数据的真实性，但无法避免上链前产生的数据错误。当前，小额贷款公司等中小型机构逐步接入征信系统，相比于大型持牌金融机构，中小型机构的数据治理水平有待进一步提高。另外，区块链技术采取多中心化模式，无法完全应用目前较为成熟的中心化数据质量管理方式，如难以实现数据报送、清洗、加工等全生命周期的中心化监测和治理。因此，如何加强数据治理、保证数据质量，是"征信联盟链"发展中需要解决的问题。

（3）业务合规性。依法合规是"征信联盟链"建设的基本底线。接入联盟链参与数据共建、共享的形式可能导致部分机构超范围经营未持牌业务。如按照《征信业管理条例》的规定，征信机构开展个人信用信息的采集、整理、保存、加工等业务，需要取得个人征信业务经营许可证。在实际应用中需要完善各类参与机构应用权限设计，提升征信系统自动化完成数据采集、加工及信用报告生成等方面的能力，以符合监管规定。此外，《征信业管理条例》规定征信机构对个人不良信息的保存期限为5年，超过5年的，应当予以删除。而不

可篡改、删除是区块链的重要特性，目前已有专家提出可通过定向加密技术进行解决，但仍需在相关领域进行更加充分的研究和论证。

第四节 智能投顾业务的监管

近年来，在金融科技发展的助力下，作为财富管理行业细分领域的智能投顾（robo-advisor）业务逐渐起步并迅速发展。智能投顾是指通过特定算法，结合投资者风险偏好、财产状况与理财目标，为投资者提供在线自动投资顾问、自动执行投资策略的服务。智能投顾虽然能提供丰富的产品服务、专业化的投资者建议以及客观的投资决策，能引导散户投资者树立正确的投资理念，有利于促进金融市场的机构化、稳定股票市场秩序，但其创新业务同样也会带来算法信息披露不充分、投资者适当性测评不到位、投资者合法权益保护不足等许多挑战，需要监管机构制定恰当的监管措施，防范风险隐患。

一、智能投顾业务概述

（一）智能投顾的发展现状

智能投顾是将大数据、云计算、人工智能等技术应用于传统证券基金投资咨询业务而诞生的新型金融业务，具备投资门槛低、普惠性强、服务时间不间断、服务内容个性化、服务质量标准化等特点，能够在一定程度上克服传统投顾业务定制化程度高、规模效应弱、服务同质化、普惠性弱等痛点。2008 年全球金融危机后，多家智能投顾公司在美国涌现并迅速发展壮大。2008 年—2009 年间 Betterment、Wealthfront 和 Personal Capital 三家头部智能投顾机构先后成立，受到了投资者的广泛欢迎；2015 年开始，传统金融机构意识到提供智能投顾服务的重要性和必要性，陆续以自行研发或收购的方式开展智能投顾业务，如 2016 年德美利证券（TD Ameritrade）推出智能投顾业务 Essential Portfolios。据 Statista 统计，截至 2020 年 3 月，上述三家先锋机构的资产管理规模分别达到 181 亿美元、200 亿美元和 123 亿美元，Essential Portfolios 的规模更高达 280 亿美元。

根据 Statista 估算，2021 年全球智能投顾管理资产达到 14270 亿美元，用户约 2.9 亿人，单个用户平均托管资产达 4873 美元，其中美国是管理资产规模占比最高的国家（70%，9990 亿美元），中国则是智能投顾服务客户数量占比最高的国家（58.7%，1.7 亿人）。预计到 2025 年，全球智能投顾管理资产将达到 28455 亿美元（年均增速 18.83%），用户数量接近 4.8 亿人，预测美国将是管理资产规模占比最高的国家（67%，19132 亿美元），中国将是客户数量占比最高的国家（51.5%，2.47亿人）。2021年美国智能投顾客均资产管理规模为91270美元，为中国客均规模（550美元）的166倍。

（二）智能投顾的业务类别

智能投顾的业务类别需符合所在国监管要求，广义上可以划分为三个层次：第一层次是大众化投资咨询服务，根据大数据分析将投资者划分为若干类型，并提供一般意义上的投资建议；第二层次是个性化投资咨询服务，即根据投资者适当性测评结果判断该投资者的特征及偏好，并提供个性化的投资建议；第三层次是管理型投资顾问服务，即在个性化投资咨询服务的基础上，为投资者提供交易服务，包括完全自动交易、人工投资顾问协助交易和自执行交易。考虑到欧美等国智能投顾业务包含了全权委托账户管理的投资顾问服务，以及我国2020年发布的《证券基金投资咨询业务管理办法（征求意见稿）》也提出了"管理型投资顾问服务"发展方向[一]，因而本节讨论的主要是第二到第三层次的智能投顾业务。

（三）智能投顾的市场主体

由于智能投顾业务是金融科技与投资理论结合的产物，从业机构较传统投顾业务更具多样性。代表性的智能投顾主体包括以下四类：①传统金融机构，其优势是具有良好的客户基础、丰富的产品储备以及成熟的品牌认知度，劣势是因为体量庞大，同时要符合传统金融业务监管要求，所以科技赋能和创新改革的步调较慢。②财经垂直平台，其优势在于财经领域专业度和用户黏性高，用户金融属性数据深度更深，流量转化率更高。③互联网巨头，其优势是拥有丰富的用户量和使用场景，较传统金融机构更具技术创新和迭代效率，劣势是金融专业服务能力不足。④金融IT公司，主要面向机构客户，为金融机构提供软硬件支持服务以及业务运作整体解决方案。

从具有代表性的中美两国智能投顾客群来看，虽然资产规模差异较大，但都属于投资经验相对欠缺的群体。美国智能投顾主要客群为人均年收入超过10万美元的"数字化程度较高的大众富裕人群"（mass affluent technology-enabled），大部分是工程师、医生、律师等专注于各自专业领域但缺乏投资经验的高薪白领，客群规模约1500万人[二]；中国智能投顾主要客群是对费率敏感、人工投顾服务难以覆盖到的下沉客户。

二、智能投顾业务的特有风险

根据各国实践经验，智能投顾业务的监管部门和监管原则通常与传统证券基金投资咨询

[一] 《证券基金投资咨询业务管理办法（征求意见稿）》明确"符合中国证监会规定条件的从事基金投资顾问业务的机构，可以向客户提供管理型投资顾问服务，在客户授权范围内代理客户办理交易申请等事项。"

[二] Betterment统计测算数据。

业务一致，要求智能投顾机构履行信义义务，做好信息披露和投资者合法权益保护，遵循投资者适当性原则。例如，美国证券交易委员会明确要求智能投顾应遵守《1940年投资顾问法》(*Investment Advisers Act of 1940*)，中国证监会要求证券基金投资咨询业务从业者应遵循诚实守信、谨慎勤勉、客户利益优先的原则。但如上文所述，智能投顾业务涉及较为复杂的投资和风控算法、多样的市场主体、投资经验欠缺的用户群体，有其特殊的风险特征。

（1）算法信息披露不充分。智能投顾业务模式的关键在于算法运用，算法构成了投资建议智能化生成的底层逻辑，同时技术驱动投资自动化可能带来"羊群效应"等风险。但仍有不少智能投顾平台未充分披露算法信息，如未披露算法函数、算法假设条件、算法源代码、管理人员或外包服务商的背景信息等。这样一方面会引发智能投顾服务的信义危机，如果投资机构未能够站在客户最佳利益的角度进行决策，在出现投资亏损的情况下，难以进行追溯和裁定；另一方面也使得该市场鱼龙混杂，披着"智能"外衣实则算法质量低下的投资机构无法胜任投资顾问的角色，给投资者的收益乃至财产安全带来严重隐患。

（2）投资者适当性测评难以到位。智能投顾业务的"数字投资经理"和客户之间互动有限，通常依赖"风险概况调查表"（risk profile questionnaire）进行适合性评估。以在线调查方式收集投资者评估信息，在财务状况适当性、持续性评估适当性和留痕处理机制方面存在一定的欠缺。首先，风险测评问卷问题有限，且对客户账户外资产状况查证手段薄弱，难以全面客观地反映客户的财务状况；其次，部分风险测评未实现定期更新或动态追踪，难以根据客户最新情况更新投资建议和资产配置计划。此外，部分平台未对风险测评进行完整留痕保存，无法事后查询，不利于形成持续性评估记录。

（3）投资者保护机制缺失。智能投顾运营商普遍采用电子合同和客户签订协议，与传统投顾当面签署纸质合同相比，不便于双方逐项确认条款含义和商定补充协议。智能投顾平台当前较为突出的问题是在电子合同中隐蔽嵌入不平等条款，对投资者利益造成侵害。例如，在协议中滥用强制仲裁的条款，限制投资者的诉权，进而剥夺投资者向法院寻求救济的权利。又如，在协议中嵌入免责条款，甚至通过完全免责的"霸王条款"来确保平台自身损失最小化，违背了信义义务。美国马萨诸塞州政府证券监管部门在其智能投顾监管政策声明中指出，"市场上存在一种趋势，智能投顾往往将免责声明嵌入冗长的电子客户协议中，在提供服务之前要求客户'签字'确认"。

（4）客户数据保护不足。智能投顾采用自动化收集和处理客户数据的运营模式，因而需要存储大量用户数据，并在前后台部门间或与外包服务商共享数据。如果智能投顾运营商的客户数据利用和保护的边界较模糊，数据安全措施和硬件设备不到位，遇到违规操作或网络攻击等突发事件，就可能导致用户数据泄露的情况。

三、智能投顾监管的国际经验

(一) 阿布扎比金融服务监管局[⊖]

阿布扎比金融服务监管局(the Financial Services Regulatory Authority,FSRA)于2019年7月发布了详细指南,为在阿布扎比全球市场(Abu Dhabi Global Market,ADGM)[⊖]开展智能投顾业务的公司设定了监管框架。此类公司必须向金融服务监管局申请许可证之后,才能开展投资或信贷咨询、投资交易和资产管理等智能投顾业务。并且,开展智能投顾业务的公司需遵守金融服务监管局的审慎性监管要求,在投资者适当性、算法运用和数据安全等方面建立健全的管理框架和内控制度。

(1) 在投资者适当性方面,金融服务监管局要求智能投顾公司在设计风险概况调查表时,应确保所获得的投资者评估信息与所出售产品的复杂性和风险相匹配,还应具备"剔除"投资期限、流动性需求或其他条件与所售产品不一致的客户的机制。

(2) 在算法运用方面,金融服务监管局要求公司具备完善的算法和技术治理制度及内控流程。在公司治理层面,金融服务监管局要求公司董事会和高管能够对算法的设计、性能、部署和安全性进行有力的监督和控制,内部治理结构须明确定义相关监督人员的角色和职责。在算法的开发和测试层面,"数字投资经理"须保存能够解释算法决策树和逻辑的相关文件档案,确保模型产生的结果可解释、可追溯和可重复;须确保算法所基于的数据和假设的适当性;还须确保风险概况调查表考虑了客户的潜在行为偏误,因为偏误可能会降低调查表反馈信息的准确性。"数字投资经理"须通过充分测试来证明其算法符合上述监管原则。在使用复杂算法的情况下,金融服务监管局会请第三方对算法的性能结果进行审核验证。

(3) 在数据安全方面,金融服务监管局要求"数字投资经理"采取可靠的数据安全策略和系统,必须符合相关数据保护法规。

(二) 美国证券交易委员会和金融业监管局

美国联邦层面的监管者已经出台了一系列规范性文件,主要包括证券交易委员会(SEC)和金融业监管局(Financial Industry Regulatory Authority,FINRA)联合发布的投资者

⊖ 资料来源:IOSCO Consultation Report, The use of artificial intelligence and machine learning by market intermediaries and asset managers, June 2020. https://www.iosco.org/library/pubdocs/pdf/IOSCOPD658.pdf

⊖ 阿布扎比全球市场成立于2015年10月21日,是位于阿布扎比首长国的国际金融中心,也是民商法独立于阿拉伯联合首长国其他地区的金融自由区,由阿布扎比金融服务监管局(FSRA)负责制定监管制度。

警示、FINRA 公告、SEC 监管指南、SEC 投资者公告等。2016 年 3 月，FINRA 发布数字化投顾研究报告，提出了该项业务的概念，并对相关展业机构的合规运营提出了监管建议。2017 年 2 月，SEC 推出了《智能投顾监管指南》更新，进一步明确机器人投顾应遵守《1940 年投资顾问法》，同期发布了智能投顾投资者公告。在州层面，马萨诸塞州在智能投顾的监管问题上回应较为积极，发布了该州智能投顾监管政策声明、智能投顾外包服务商监管政策声明等。整体来看，美国对于智能投顾的规制主要从两方面展开：①针对智能投顾的营运人进行监管规范；②从投资者保护角度入手，对于投资者进行必要的教育和风险警示。

美国对于智能投顾营运人的监管要求主要包括明确的市场准入条件、更高的信息披露要求、完善的内部合规管理、有效的风险测评设计和不允许豁免信义义务五个方面：①明确的市场准入条件。SEC2017 年 2 月发布的《智能投顾监管指南》将智能投顾明确归为投资顾问业务，要求公司注册时按照《1940 年投资顾问法》第 203（a）和（c）条要求向 SEC 提供统一注册表格（Form ADV，即 ADV 表格）。同时考虑到智能投顾覆盖客群规模大、范围广，对其规制范围进行限缩，不包含 203（b）条下予以豁免的投资顾问业务。②更高的信息披露要求。智能投顾不仅要履行投资顾问固有的披露义务，还需要披露几类特定的信息，包括：智能投顾算法相关信息、外包服务商背景信息、自身及第三方收费信息等。③完善的内部合规管理。智能投资顾问需要配备具备专业资格的首席法律合规官，构建内部合规程序、制定和管理合规文件，每年按照既定程序对相关业务进行内部审查。④有效的风险测评设计。智能投资顾问依据的风险测评问卷应做到：问卷问题充分，以便了解客户的财务状况和投资目标；问题表述清晰，运用弹出框或者注释向客户提供必要的补充信息；自动校验问卷有效性，当客户的回答出现前后矛盾或明显不一致时，能自动提醒、标记、审查。⑤不允许豁免信义义务。顾客签订服务协议时，智能投顾公司嵌入信义义务全部免责的豁免条款是无效的。但联邦法律允许信义义务部分豁免，例如《1940 年投资顾问法》规定，只要投资顾问得到客户的有效同意，可以免除默认忠诚义务。

另外，SEC 与 FINRA 联合发布了《关于自动化投资工具的投资者警示》，提示投资者在使用任何智能投顾之前必须注意：①投资者应了解所有协议条款。投资者必须事先掌握智能投顾的所有相关披露信息，了解用户协议各项条款，明确可能产生的费用和开支；了解如何终止服务协议以及终止后兑现投资收益的期限；了解智能投顾的其他收入项，尤其是推荐或出售投资标的时是否获取报酬。②投资者要了解数字化工具的局限性。由证券公司和个人提供智能投顾服务，投资者必须准确理解该提供商披露使用的标准和方法，包括数字化工具的局限性和主要假设。③投资者应了解投资建议的产生过程。由于智能投顾的投资建议结果直接取决于客户通过问卷测评提供的信息，投资者在输入风险测评信息时应当谨慎专注；此外，智能投顾的投资建议可能不符合客户的财务需求与目标，因此投资者对于投资建议也不能盲从。

四、智能投顾业务的监管现状

2018年，人民银行、银保监会、证监会以及外汇局联合发布的《关于规范金融机构资产管理业务的指导意见》（简称《意见》）中对智能投顾业务提出了监管要求，强调了智能投顾需建立市场准入制度。《意见》指出，运用人工智能技术开展投顾业务应当取得投顾资质，非金融机构不得借助智能投顾超范围经营或者变相开展资产管理业务。

（1）符合资管业务一般性规定。金融机构运用人工智能技术开展资产管理业务应当严格遵守《意见》有关投资者适当性、投资范围、信息披露、风险隔离等一般性规定，不得借助人工智能业务夸大宣传资产管理产品或者误导投资者。

（2）实现留痕管理。金融机构应当向金融监督管理部门报备人工智能模型的主要参数以及资产配置的主要逻辑，为投资者单独设立智能管理账户，充分提示人工智能算法的固有缺陷和使用风险，明晰交易流程，强化留痕管理，严格监控智能管理账户的交易头寸、风险限额、交易种类、价格权限等。《意见》明确金融机构因违法违规或者管理不当造成投资者损失的，应当依法承担损害赔偿责任。

（3）避免算法同质化。金融机构应当根据不同产品投资策略研发对应的人工智能算法或者程序化交易，避免算法同质化加剧投资行为的顺周期性，并针对由此可能引发的市场波动风险制定应对预案。因算法同质化、编程设计错误、对数据利用深度不够等人工智能算法模型缺陷或者系统异常，导致羊群效应、影响金融市场稳定运行的，金融机构应当及时采取人工干预措施，强制调整或者终止人工智能业务。

五、智能投顾业务的监管趋势

（1）优化智能投顾问卷设计，建立格式合同备案与稽查制度。在智能投顾的调查问卷设计方面，监管部门应当设立风险测评调查问卷最低标准。该最低标准全面涵盖客户的收入水平、支出水平、消费习惯、税务比例、负债情况等信息，以全面准确地测评投资者风险偏好与风险容忍度。同时借鉴美国经验，建立问卷弹出机制和自动标识机制，确保客户信息填写无误且符合自身实际情况，减少错误输入的可能。建立智能投顾格式合同备案与稽查制度，对其提供给投资者的电子合同进行事先审查。如果存在显失公平的智能投顾供应商免责声明，则应要求其修改相应条款。

（2）建立多层次的智能投顾信息披露制度。智能投顾信息披露应坚持三个原则：充分披露、准确披露、持续性披露。这就要求智能投顾的营运人全面披露公司的各项信息，可借鉴美国的 ADV 表格和智能投顾监管指南，详细规定披露细节；建立投资顾问公开披露数据库，扩大披露范围；要求智能投顾公司广泛采用弹窗设计，用清晰简洁的语言，使投资者清楚地知晓关键信息；要求公司对客户的信息矛盾进行查证，一旦捕捉到异常，应当由智能投顾机器人跟踪和审查。

（3）构建智能投顾企业风险管理系统。风险管理系统由企业内部控制系统和企业风险控制系统两大部分组成。在企业内部控制建设上，要尽快设立公司首席风险官，建立有效的企业内部合规稽查体系，对各项业务进行操作风险与信义义务方面的监督和审查。在企业风险控制建设上，要建立适当的风险管理体系，生成系统设计文件，采用文件化测试策略，明确算法的目的、设计与范围；还应加强对任何更改记录、交易留痕处理的有效控制与检测，对算法进行持续性的更新和审查。

（4）完善智能投顾的投资者保护。首先，由监管部门完善投资者警示公告并建立智能投顾投资者教育制度，引导投资者充分认识和了解智能投顾产品的商业模式、盈利方法、投资建议流程以及风险，重点提示与教育投资者关注智能投顾在人机交互上存在的欠缺性、收费项目的隐蔽性和电子合同的免责条款等风险。同时，监管部门可引入智能投顾专业责任强制保险制度。通过相关法律的规定，对智能投顾供应商强制投保，一旦它们由于自身操作或者算法缺陷引发大量的投资者损失，则可由保险公司进行赔偿，为投资者提供保险保障。其次，应探索智能投顾风险备付金制度，设立适当的计提比例，进一步降低投资者的风险。

（5）出台金融科技的伦理规范。就智能投顾而言，需明确人工智能的法律性质、法律地位、责任承担、风险控制等问题；同时研究制定《机器人伦理宪章》，在道德层面构建人工智能的伦理规范，出台机器人道德行为守则；颁布人工智能从业人员道德指引，强化科技研发人员的社会责任。在人工智能伦理的设计中，要充分明确人工智能开发者的权利义务、过错和可追责性；要建立人工智能核心参数备案制度，设立源代码追踪机制，逐步探索赋予人工智能"电子人"的法律地位。

（6）丰富智能投顾主动监管的科技手段。由于智能投顾客群覆盖面广，单笔金额较小，存在投资者维权难的问题。监管部门可参照上市公司风险监测"脸谱"体系，通过设定关键字段，运用网络爬虫、热度分析等技术手段，从海量外部信息中筛选值得关注的监管信息，为风险量化评估提供依据，完善智能投顾事中监测效果，快速锁定并化解投资者投诉集中的痛点，提升维权响应速度。

第十一章 ▶

监管科技存在的问题和障碍

作为科技与金融监管有机结合的产物，监管科技为提升监管机构的监管水平、降低金融机构的合规成本提供了有力的科技支持。但在监管科技的推广应用过程中，仍面临不少问题和障碍。一方面，金融科技的快速发展并未改变金融风险的本质，甚至在某种程度上加剧了风险的积累和传播，监管难度由此加大；另一方面，区别于传统监管方式，监管科技具有数字化、网络化、智能化的特征，对技术的合理有效使用和新旧监管方式的协同融合是应用监管科技时面临的新的挑战。基于此，本章将介绍当前监管科技存在的主要问题和障碍，包括数据治理风险、技术风险、伦理风险、网络安全风险、垄断风险以及开放金融模式对监管的挑战等，探讨各类风险的来源，分析它们对监管活动、市场发展乃至社会经济运行的影响，并探索应对各类风险挑战的方案。

第一节　数据治理风险

数据是对客观事件进行记录并存储在一种媒介物上的，对客观事物性质、状态以及相互关系等进行记载的物理符号或物理符号的组合，具有抽象性、可鉴别性和非随机性等特征。数字经济时代，数据作为新型生产要素，已经逐步成为金融行业运行的"血液"，在国民经济运行中发挥重要作用。监管数据亦是金融监管当局实施有效监管的支柱，监管当局可依靠监管数据来全面了解金融机构的风险状况。数字化时代下金融科技迅速发展，新的金融环境与金融交易产生的海量数据给传统金融机构监管数据治理带来前所未有的挑战。在监管科技领域，数据治理方面的数据质量把控、数据确权、数据孤岛等问题逐渐成为搭建数据监管体系面临的主要障碍。本节从数据质量风险、数据确权和数据孤岛问题等三个角度出发，探讨监管科技面临的数据治理风险，挖掘风险来源及影响，并探索解决方案。

一、数据质量风险

（一）数据质量风险的内涵

数据质量是根据业务、数据的需要制定的一系列规则，包括技术指标、业务指标以及相应的校验方法。数据质量风险是指由于数据质量未满足规定要求而对数据应用有效性产生负面影响，引致危害或损失发生的可能。

基于数据质量的统计属性以及数据使用者的需求，欧洲统计局定义了数据质量的 7 个维度，分别是适用性（relevance）、准确性（accuracy）、可获得性（accessibility）、清晰性（clarity）、可比性（comparability）、一致性（coherence）、完整性（completeness）。其中，数据的适用性要求数据的表现形式与数值能够有效表示客观实体；数据的准确性表示数据同客观事物的实际值之间的差异程度；数据的可获得性是指用户在得到恰当的支持和协助下，可以访问数据的便捷和易用程度；数据的清晰性取决于统计元数据的质量，包括文件编制、数据解释和质量限制等；数据的可比性是指数据在时间和空间上的可比程度；数据的一致性是指数据在不同时期、不同地区、不同搜集方法之间的数据含义和范围等方面的统一；数据的完整性是指数据所描述的内容相对于现实对象的完备程度。

（二）数据质量风险的来源

在当前各类金融机构开展的业务中，数据质量风险主要来自数据标准和技术操作两个层面。

（1）数据标准层面。数据标准及要求的不明确导致报送数据质量参差不齐。监管数据基本覆盖金融机构所有业务数据且多为明细数据，数据关联性复杂、数据颗粒度细、穿透性要求高。然而，目前行业内数据质量标准体系尚不完善，对数据的采集、存储和加工环节缺乏统一的管控。在此情况下，被监管机构可能面临对数据描述及理解错误、数据属性特征不清等问题，导致监管机构收集上来的数据质量参差不齐，影响数据的整体质量。后续的数据挖掘分析、出台的监管措施以及最终的监管效果也会因此大打折扣。

（2）技术操作层面。系统运行或人为操作失误影响数据的准确性和适用性。在数据整合过程中，如果金融机构内部的数据量过于庞杂、数据整合方法和加工逻辑混乱，就会影响所报送的监管数据质量，人为操作失误也会直接影响报送数据质量。在数据挖掘处理中，海量的原始数据普遍存在数据缺失、假数据、错误数据、数据不一致等问题，清洗整合不到位的原始数据将无法适应特定的挖掘技术和工具，进而影响后续数据分析的效率和结果的准确性。此外，在系统运行过程中，如果系统架构和数据处理流程不完善，不同类型和层级的机构系统兼容性不足，将导致信息无法全面、准确上报。

（三）数据质量风险的影响

在监管科技领域，数据是贯穿监管全流程的核心要素，没有质量可靠的数据做支撑，数据分析和应用将如同空中楼阁。对于金融监管来说，数据质量风险的影响主要体现在妨碍监管决策判断和降低监管协同效果两方面。

（1）妨碍监管决策判断。数据是监管科技的基础要素，数据质量直接影响智能分析和决策的效果，错误、虚假的数据将导致错误判断，所谓"无用输入，无用输出"。监管机构负担着维护金融安全、保护消费者权益等重要职责，由于错误信息导致的判断失误将带来巨大的金融风险和修正成本，因此监管科技对数据质量的要求也更为严苛。一旦在监管科技实施的任何环节出现数据质量问题，都可能对监管决策及最终结果产生影响。

（2）降低监管协同效果。对金融市场的主体及其活动进行有效监管需要各级监管机构及多方主体协调配合。因此在监管科技领域，数据有效互通的重要性更为明显。然而，数据源质量良莠不齐、数据规则标准不一，将使得数据的汇聚共享和信息关联分析难以实现，金融监管无法有效协同，在降低监管效果的同时，也容易滋生由信息不对称所引发的道德风险。

（四）数据质量风险的把控

把控数据质量风险，监管部门和金融机构应聚焦于数据质量管理的标准、流程和规范，提出明确要求，制定相关考核评估机制，做到监管科技数据质量的闭环管理，把对数据质量的把控贯穿监管科技应用的全流程。

（1）明确监管数据需求。监管部门和金融机构应当制定明确的数据质量标准，分别从业务和技术两个维度制定标准化、具体化的数据质量规则，对关键数据项命名、业务定义、统计口径、字段格式、取值范围等给出详细的规范说明；并明确指标报送规则、指标间的稽核关系等，尽可能减少被监管机构或数据提供者可能产生的理解认知偏差。

（2）构建数据核验体系。根据数据标准，针对数据从采集、加工、存储到共享、应用的各个环节制定核验规则，建立包含逻辑性检验、风险数据预警、重点业务监控的核验体系，将数据质量问题的系统化控制防线前置。为了避免多头管理，需要由数据所有者确保源数据的准确记录和及时维护。针对核验过程中发现的数据质量问题，数据采集者、数据所有者、数据管理者需要各自对数据链条相应环节担负起整改责任。

（3）评估整体把控效果。为了切实推进数据质量提升，需要建立数据质量管理的长效机制，形成对数据质量的闭环管理。根据数据质量衡量标准，监管机构应构建多维度的数据质量考核指标体系，借此评估各系统、各板块的整体数据质量管理质效，并对数据质量监测系统和评估方案进行定期更新完善。

二、数据确权问题

（一）数据确权的相关内涵

数据权指的是权利人依法对特定数据进行自主决定、控制、处理、收益和利益损害受偿的权利。数据确权是对数据权内容、权属、权利体系和治理机制等做出明确规范的过程，是保护消费者权益、保障数据合规共享、实现数据价值提升和再造的必要前提。数据确权有助于解决数据利益分配、均衡保护与利用等困境，对科技创新、开放社会与数字化转型发展等具有重要意义。

(二) 数据确权困境的来源

(1) 产权归属的复杂性。首先，数据产权主体多元。从信息收集、流转，到加工并沉淀为数据的过程中，会产生大量衍生数据，而衍生数据的主体往往与原始数据主体不一致，造成数据产权边界不明。其次，还存在数据产权交叉情况。以银行交易数据为例，数据既来源于客户的交易行为，又由银行的信息系统产生，产权交叉增加了数据确权的难度。

(2) 数据产权的非排他性。科斯定理指出，竞争性商品的生产商应该被授予排他性产权，商品或要素的消费或使用具有竞争性，在产权可以转让和交易成本为零的情况下，通过市场机制将其配置给对其评价最高的人来使用将带来社会总福利最大化。然而，不同于石油等不可再生资源，数据在某种意义上会永续存在，是取之不尽、用之不竭的资源，可无限共享。因此，数据产权也不具备传统资产的排他属性，即更多人使用同一数据并不会造成或加剧数字资源的稀缺性并降低其他人使用该数据的价值，其他人同时使用该数据不仅不会带来快速上升的边际成本反而面临零边际成本。在此情况下，我们不能将适用于竞争性私人物品的产权逻辑应用到非竞争性的数据要素中以实现资源最优配置的结果。

从全球范围来看，数据确权问题均面临挑战。数据所有权、使用权、管理权、交易权等权益没有被相关的法律充分认同、明确界定和完全保护。当前，欧美国家在数据确权方面的探索较为领先。欧盟秉持体系化理念，通过欧洲《通用数据保护条例》(General Data Protection Regulation，GDPR) 和《非个人数据在欧盟境内自由流动框架条例》(Regulation on the Free Flow of Non-personal Data)，确立了"个人数据"和"非个人数据"的二元架构，创设"数据主体"身份，并赋予其一系列权利，以提升自然人对其个人数据的控制。针对"非个人数据"，企业享有"数据生产者权"，但其权利并不是绝对的。美国在宽泛保护个人权利的同时，积极促进企业对数据的利用。美国立法承认了个人信息的自决利用功能，并确立了知情同意原则；后出于数据流通以及公共管理的现实需要，美国采用行业自律与分散立法的形式对个人信息加以保护。但个人信息的范围过于宽泛，在数字化时代，几乎没有什么数据不可以通过组合处理与特定自然人相联系，一个数据集往往同时涉及个人数据和非个人数据。从这个角度来说，数据权及其衍生出来的资源利益分配与责任承担等问题仍未得到有效解决。

我国的数据权法律制度相对缺失。一是在产权界定环节。2021 年 7 月，深圳发布《深圳经济特区数据条例》，并于 2022 年 1 月 1 日起正式实施。该条例是国内数据领域首部基础性、综合性的地方立法，涵盖了个人数据、公共数据、数据安全等方面内容；率先探索数据相关权益范围和类型，明确自然人对个人数据依法享有人格权益，自然人、法人和非法人组织对其合法处理数据形成的数据产品和服务享有法律、行政法规及条例规定的财产权益。《中华人民共和国民法典》等法律虽然规定了须对个人信息和数据进行保护，但相关立法对数据要素市场中的数据权属问题未做出直接正面回应。以金融监管过程中的信息保护为例，如果个人金融信息归属于个人，那么通过数据的分析、加工、处理得到的信息是否仍归属于个人存在争议。二是在数据流通环节，数据交易和共享的规则以及交易主体权责划分不明确。数据共享规则的明晰是保障数据顺畅交互的必要条件。例如，哪些数据明确不可共享或交易，哪些信息出于"安全"或"隐私"等重要考虑，必须以加密或其他形式进行保护才可用于共享或交换。如果数据流通共享的规则不明晰，对限制和禁止流通的数据类型缺乏明确界定，将阻碍数据流通共享并引致风险。

（三）数据确权困境的影响

（1）损害消费者权益。数据权属不明确将导致数据资源利益分配与责任承担的不明确。数据具有非竞争性和非排他性，可以同时被多方使用，且边际成本几乎为零。正是由于数据初始产权不明晰及可重复利用的特点，数据具有很强的外部性，金融机构或互联网平台可以以很低的成本甚至零成本获取数据信息，由此成为数据外部性的受益者。在法律制度层面对数据隐私保护力度相对不足的情况下，金融消费者成为被动承担数据负外部性的一方，在此过程中可能面临隐私泄露、合法权益受损的风险。

（2）降低数据流通效率和监管有效性。首先，数据权属界定不明确造成数据在流通、交易、使用过程中的可解释空间大，导致市场规范性变差。例如，某平台运营公司拥有大量用户，但对于账号的权属却未有明确划分。如果账号的所有权归公司所有，则用户只享有使用权，不得赠予、借用、租用、转让或售卖其账号；但如果账号所有权属于用户，公司本身就没有占有处分权和所有权。数据权属不确定的问题使得针对用户账号数据的挖掘、开发等市场行为处于司法实践的灰色领域。其次，数据产权明晰是数据有效流通共享的必要前提。在缺乏明确流通规则的情况下，数据流通共享面临风险和阻碍。数据共享的边界不清，不仅增加了各方沟通成本，更可能引发一系列数据安全问题。此外，数据流通共享环节的合法性难以有效界定和保护，导致数据流通的成本和风险增大。各方出于对合法性的顾虑，在数据共享方面缺乏足够的动力，导致数据开放流通的效率降低，监管有效性亦随之受到不利影响。

（3）信息共享与隐私保护之间的矛盾显化。监管科技的应用以大量数据信息作为基础，在此过程中必然涉及数据的共享和交互。在监管科技应用扩大的背景下，数据权属不清将导致信息共享与隐私保护之间的矛盾显化。一方面，隐私泄露的风险随着信息共享力度的提升而增加。数据产权边界不清、数据开放的沟通协调机制不到位，会引致数据共享过程中的数据泄露或被不正当使用的风险。另一方面，过度的隐私保护制约着风险数据的贡献。多数国家的法律和监管规则都要求金融机构进行数据信息保护和数据本地化管理，这有助于保护隐私信息，但也在一定程度上制约着机构之间的数据信息共享，影响监管效果，不利于监管科技的协同和发展。

（四）数据确权困境的解决

解决数据确权问题，需要基于数据产权的特殊性，以保护消费者和相关利益方的合法权益为前提，制定和明确相关法规制度；同时突破传统思维模式，创新技术手段赋能数据确权，实现数据价值创造、隐私保护和风险防控的平衡。

（1）完善制度环境。面对由于数据确权问题给监管科技实施带来的困难与挑战，政府应尽快完善相关法律制度。在数据产权界定方面，明确包括所有权、使用权、知情权、经营权、修改及删除权在内的数据权具体保护方式和权利类型等，通过立法明确数据相关权利的范围及使用边界。在数据流通使用方面，在法律层面给予数据管理和共享环节必要的约束与指引，守住保护消费者隐私和敏感数据保护的红线，避免对个人数据的过度采集和不当加工，明确哪些数据不可开放共享、哪些信息需要以加密或其他形式进行保护、特定数据的共享范围等问题。

（2）探索技术支持。在完善制度体系的同时，监管部门也需要积极探索技术上的解决方案，通过区块链、多方安全计算等技术手段赋能数据确权。正如本书前文所述，区块链的本质是一种去中心化的分布式数据库，链上信息具有不可篡改和可追溯的特性。利用区块链涉及的共识机制、数据加密、智能合约等技术，可实现数据从产生处理到流通交易的全流程记录，并可通过智能合约实现对数据资产收益分配的跟踪监测。多方安全计算技术使多个非互信主体在相互保密的前提下进行高效数据融合，让数据"可用而不可见"，实现数据所有权和数据使用权相互分离，从而解决数据安全共享和可信计算等问题。

三、数据孤岛问题

（一）数据孤岛的内涵

数据孤岛是指不同组织的数据各自存储、各自定义，组织之间的数据就像一座座孤岛一样无法或者很难进行连接互通的现象。数据孤岛可分为物理性和逻辑性两种。物理性的数据孤岛是指，数据在不同组织中相互独立存储和维护，数据库之间处在物理层面孤立的状态。逻辑性的数据孤岛是指，不同组织站在自己的角度对数据进行理解和定义，相同的数据被赋予了不同的含义，导致数据由于逻辑层面的不一致而无法融合共享。监管科技领域面临的数据孤岛问题主要包括组织机构内部数据沟通不畅和不同监管机构间数据流通共享受限。

(二) 数据孤岛的来源

(1) 技术层面。首先，就组织机构内部的数据孤岛问题而言，大型金融机构或金融集团内部分支众多，其内部缺乏统一的数据字典和数据治理体系，内部各系统的设计标准、数据口径和业务含义不一致，数据采集、存储和加工环节缺乏统一的管控，因此数据完整性、准确性和一致性等要求难以得到有效保证。其次，就监管机构间的数据孤岛问题而言，行业内缺乏支撑数据流通共享的技术标准。目前国家和行业标准成果多为技术标准，针对特定业务的定义和通用数据结构的制度标准较少，导致各方数据在统计口径、数据颗粒度、业务内涵等方面存在较大差异，这在技术上限制了数据的有效互通。

(2) 制度层面。首先，就组织机构内部的数据孤岛问题而言，大型机构往往存在跨区域经营的情况，信息技术限制和不同区域之间数据法规的差异可能阻碍机构内部的有效信息共享，例如，不同区域机构对数据管理和流通的规定不一，导致跨区域经营的数据难以有效融合共享。在金融机构内部数据信息难以有效整合的情况下，监管机构更难以对其整体风险进行有效评估和监控。其次，监管机构间缺乏标准化的数据共享机制。与监管科技相关的监管约束机制尚未明确，政策上缺乏公认的数据共享手段和数字化监管协议，导致不同机构间的数据流通共享环节受限。

(三) 数据孤岛的影响

(1) 阻碍数据有效互通和价值实现。金融科技发展具有跨行业、跨业务、跨机构的特点，然而在此过程中，由于系统对接不畅、监管边界模糊等客观因素，以及机构数据共享意愿不足等主观因素，不同行业和机构之间产生数据孤岛问题，数据不易融合和共享，难以实现有效对接和互联互通。

(2) 影响监管决策。数据标准化是金融机构之间及金融机构与监管机构之间信息交互的基础，是大数据、人工智能技术运用的必备条件。监管科技的应用需要集中归集和处理不同来源、不同类型的数据，如果缺乏支撑数据流通共享的标准，数据的自动化汇总将难以实现，监管机构数据整合方面的难度和成本提升，同时影响不同机构之间风险数据及其衍生指标的可比性，监管的可信性和可控性难以保证。

(3) 影响监管协同。随着金融科技的发展，开放融合与跨业经营逐步成为金融业发展的趋势。在这种情况下，监管协同显得尤为重要，特别是数据信息方面的监管协同。一方面，如果监管数据不能被有效打通，监管部门对金融活动的监管就难以实现与其他部门间的有效联动和良好配合，缺乏对金融活动风险的整体把控，同时可能因为监管真空地带的存在而隐藏和滋生风险。另一方面，跨境机构间的数据信息共享存在障碍，影响各国监管机构的信息互换和政策协同，也不利于监管科技的推广和发展。以监控证券市场个股风险为例，除了常规的价格等信息，还需要丰富与个股相关的关联信息，叠加外部数据，如网络负面舆情、法院工商征信等相关信息，利用知识图谱分析方法分析数据之间的关联情况，而组织机构间的数据孤岛会造成风险监测管控难度加大。

（四）数据孤岛问题的解决

聚焦组织机构内部和监管机构间的数据孤岛问题，主要从统一标准和打破机构制度的角度入手。

（1）鼓励金融机构提升自身数据治理能力。金融机构应重视和提升自身数据治理能力，数据标准统一是实现数据治理的基础。金融机构，特别是大型集团内部需要具备企业级的完整数据字典，做到其机构内部数据的定义、口径、格式、分类等方面标准的统一，保证数据内涵、提取和加工逻辑的可查验；同时明确标准管理和维护工作的责任主体，保障数据标准执行的跟进和更新。

（2）建立行业数据管理制度及相关技术标准。为提升数据标准化程度，监管机构应联合各方，建立健全监管科技行业管理制度框架及相关技术标准体系，既要包括监管政策、实施要求和运行数据定义的统一，又要包括对监管科技本身的技术应用规范，支持监管合规要求的自动化处理。此外，打破监管数据壁垒，强化监管信息的互联互通，还需要健全数据联动、信息通畅的灵活管理体系，实现有效的数据汇聚共享和信息关联分析，构建金融协同监管的数据生态圈。

第二节 技术风险

技术风险是指信息科技在运用过程中，由于自然因素、人为因素、技术漏洞和管理缺陷等问题产生的操作、法律和声誉等风险。此处的技术是广义的概念，是管理和处理信息所采用的各种技术的总称，包括但不限于信息系统、硬件、基础设施、研发及测试工具、管理工具等。随着技术的快速发展及其基础性作用的提高，技术风险成为监管科技领域不容忽视的风险因素。本节将围绕监管科技领域中技术风险相关的算法模型风险和技术应用风险展开讨论，明确相关定义和内涵，阐述风险来源及影响，最后有针对性地提出解决方案。

一、算法模型风险

（一）算法模型风险的内涵

算法模型本质上是提取观察对象内在规律的主要特征，将对象复杂规律进行合理简化后形成的一套逻辑规则。算法模型风险是指算法模型在设计研发和应用过程中,因其自身的弊端或技术漏洞而导致模型输出结果与真实结果存在偏差的风险。

在监管科技领域,监管机构和市场主体依托算法模型进行数据分析进而为监管和经营决策提供依据。数据分析首先基于预先设定好的假设条件和理论模型,运用大数据、云计算和人工智能等底层技术,将数据信息进行清洗和汇总整理后,借助算法进行自动化处理运算,最后得出结论。在监管端,监管机构利用模型驱动监管决策的自动生成并执行,由此获得效率和成本上的优势。在合规端,金融机构将模型算法应用到金融业务和产品的营销风控环节,此外金融机构将监管的规定、政策和合规要求进行代码编译后嵌入其内部系统,可对政策规则进行实时获取处理,金融机构的执行情况也可即时追踪和反馈。但在模型应用复杂度提高和使用范围扩大的同时,算法模型风险也在逐步积累和暴露。算法模型风险具有以下两个特征:

(1)具有连锁反应。通过模型进行数据分析往往需要经过多个层级和环节,还会存在不同模型串联的情况;各环节间紧密联系,其中一个部分出现问题,就可能产生连锁效应,放大错误或风险。例如,在量化交易中,算法通过纯粹的技术理性设计交易行为方案,如果在算法运行中存在其他相关因素考虑不周的情况,有可能造成因错误信息、偶发事件或其他原因而自动触发的错误交易行为,并进一步引发市场风险的连锁反应。

(2)风险暴露周期长。复杂模型中的算法漏洞和技术缺陷较为隐蔽,风险暴露所需的时间更长。监管科技的模型分析过程多数依托程序自动实现,在此过程中很难实现各环节的人为监控;此外,随着应用神经网络分析等机器学习技术的广泛使用,模型的透明度和可解释性降低,运算过程的隐蔽性更强。由此导致模型算法在执行过程中出现的错误很难被及时察觉,算法漏洞或技术缺陷导致的模型错误往往需要很长时间才能暴露出来,而且当它被发现时,可能已经积累了很大的风险。

(二)算法模型风险的来源

算法模型风险来源于模型应用的全生命周期,包括模型的设计、研发、部署和使用四大环节,其具体表现包括:

(1)模型设计风险。由于真实世界远远复杂于数学模型,因此当设计的模型方法不当、选取的模型及参数不足以描述真实世界时,有可能出现模型设计带来的风险。例如,在 Black-Scholes 期权定价模型公布之前,业界曾经有人直接采用回归分析对期权价格和变量进行预测,但是回归分析无法抓住期权无套利定价的内在本质,从而导致结果的失效。当出现建模方法选择不当等模型设计风险时,即使在样本内检验合格,模型也无法在真实世界中发挥作用。

(2)模型假设错误和样本偏差风险。模型假设错误具体包括参数分布假设错误、参数估计方法错误、变量间关系设定错误以及模型运用假设环境错误等。样本偏差是指由于在模型研发过程中所用的参数不正确或样本数据不具有代表性，导致模型不能真实描述研究对象。参数和样本输入偏差产生的情况包括：数据清洗不当使样本产生偏差，导致模型出现系统性错误；抽样方法不完善，使得样本缺失重要变量从而无法真实代表总体情况等。模型假设错误和样本偏差风险的存在，也将大大降低模型对现实世界描述的真实性和可靠性。

（3）模型运行的算法黑箱风险。算法黑箱是指模型在数据处理和输出结果之间的隐秘环节，特别是在人工智能和机器学习等复杂技术的应用过程中，数据处理的规则和流程封装在"黑箱"内，哪些数据信息被集合处理，数据之间存在怎样的关系，以及决策结果如何生成、其中包含了哪些判断依据，对监管者乃至专业的技术人员而言都是很难完全理解和解释的。算法黑箱问题将导致模型的透明度下降、解释成本提升，也为监管带来了更大的风险和挑战。

（4）模型适用性风险。每个模型都有明确的使用条件，包括对象、范围、表现区间、时限及注意事项等。当外部环境不符合模型使用条件时，模型将无法发挥预期作用，甚至导致风险的放大和快速传导。例如，在次贷危机中，相关金融机构、风险评级机构过度依赖非压力条件下的各种风险计量模型和定价模型，没有及时发现模型使用的限制条件及缺陷，并据此进行风险管理和经营决策，由此造成了严重后果。

（5）模型预测风险。用来进行建模分析的数据一般是历史数据，然而历史不能完全代表未来，历史数据无法涵盖风险发生的全部因素，这也是"黑天鹅"事件难以被事先预测的主要原因。如果在应用监管科技的过程中，过度依赖模型算法来进行决策判断，就可能对未来极端事件的预测性不足。

（三）算法模型风险的影响

（1）加剧信息不对称风险。一方面，金融科技在模型算法上的应用日益复杂，机器学习等技术在逻辑运算和结果生成过程中，算法逻辑、计算流程等一般不被公开，即便公开也难以理解。监管机构对模型算法在技术层面上的可控性难以保障，监管过程的沟通成本也随之提升。另一方面，就大数据和人工智能而言，运算逻辑往往是通过直接抓取特征数据进行千万次的循环组合和计算，进而得出智能决策的结果。数据处理过程没有与实际场景相结合，对于结果的计算过程和内在逻辑，很难人为解释。监管机构据此进行决策制定，可靠性和合理性均难以完全保证，易导致误判情况的发生。

（2）加剧风险的传播速度和控制难度。借助算法实现自动化和智能化的同时，也由于透明度不足而导致流程监控环节相对缺失。在系统运行环节，如果过度依靠技术的机械运行，缺少人为的理性干预，则可能造成系统运行的失控和衍生风险的发生。在监管环节，如果被广泛使用的底层"标准化"方案存在算法缺陷，当它被应用于上层分析时，可能引致衍生风险，所产生的不良后果的范围和严重性都会放大，甚至引发系统性风险。例如，美国高频交易商骑士资本在2012年因交易模型问题导致的软件程序出错而濒临破产。

（四）算法模型风险的把控

（1）算法模型风险的评估和分级。采用统一的标准对模型进行风险评估和分级，根据模型应用业务领域的风险敞口和应用范围的大小、监管要求的严格程度、模型方法和应用过程的复杂程度、模型的上下游依赖关系、对决策影响的直接程度等，对模型重要性进行分级，并实施差异化的验证、监测和审批。同时，应设立明晰的算法使用标准，鼓励金融机构将算法系统透明化，提高算法系统的可解释性。

（2）强化对模型的穿透式审查。对于模型使用的深度学习、神经网络等新技术的评估和监管，可采用同行评议、算法模型风险专家组评审等方式，对相关建模使用的算法、策略和架构设计进行穿透式审查和验证，评估所使用的数据、参数和假设的合理性和合规性，尽可能规避其中的漏洞和错误。同时，识别关键岗位人员，明确相应的能力素质要求、绩效考核及后评价要求，逐步建立建模和验证人员准入机制，确保权责匹配。

（3）提升模型的连续性管理。算法并非静态，因此需要持续监测算法的运行和更新情况。一方面，要保证模型监测的时效性，一旦模型在使用过程中表现能力下降，就必须有相应的应急方案；另一方面，针对自动更新迭代的模型，要在更新迭代流程中设立控制点，以确保自动迭代模型出现问题时，能紧急切入人工审批或备用模型，确保算法模型风险可控。

二、技术应用风险

（一）技术应用风险的内涵

技术应用风险是指由于技术在使用过程中未实现预期效果，产生负面影响甚至导致危害事件发生的可能性。在监管科技的应用场景下，云计算、人工智能、区块链等技术赋能监管合规，技术应用风险既包括技术对于应用场景本身的适应性不足问题，又包括使用者对技术的不当使用所引致的风险。

（二）技术应用风险的来源

（1）技术应用的适配性风险。例如，在区块链技术的应用中，存在金融科技分布式特征与传统集中式监管模式的管理错配问题。传统大多数的金融服务基础设施及其运营和监管模式都是以中心化为核心框架建立的，但区块链技术主导下的金融产品和服务的运营则多为分布式，这可能对现有的监管形成挑战，导致金融风险更易传播和扩散，处理不当更易衍化为系统性风险。又如，被广泛应用于监管科技的机器语言具有局限性。人可以针对法律概念、法规解释等有不同的理解，相同的语言表述在不同情境下可能有不同的解释含义；但机器语言的灵活性相对不足，这就要求输入机器的语言不能相互矛盾，对法律解释一致性的要求更高。

（2）基础设施的安全性风险。支撑技术应用的基础设施包括信息系统、硬件、技术平台等，基础设施承载监管科技的稳定应用，既要有效整合不同架构的业务系统、处理多源异构的监管数据，也要具备服务敏捷部署、资源动态分配的支撑能力。随着技术的复杂化程度越来越高，对技术研发和运行所需的网络和硬件的要求不断提升。以人工智能为例，其功能的发挥需要建立在强大的数据采集、存储和分布式计算等技术基础之上，对硬件和存储资源的耗用更为巨大。因此，基础设施的安全稳定影响着整体技术运行的效率和效果，即便在形式上只是微小的漏洞也可能导致监管工作无法正常开展，甚至演化成严重的系统性风险。

（三）技术应用风险的影响

（1）降低监管有效性。技术的不当应用，将引发基于该技术所形成的无效监管。例如，机器语言的局限性和复杂性使得监管规则编译的准确性难以保证。如果监管规则没有被正确编码，或者没有考虑所有的可能性，就可能导致"误杀"或有漏网之鱼，如此预期的监管效果将难以实现，甚至将放大金融监管的不确定性和风险。

（2）挑战传统监管原则。传统模式下的监管重点是金融机构和金融从业人员。随着具有一定学习能力的人工智能技术被广泛应用于各种金融领域的实践，非实体的技术将成为新的监管重点，针对机器的监管制度、监管规则和监管方式需要被重新定义和设计，监管有效性也将更多地取决于对技术风险的把控。

（3）增加监管难度。例如，区块链具有去中心化和匿名化的特征，在区块链上进行业务交易时，参与方的权责结构难以清晰划定，由此可能导致额外的操作风险，甚至引发系统性风险，在一定程度上提升了监管的难度。

（四）技术应用风险的把控

对于金融创新技术的应用，监管机构以及市场活动主体应保持理性、客观、开放的态度，正确认识技术对金融业务和监管活动的作用，把握价值实现和风险防控之间的平衡。

（1）正确认识技术对监管活动的作用。监管科技的本质是人力监管经验的工程化，因此对监管科技的定位应是将其作为监管机构执行对市场监管的辅助依据和技术支持，其作用在于提升相关业务监管或风险监测的效率，而非让监管科技完全取代监管者自身的判断。由于监管科技尚处探索和发展阶段，监管科技在应用上仍存在一定的弊端和局限性，监管科技的局限性是否会引致新的风险也尚未明晰。在这种情况下，监管部门需要审慎对待监管科技的使用，明确技术对监管活动的作用，避免过度依赖监管科技而导致的决策偏差甚至次生风险的产生。

（2）不断提升技术能力。监管机构要扭转由于数据和技术方面的不对称发展而导致的被动状态，达到有效监管的目的，关键在于透彻理解监管需求的同时提升技术能力。可逐步加大科技研发力度，开发和应用实时监管的技术平台，联合学校及科研机构做好新技术应用研究工作，建立健全良好的协同合作机制，发挥参与各方在人才、技术基础等方面的优势作用。

（3）做好技术适应性评估和检验。监管机构需要加快建立技术创新在金融监管领域应用成熟度和匹配度的检验体系，综合实际监管场景对技术的适用性和安全性进行深入、准确的判断，基于成熟、稳定的技术开展监管科技应用。在算法监管探索运用的初期，应加强技术和业务部门的沟通协作，提升监管科技应用相关系统的集成度、模块的内聚性和可拓展性，缩小监管政策目标和系统支持间的鸿沟。此外，监管机构还可以与权威技术机构、行业自律组织等进行合作，针对技术应用的技术规范出台统一的标准与技术指引。

第三节　伦理风险

技术是中立的，但对技术的使用并非完全中立，其中可能隐藏着歧视和不公，由此可能造成对社会公平正义和公众利益的挑战。因此，金融科技在对技术的应用中出现了市场参与者行为变化加快、金融活动日趋复杂、金融边界日益模糊等现象，并随之带来了侵犯消费者权益、损害社会公平正义等伦理道德问题。面对这一问题，除了依靠法律政策手段外，还需要为金融科技发展配备合理的、与时俱进的伦理规制，以规避伦理风险。本节主要介绍监管科技在应用和发展过程中面临的伦理道德风险，阐述伦理风险的来源，分析伦理风险对市场主体和行业社会的影响，最后给出把控伦理风险的路径。

一、伦理风险的内涵

伦理是指在处理人与人、人与社会的相互关系时应遵循的道德和准则。金融伦理是指金融活动中处理各主体间、各主体与行业间的关系时应遵循的道德和准则。广义上的金融伦理是指依靠社会舆论、人们内心信念和风俗习惯来协调和控制金融体系内部各利益主体之间以及金融与社会之间伦理关系的原则和规范。狭义上的金融伦理是指以经济主体的金融行为作为研究对象，金融领域中社会共同认可的、金融活动主体之间所应该遵循的道德和准则。

金融科技以数据为基础、以技术为引擎，金融科技的快速发展对个人隐私保护、社会公平正义维护等提出了挑战，监管科技面临更为紧迫的伦理问题，具体可细分为数据伦理和技术伦理。数据伦理是指相关主体之间关于数据处理、使用和保护的行为准则。科技伦理是指科技创新活动中科技工作者及其相关主体应恪守的价值观念、社会责任和行为规范。伦理风险是指由于活动主体发生了违背相应的道德和准则的行为，进而导致的损害消费者权益、违背社会公平正义及良性发展等问题。

二、伦理风险的来源

（一）利益冲突

利益冲突是伦理问题产生的来源。金融市场活动中的相关主体有各自的利益诉求并追求自身利益的最大化，在此过程中产生利益冲突并催生了金融伦理风险。

（1）金融机构与消费者存在利益冲突。消费者的要求是充分保证自身隐私权在内的合法权益，同时享受数据和技术创新应用所带来的便利；而以金融机构为代表的产品及服务提供方主要关心数据和技术的应用价值，并且它们在数据信息收集和技术应用方面掌握主导权，这导致普通消费者的隐私安全在数据的共享和挖掘中失去保护，消费选择和行为被技术所控制。

（2）监管机构与被监管机构存在利益冲突。作为监管对象的市场主体，相对于监管机构，具有更丰富的数据资源和技术能力，在数据和技术方面的相对优势容易诱发被监管机构规避监管的道德风险。在数据资源方面，监管机构对数据的掌控能力相对缺乏，可能导致数据治理的不对称问题，主要体现在作为数据优势方的被监管机构选择性地向监管机构提供数据信息。在技术方面，算法和技术在运行中具有复杂性和非透明性，这给予被监管机构一定的人为操纵空间。掌握技术优势的企业可能会利用技术手段对监管内容进行操纵，向监管机构隐藏自身风险和自身存在的违规业务行为。

（二）伦理观念淡薄

（1）社会责任感缺乏，诱导消费者非理性接受金融服务。金融科技使得更多长尾客户有机会获得金融服务，但当前银行或互联网金融平台利用金融科技手段服务长尾客户群时，普遍关注其在金融服务方面的可得性，忽略了对长尾客户可负担性的考虑。部分金融产品违反了适度负债、合理消费的金融价值观，特别是对于信贷产品而言，金融机构缺乏社会责任感的行为将放大风险，部分互联网金融企业在利益的驱使下，热衷于为客户发放消费贷款，但是消费贷款不同于经营性贷款，它不需要抵押也没有未来现金流做支撑。在平台诱导下，贷款者很容易出现过度负债的问题，诱发共债风险，特别是高利率环境会形成较大的债务陷阱，消费者被迫进入非正规融资渠道，给自身和平台造成损失。

(2) 对新技术盲目追捧和过度依赖。随着数字经济的快速发展和技术创新的日新月异，在对金融科技的盲目信仰及利益驱动下，金融机构可能对新兴技术手段不当使用，过快地将尚未成熟的技术推向市场或应用于监管合规环节。如果没有相应的法律和制度来对此行为进行规范，市场主体盲目应用金融科技的行为可能会无意间打开风险的潘多拉魔盒，一旦出现技术上的漏洞，就可能对正常的市场秩序和公众利益造成威胁。

(三) 缺乏准则约束

数据及技术应用方面的制度法规相对缺位。在金融科技创新和发展过程中，有关数据信息及技术运用方面的制度法规还有待进一步完善，如客户数据资料处理、客户生物信息采集、信息共享与传递、大数据风控及精准营销模型训练等基本规则相对模糊，金融服务数据化、智能化升级的背后隐藏着较为严峻的道德危机，而有关数据保护和技术创新方面的法律和监管政策相对缺乏。

三、伦理风险的影响

(一) 个人隐私泄露风险

在金融科技创新发展的过程中，由金融服务数据化和智能化水平提升所带来的数据道德危机也更为严峻。虽然相关消费者隐私保护的法律法规和监管政策正在逐步完善，但法律上可以接受的行为并不一定符合道德要求。涉及隐私数据保护与使用的伦理风险可能出现在监管科技应用过程的很多环节。

在数据采集环节，数据主体的知情权往往难以得到有效保护。很多情况下，金融机构未经客户授权而对数据进行抓取和共享，金融消费者对于数据的处理和保护策略更是知之甚少。如 Facebook 因用户数据外泄事件缴付 50 亿美元（约 350 亿元人民币）罚款，成为美国政府对科技公司开出的最大罚单。

在数据处理环节，金融机构可能因利益驱使而违背公平正义、诚信负责的原则，出现对数据的不当使用甚至非法交易客户信息等行为。理论上，在数据使用结束后，所用数据应被删除，然而实际情况是，大部分金融数据在被使用之后都被保留下来，用以二次数据开发甚至交易，这对消费者的合法权益造成侵害。

此外，在技术创新和产品使用的过程中，如果无法保证相关技术和算法的安全可靠、设计思路和逻辑的清晰可控，就可能因技术设施不成熟、信息处理偏差等问题引发数据信息泄露、数据内容受损等风险，威胁客户及其个人数据的安全。

(二) 侵害消费者平等权益

数据时代，信息过度集中于大型金融机构和互联网及金融科技公司，部分企业利用其在数据资源和技术上的优势，基于客户数据画像对客户实施差别对待，违背公平正义的原则，主要表现为差别待遇、算法歧视和信息茧房等三方面。

（1）差别待遇。行业头部平台通过自身掌握的互联网平台或者移动客户端，在为客户提供服务的同时，收集客户的行为数据，甚至在客户不知情的情况下对与所提供服务并非直接相关的数据进行多维度采集处理。通过大数据分析技术准确定位客户的行为习惯和偏好，实现用户精准画像，借此精准区分客户群体，给予差异化产品、服务以及定价方案。例如，"大数据杀熟"就是差别待遇的表现之一，产品和服务提供方基于大数据分析和模型算法分析，筛选已具备一定用户黏性的"熟客"，在产品价格、服务类型等方面给予差异化对待。

（2）算法歧视。算法歧视是指基于客户特征，使用算法为不同客户提供带有歧视性质的产品或服务。如在金融机构贷款模型中，可能存在着基于客户性别、属地等方面的歧视，金融机构在设计信用风险评估模型并据此进行放贷决策时，将相关的限制条件作为人工智能和机器学习技术中的硬编码规则写入模型算法；而且随着模型算法的日益复杂，特别是当模型涉及非传统类别数据时，对模型运算流程和合理性的监管会更加困难。算法歧视有悖于法律道德的操作，会对公众利益造成侵害。

（3）信息茧房。信息茧房是指受技术算法应用的支配，人们逐渐对世界的认知偏离真实和全面的现象。信息茧房问题的产生来自推荐和过滤算法，机构通过推荐和过滤算法决定呈现给消费者的信息和选项，从而影响消费者的决策。大数据时代客户很难脱离这些数据服务，在此情况下，掌握足够多客户数据和客户画像信息的企业，便可利用自身优势，对客户进行精准营销，潜移默化地将自己的想法和目的向消费者灌输，而消费者可能对此过程毫无了解和感知。这本质是对用户层面的信息垄断，用户基于算法推荐会越来越关注特定少数领域，导致其对真实世界认知的碎片化，仿佛限制在"信息茧房"里，在精准定位和营销驱使下做出决定。

（三）挑战监管有效性和可信度

（1）反监管科技风险。反监管科技是指被监管者将监管科技用作寻求现有监管体系的制度和技术漏洞，进而规避监管的行为。头部金融机构、金融科技公司、互联网金融平台等掌握技术优势的被监管机构创新能力强、科技基因深厚，在缺乏统一的规则制约监管科技应用的条件下，容易利用科技寻找监管漏洞，隐藏自身风险和自身存在的违规业务行为，对监管内容进行操纵，反客为主形成科技层面的监管套利，主要表现在：①数据操纵。在数据报送上，被监管机构可能隐匿部分数据信息，选择性地报送正面数据信息以美化企业数据表现，欺骗监管；在数据处理上，被监管机构可设置参数使系统对监管数据进行片面的抓取和分析，以提升整体数据结果展示的效果。②技术操纵。在技术运行中，加入人为的干预和调整，从而达到美化结果的目的。例如，被监管机构可能借助复杂的模型算法，隐藏计算结果的公平性和准确性，如将大额交易通过算法转化为多笔小额交易，进而规避反洗钱调查。部分机构甚至对算法模型擅自修改，产生错误的报告结果，对监管机构和公众产生误导。在部分金融机构社会责任心不强、社会信用体系不健全以及从业者存在道德风险的情况下，反监管科技的问题可能会更加突出。

（2）隐性监管者风险。隐性监管者风险是指金融科技公司为监管机构提供监管技术支持服务时隐藏的利己行为。监管机构受限于技术水平、资金能力和人员保障方面的不足，独立开发监管科技存在一定的难度。从权衡成本收益的角度考虑，监管机构会选择由市场上的金融科技公司来提供监管科技工具、技术和系统平台等方面的服务。这种方式可以高效地满足监管科技发展的需求，但也带来了新的风险隐患。金融科技公司本身应是监管对象，但又为监管机构提供监管技术的支持，由此导致"既当运动员、又当裁判员"的现象发生。在此情况下，金融科技公司可能会借机寻找监管漏洞，为自身监管开辟"后门"，从而规避监管甚至影响监管行为，监管的中立性将难以得到有效保障。此外，金融科技公司在监管科技的研发和应用过程中，不免会接触和掌握到更多的金融监管数据，加之其自身已积累的客户基本信息和行为数据等信息，可能导致金融科技公司的数据垄断和数据滥用等潜在风险。

（3）监管机构间的监管竞争引发监管套利。监管机构间的监管竞争是指出于发展产业、吸引投资者等方面的经济利益诉求，以及强化监管权威性和市场认同度、提升自身在整个监管体系中话语权等方面的非经济利益诉求，不同类型、不同层级的监管机构通过降低监管标准、放松监管要求等方式吸引被监管机构的行为。监管和行业发展往往难以分割，金融行业亦是如此，包括中国在内的很多后发型国家，市场对政府有着监督管理和引导发展的双重诉求，金融监管机构的壮大和行业发展的轨迹一致性较高，监管竞争出现的概率更高。监管竞争使得监管对象向更低的监管标准看齐，在不同的监管要求中寻求监管套利空间，这将导致整体监管水平的下降，本质是对消费者和行业秩序及公共利益的损害。

（四）挑战社会公平正义

（1）技术趋同违背普惠金融理念。普惠金融是指立足机会平等的要求和商业可持续原则，以可负担的成本为有金融服务需求的社会各阶层和群体提供适当、有效的金融服务。金融科技被认为天然具备普惠属性，利用金融科技手段，金融机构可以为以往传统手段难以触达的大量小微企业和弱势群体提供低成本、高效率的金融产品和服务。然而，随着监管科技在合规端的发展和应用，金融机构开始利用大数据技术收集客户信息，并基于客户的基本特征和行为数据生成客户画像，为金融服务的提供范围和风控手段提供依据。借助金融科技，风控的精准度得到了提升，但是各机构在数据收集维度和风控模型的核心算法上存在趋同，进而产生相近的结果。在这种情况下，一部分群体将始终被排除在算法之外，在任何金融机构中都无法得到金融服务，这与普惠金融的理念初衷产生了背离。

（2）数字鸿沟影响社会公平正义。数字鸿沟是指主体之间因掌握和运用信息技术的不同而产生的差距。随着数字技术的广泛使用，对于数字技术了解和适应性不足的客群，例如受教育程度较低、数字技术知识薄弱的群体以及老年群体，将被迫远离金融科技，他们能享受的金融服务的权利和范围也将随之受到限制。数字鸿沟会造成人们无法公平分享先进技术的成果，产生"信息贫富分化"的状况。从社会分工的角度来看，数字鸿沟还体现在普通个人与拥有庞大数据资源的企业、机构和政府之间的差距。企业、政府能轻而易举地掌握个人的行为、思想，而个人却对企业、政府的行为知之甚少。如果这种状况持续下去，政府和企业将一直作为社会的上层建筑而存在，个人的自由和平等权利将遭到侵害，进而影响社会公平正义和良性发展。

四、伦理风险的把控

（一）完善金融伦理相关的法律基础

在数据伦理方面，应加快建立健全金融科技活动相关的数据处理与数据保护方面的法律制度。首先，明确用户对自身相关隐私信息的权利，包括所有权、知情权、使用权等。使用数据时需明确告知用户数据采集和使用的目的、方式以及范围，确保用户充分知情，获取用户的自愿授权后方可采集使用。其次，明确金融机构对数据的具体使用权限，确保数据专事专用、最小够用，杜绝过度采集、误用、滥用数据。规范机构对涉及用户隐私信息的收集行为和使用流程，确定对隐私保护的底线，做到数据价值实现与隐私保护的平衡。借鉴国际经验，2018年5月，欧盟《通用数据保护条例》（General Data Protection Regulation，GDPR）发布生效，确立了数据隐私和安全监管的七大原则：合法公平透明性、目的限制、数据最小化、精确性、存储限制、完整性与保密性以及权责一致原则。欧盟GDPR是全球迄今为止关于数据隐私和监管最为完善和严格的一部法案。

在技术伦理方面，做好对技术的甄别和风险防范。科技赋能金融行业的创新发展，监管部门需要不断积累相关监管经验，对真伪金融科技创新进行甄别，并采取不同的监管态度。对于扰乱金融秩序的伪金融科技，监管机构应时刻保持高压态势、严加治理。对于真正可以赋能金融服务降低成本、提高效率，同时强化金融风险管理、增强金融服务普惠性的金融科技创新活动，要大力鼓励和扶持。促进金融科技的理性应用及其技术风险的防范，通过法律制度明确金融科技在研发和应用过程中的技术规范，以技术伦理制度化的方式确保金融科技的负责任创新应用。

（二）引导机构和从业者树立金融伦理观

面对严重依赖大数据与新兴技术的金融科技，规避伦理风险，确保数据的正当处理与技术的合理使用，除了依靠法律政策手段外，还需要在伦理道德层面进行修补。加强责任伦理意识培养的最终目的就是在一定程度上使各参与主体认识到目前科技行为所需要承担的未来后果，并以制度的形式建立一系列明确的公共道德规范引导市场机构和从业者建立正确的伦理观和道德准则，例如尊重生命、公平公正、自主自愿、平等诚信、知情同意等。首先，强化金融科技活动全过程的伦理监管，坚持伦理先行、预防为主，对科技活动从选题、规划、研究、实验到推广等各个环节，都要通过嵌入设计和规范使用等方式体现伦理规范。其次，完善伦理监管体制，适应产学研用深度融合的技术创新体系的发展，健全纵向有机衔接、横向有机联系的伦理监管网络；创新科技管理，不能仅仅着眼于市场需求、效益和产出，还应着眼于能否实现基本的伦理价值。最后，建立金融科技活动"向善行善"的导向机制，为金融科技提供有利于推动社会进步和人类发展的价值指引，促进科技人员树立正确的道德观和科技观，强化对社会的责任与担当。

（三）设立金融伦理的自律标准和行业准则

在设立金融伦理的自律标准和行业准则方面，实现法律与伦理规范之间的相互配合和补充，最终在金融行业和全社会形成一种尊重隐私、维护数据权益的行业自觉和良好氛围。2018 年 11 月，欧盟发布《伦理与数据保护指引》（*Guidance Note on Ethics and Data Protection*），主要是为欧盟研究与创新框架计划中的研究项目提供数据伦理指引，指导研究者识别和应对有关伦理问题。美国的大数据伦理建设包含"负责任的创新"理念，美国货币监理署（Office of the Comptroller of the Currency，OCC）已将"负责任的创新"作为一个监管主题，并于 2016 年 10 月宣布设立专门的创新办公室和有关工作框架来支持负责任的金融创新。

我国金融科技的伦理建设需要金融行业主管部门、数据及隐私保护机构、金融行业自律组织、金融机构、金融科技公司、第三方数据和技术服务公司、金融科技从业者以及金融消费者等相关各方，共同参与建立和完善行业伦理框架，形成一套完整且有适用性的专业伦理准则和行业实践标准。在建立专业伦理准则和行业实践标准的基础上，配合适当的金融伦理问责机制，对违反伦理准则和行为标准的金融科技企业及从业者进行劝诫、公开谴责，以此促进行业道德规范和行为标准的落实。此外，为抑制监管竞争所引致的监管套利行为，监管机构需要构建有效的监管协同机制，从实质上抑制监管竞争的负外部性，同时促进监管法律与行业规则以及被监管机构内部的监管规则之间的衔接。

（四）提升金融消费者的自我保护意识

金融消费者是金融活动的重要参与者，也是构建和提升良性金融伦理环境的重要主体。提升金融消费者的自我保护意识，要引导金融消费者提升自身数据权益意识，鼓励其参与到与监管金融科技活动相关的数据处理中。应该从重视和引导金融消费者数据权益保护入手，加快建立金融消费者的数据伦理意识，通过社会宣传、公众讨论、社区教育等方式，来唤起社会公众特别是金融消费者对数据权益、数据伦理的关注和理解，增强其对金融科技有关数据问题的敏感性，进而主动参与监督金融科技活动中的数据处理过程，最终在金融科技领域乃至金融行业和全社会形成一种尊重隐私、维护数据权益的自觉意识和良好氛围。

第四节　网络安全风险

随着金融科技的发展和广泛应用，市场活动和金融监管相关的运行都依赖计算机和互联网，监管科技的功能也主要通过线上化的系统平台来实现。相较于传统监管模式，监管科技对网络安全性的依赖度更高，网络安全风险逐渐成为监管科技风险构成的薄弱环节。在大规模信息存储和系统运行的过程中，有效保障网络信息系统的安全和稳健运行是监管科技应用过程中面临的重大挑战。本节主要介绍监管科技发展面临的网络安全问题，介绍网络安全风险的内涵，阐述网络安全风险的来源及其产生的影响，最后给出把控网络安全风险的措施。

一、网络安全风险的内涵

网络安全要求网络系统的硬件、软件及其系统中的数据受到保护，不因偶然或者恶意的原因而遭受到破坏、更改，系统连续、可靠、正常地运行，网络服务不中断。网络安全风险是指网络系统发生运行失灵或网络信息泄露等情况而引致危害或损失发生的可能。

二、网络安全风险的来源

（一）网络系统的复杂性

在监管科技领域，监管相关的基础设施、流程、数据等都依赖于计算机和互联网，监管科技功能主要通过线上化的系统平台来实现。网络系统的复杂性是网络安全风险的重要来源，主要体现在系统本身结构和存储内容的复杂性两方面。

（1）网络系统本身结构的复杂性。网络空间区别于传统物理场景，具有虚拟性和无形性的特征，借由信息技术架构出虚拟的应用场景，其空间范围更大。此外，空间内部的系统安全由不同的主体共同维护，在多方沟通和配合上的难度和复杂性更高。作为业务支撑的网络环境一旦遭到攻击，将影响市场的稳定运行。

（2）网络系统存储内容的复杂性。出于监管的目的，监管机构需要掌握金融实体大量数据信息，全行业数字化转型背景下，业务向全面线上化发展，网络存储的信息规模也随之呈现几何级增长，数据类型多样，信息关系复杂，既有传统的客户特征、交易及资产信息，也有用户行为和场景数据；既有原始数据，也有衍生和加工数据。此外，随着业务类型的丰富，非结构化数据在整体数据资源中的占比显著提升，传统数据存储和整合的局限性逐步显现，信息存储系统在稳定存储、运营支持、迭代更新等方面都面临更大的挑战。

（二）网络系统的脆弱性

监管科技的功能主要通过在线系统或平台来实现。一方面，线上化、智能化的模式使得监管数据的规模和种类激增，数据来源和结构也更为复杂，这对监管机构内部网络系统的数据存储和系统运营造成更大的压力，网络系统的脆弱性由此增加。另一方面，监管科技的应用使得有价值的个人和企业客户的重要信息暴露在网络风险之中，开放化、网络化的运作模式使得网络安全出现未知漏洞和故障的风险更高，网络系统被不法分子或其他外部网络犯罪行为攻击的风险增加。如黑客对网络系统恶意篡改、进行逆向调试等，可能导致关联系统在短时间内陷入瘫痪，风险事故在特定情况下会由量变急剧升级为质变，甚至引发潜在的系统性风险。

（三）网络系统的紧密关联性

网络间的紧密关联性加剧风险传播速度和影响力。监管科技要求金融机构与监管机构、不同类型监管机构之间的网络开放连接，且紧密互联。一方面，开放模式下的数据流转路径更加复杂且难以控制，界定各机构之间数据管理边界的难度增加，管理真空区域更是网络安全风险的高发区；另一方面，网络系统一体化加剧了网络风险的传染性，风险传导的路径增多，金融科技公司依托互联网渠道提供"7×24"全天候金融服务，在无形中加快了金融风险传播速度、扩大了金融风险影响范围，增加了金融监管难度。

（四）网络风险的洼地效应

洼地效应是系统中各组成部分发展不平衡所引致的结果。网络风险的洼地效应是指网络系统中相对薄弱环节的安全隐患更大或更易遭受攻击，进而对整体产生负面影响。监管科技作用的发挥需要各方机构之间实现网络系统的协同运行，但是不同主体、不同区域之间的技术能力及发展阶段不一，相应网络安全防范水平也参差不齐，整体网络系统因此会出现风险洼地的现象。一方面，系统中的相对薄弱环节由于自身安全防护的缺位可能影响整个监管系统的监管水平；另一方面，黑客可能选择通过攻击缺乏强有力保护的环节进而实现对整个监管网络安全系统的攻击。

三、网络安全风险的影响

（一）系统瘫痪

监管科技各项功能的发挥依赖网络系统的安全稳定。随着金融监管科技的持续推进，监管科技线上化的模式使得监管机构原有的数据规模和种类激增。数据日常收集、处理、存储和投入运算的规模已非昔日可比。这种情况下，监管机构内部的数据存储和系统运营能力面临极大的挑战，如果自身的系统管理能力跟不上监管科技发展的节奏，就可能存在系统故障甚至瘫痪的风险，导致监管工作无法正常开展。此外，由于网络系统的紧密关联性，当网络系统中某一环节出现故障时，系统实时高速处理的运作模式可能带来风险的"多米诺骨牌效应"，使得相关的数据链断裂以及工作流程中断，波及范围更广、负面影响更大，可能进而导致风险识别和预测的失误，加剧系统安全隐患。

（二）信息泄露

（1）信息交互中的信息泄露。由于监管活动涉及海量数据信息的多点接入和输出，信息交互过程中的数据安全问题格外重要。自动化环境下在线数据传输面临的主要威胁包括网络运行受阻、数据丢失或损毁、监管活动中断等；当有第三方参与处理数据时，还可能增加与云计算和算法提供商有关的外部风险。在数据加密传输技术及网络运行稳定性仍待强化的情况下，监管科技使用的数据如果泄露将影响监管公信力，甚至造成金融市场失灵。

（2）遭遇外部攻击导致信息泄露。金融科技的发展运行以互联网为基础，信息技术和数字技术的运用增加了黑客对网络系统发起攻击的范围和入口，网络风险可能发生在网络运行的各个环节和场景。在技术应用过程中一旦被不法分子乘虚而入、恶意进行网络攻击、借用系统漏洞和系统故障进行信息窃取或对用户实施欺诈行为，就可能会造成信息泄露、病毒感染、信息损毁、网络基础设施瘫痪等重大安全事故，造成经济损失的同时引发社会恐慌。例如2019年7月，美国第一资本银行（Capital One）的数据库遭黑客攻击，导致约1.06亿银行卡用户及申请人信息被泄露，造成严重的经济损失和社会负面影响。

四、网络安全风险的把控

（1）强化网络基础设施的安全保护。①建立覆盖全流程、全天候的风险探测机制和安全运营体系，对监管科技配套的基础设施进行密切关注，采取技术手段和规章制度来保障信息系统和技术平台的安全稳定运行，并进行定期监督检查；②强化对网络风险的监测、预警和应急处置能力，做好完善的风险预警和应急预案，在网络系统运行发生异常时保障信息安全和监管工作的稳定运行；③建立安全审查机制并严控访问授权环节，对系统内存储信息进行安全等级划分并分布存储，对于具有强关联性的敏感数据进行安全隔离；④通过加密算法、数字签名技术、认证技术、访问限制、数据安全检验、密文检索技术、病毒查杀技术等手段来确保网络系统安全。

（2）强化网络信息安全管护。①制定信息安全监管政策，推进行业信息安全体系建设。明确从数据产生到资产应用各环节的闭环管控要求，加强数据系统的安全防护；②明确对外部数据使用和数据共享的安全监管要求。明确数据共享和流通的范围和方式，加强对技术外包和第三方数据获取过程中的风险识别、监测和评估；③协调监管机构内各部门的联动，建立"数据收集—数据管理—数据分析—制定决策"的一体化数据监管体系，为监管科技使用和应用程序设计创造良好的制度基础。

第五节 垄断风险

随着数字经济快速发展，围绕数据和技术开展的市场竞争日趋激烈、合作方式日益丰富，占据市场优势地位的金融企业、互联网平台和金融科技公司借助网络效应、规模经济快速发展，市场主导权不断积累，并将经营活动拓展至多个领域，由此导致垄断问题逐渐凸显，引发限制竞争、赢者通吃、价格歧视、损害消费者权益、风险隐患积累等一系列问题，也影响到行业的良性发展与社会的公平正义。监管科技在防控行业垄断问题上面临的挑战加剧，应予以高度重视并给予有效应对。本节聚焦监管科技发展面临的垄断风险，阐述垄断风险的来源，及其对消费者、市场及整个社会的影响，最后给出把控垄断风险的措施。

一、垄断的内涵

根据《中华人民共和国反垄断法》的规定，垄断行为是指排除、限制竞争以及可能排除、限制竞争的行为。垄断形式主要包括三种：①自然垄断，即生产成本使一个生产者比大量生产者更有效率；②资源垄断，即关键资源由一家企业拥有；③行政性垄断，即政府给予一家企业排他性地生产某种产品或劳务的权利。其中自然垄断是最常见的垄断形式。世界银行指出，互联网经济具有边际成本不变甚至递减的特点，在缺乏有效规制的情况下，互联网平台运作模式容易出现自然垄断的市场格局。

数字经济时代，市场运行和行业竞争主要围绕数据和技术展开。按垄断的要素分类，金融科技发展面临的主要垄断风险包括数据垄断、技术垄断和流量垄断等三类。数据垄断是指基于数据的占有和使用而形成的垄断，包括但不限于因数据形成的市场支配地位被滥用、数据造成的进入壁垒或扩张壁垒、涉及数据方面的垄断协议及数据资产的并购等。技术垄断是指基于技术的占有和使用而形成的垄断，表现为在技术领域处于市场垄断地位的市场主体对技术非中性的应用，包括利用技术优势打击竞争对手、侵犯消费者权益、规避监管等有损行业秩序和社会公平的行为。流量垄断是指拥有被广泛使用的社交软件、支付工具等流量入口的金融科技公司和互联网平台，借助其所掌握的流量入口和渠道，汇集庞大的用户信息、行为数据等资源，形成在渠道资源上的优势，并借此在行业内开展不正当竞争。

大型的互联网平台、金融科技公司和金融企业利用基础服务能力，在数据、技术和流量等方面积累优势，实现在细分领域的"初始垄断"。并在此基础上，将其垄断地位延伸到其他领域，形成第二轮垄断，由此产生"双轮垄断"的问题。如互联网头部平台企业利用强大的网络效应和数据及技术优势，通过收购、战略投资、商业合作，扩展进入互补或关联领域，从上游到下游，从线上到线下，从C端到B端，从科技到金融，广泛布局，实现"赢家通吃"。

二、垄断风险的来源

垄断的根本来源是规模经济效应。所谓规模经济效应，即产量越大，产品的平均成本越低，因而降价的空间越大。规模效应源自固定成本的分摊，固定成本是指不随产量而变化的成本。在互联网这个虚拟空间内，规模经济效应呈指数增长，如世界上最大的传统零售商沃尔玛在线下店出售20多万种商品，而亚马逊列在线上目录的商品有600多万种，如果不考虑线下厂家的供应能力，亚马逊的商品数量理论上可以达到无限多。

数字经济下垄断的正反馈效应更为突出。随着数据成为数字经济发展的生产要素，海量数据及技术产生的竞争优势使得大型金融企业、互联网平台和金融科技公司的垄断状态更易产生正反馈，出现"强者愈强"的马太效应。龙头企业在经营过程中，积累了大量的数据信息，它们借助这些数据，通过技术赋能应用场景，进一步优化已有模型算法，丰富和拓展应用场景；由此产生和积累更多数据资源，创新和优化技术方案。在此过程中，头部机构的数据和技术优势不断积累，进而强化自身的数据垄断地位，这就是数字经济下垄断的正反馈效应。随着垄断企业的优势不断累积，虽然单一企业的产品和服务在此过程中会得以精进，但行业内数据资源的获取成本和技术使用壁垒也随之抬升。

三、垄断风险的影响

（一）损害消费者权益

占据市场垄断地位的企业或平台利用其在数据、技术和流量方面积累的优势，将其垄断地位进行横向拓展或纵向延伸，在此过程中，可能对消费者福利造成损害，具体表现为以下三方面：

（1）数据信息安全。线上化的运营方式使得消费者的交易数据、个人信息留存在服务提供方的手中，处于市场领先地位的市场主体拥有大量的用户基础，同时伴随而来的是大量有价值的数据信息，消费者数据信息安全问题由此产生。一方面，海量、多维的数据集中于个别平台或企业，数据一旦泄露或受损将造成不可挽回的损失；另一方面，掌握大量数据的企业可能对数据进行不当处理，如非法交易、不当收集等，部分企业甚至在开展业务的同时将客户信息作为交易的筹码，导致数据资源的随意共享和滥用，这都对消费者的合法权益和隐私安全造成威胁。例如，2019年深圳某企业利用街道摄像记录行人人脸图像，却因数据库漏洞导致250万人脸数据泄露。攻击者轻易地掌握了行人身份及位置信息，可轻而易举地实施犯罪活动。

（2）价格歧视。具有市场支配地位的市场主体基于它们在数据和流量方面的垄断优势，利用掌握的海量用户个体数据和交易数据，借助大数据和算法技术，精准识别用户的支付能力、消费偏好、使用习惯等，为不同购买意愿和能力的消费者提供不同价格的商品或服务。这本质是一种压榨消费者剩余价值的行为。垄断企业以侵害消费者权益为代价来谋取自身利润最大化的行为，将扭曲市场竞争机制，并对消费者利益造成损害。

（3）锁定效应。市场垄断主体对数据和流量的把控，使得消费者在不同产品或服务平台之间进行转换的成本很高，消费者仿佛被锁定在特定的产品或平台之上难以转换，即产生锁定效应。锁定效应产生的原因主要有两点：①垄断主体滥用市场支配地位，通过各种方式迫使用户不能使用竞争对手提供的服务，例如通过拒绝与其他网络互连，迫使消费者"二选一"；②消费者的搜索和学习成本较高。消费者需要找到另一个提供相同服务的产品或平台，而且一旦消费者习惯了某个产品或平台及其特定标准，则还需要一段时间才能适应另一个替代品。锁定效应提高了市场进入壁垒，垄断者以限制消费者的自主选择权为代价换取自身市场地位的巩固。

2020年12月，国家市场监管总局依据《中华人民共和国反垄断法》对国内某网络零售龙头平台企业滥用市场支配地位的行为立案调查，调查表明，该集团实施"二选一"行为排除竞争对手，限制中国境内网络零售平台服务市场的竞争，妨碍商品服务和资源要素自由流通，侵害了平台内商家及消费者的合法权益，并据此对其垄断行为做出行政处罚。同期，

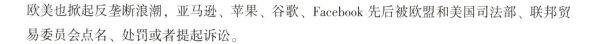

欧美也掀起反垄断浪潮，亚马逊、苹果、谷歌、Facebook 先后被欧盟和美国司法部、联邦贸易委员会点名、处罚或者提起诉讼。

（二）阻碍行业公平竞争

经济发展历史表明，企业倾向于利用市场主导地位谋利，而在互联网经济的运作模式下，由于规模效应更易实现，自然垄断也更易形成。占据市场垄断地位的市场主体为保持并扩大自身优势地位，倾向于采取各种方式遏制竞争者实力，排除或限制市场竞争。

（1）阻碍竞争对手获取资源。在资源方面具有市场支配地位的市场主体，可能采取限制措施限定消费者，从而阻碍竞争者获得与自己同等资源的途径。其典型做法是要求用户或第三方签订排他性条款。此外，部分企业结合自身流量和资金优势，进行捆绑营销，以排挤竞争对手，强化在其他市场上的竞争优势。

（2）垄断协议。垄断协议是指两个或者两个以上的经营者，通过协议或者其他协同一致的行为，实施固定价格、划分市场、限制产量、排挤其他竞争对手等排除、限制竞争的行为。传统的垄断协议多数采用书面或者口头的方式达成，但是在互联网经济时代，寡头之间可利用数据、算法等技术手段达成垄断协议。和传统的书面或者口头协议不同，通过数据和算法的方式所体现的共谋意思更加隐晦。在这种情况下，看似中立的算法也会间接地体现算法制定者的某种倾向，可以作为经营者之间共谋的工具，达到垄断协议的效果。其本质是对行业公平环境和社会整体福利水平的侵蚀。

（三）遏制创新发展

金融服务的效率和质量在一定程度上取决于技术水平和创新能力。科技创新需要良好的土壤和环境。然而，在市场中处于技术垄断地位的企业在面对竞争者时，出于自身利益和行业地位维护的考虑，会借助自身的垄断技术和资源优势，抵制甚至扼杀有创新能力的小公司。在知识产权保护和反垄断保护方面的法律建立和实施力度不足的情况下，来自技术垄断和资本扼杀对创新发展的负面影响更为突出。技术垄断将打击行业创新能力，降低行业整体效率，不利于行业乃至全社会的创新及可持续发展。

（四）产生风险集中和大而不能倒问题

当前活跃在金融科技领域的互联网巨头业务日益多元化，它们以入股、收购等方式兼并收购竞争对手和大量中小企业，覆盖了电商、消费、金融、云计算、数字媒体、娱乐、物流、医疗等多个领域。在这种情况下，集中风险和大而不倒的问题被放大。一方面，当前的互联网巨头已不仅是一家公司，更形成了一个自有生态体系。在这种市场格局下，互联网体系内的局部问题很可能通过内在生态体系延伸到其他领域，扩大风险的影响范围，埋下系统性风险隐患。另一方面，当一些规模极大或在产业中具有关键性重要地位的企业濒临破产时，政府不能等闲视之，甚至要投资相救，以避免这些企业在倒闭后掀起的巨大连锁反应给社会整体造成更严重的伤害，即大而不能倒问题。

四、垄断风险的把控

对金融科技发展背景下垄断风险的把控，应着重聚焦于平台式金融科技，特别是新进入金融服务市场的大型互联网平台型科技企业。反垄断应该重点针对滥用市场支配地位的行为，以维护公平竞争的市场秩序。对垄断风险的监管框架应该以包容性、稳定性、技术中性和消费者保护为目标，明确相应的监管原则，采取合理的监管方式。

（1）建立防止数据垄断的机制。数据是数字经济时代企业垄断流量与市场的基础。防范数据垄断，应主要集中于数据采集、加工和使用三个环节：①数据采集环节，应该建立明确的规范。它的核心问题是要将数据收集条款明示化，并防止过度收集数据。②数据加工环节，应侧重于防范金融科技公司的算法歧视和过度开发问题。具体而言，强化针对算法的行为监管，将监管要求、社会伦理和反垄断审查等嵌入到算法行为监控中。③数据使用环节，应建立公平合理的数据共享机制，在数据共享和数据保护之间建立平衡机制。首先，建立数据保护机制需要体现基本人权保护、社会发展需求、商业价值实现之间的平衡。其次，数据保护也需要考虑到数据流动的需求。数据流动是体现数据价值的基础，也是打破数据垄断的重要方法和手段。数据保护不能过分限制数据流动，否则会影响数据的社会价值。

（2）完善反垄断立法和执法模式。数字经济发展模式下的垄断监管有别于传统模式，判定垄断行为的技术难度更大，垄断对竞争和福利的影响也更具不确定性。在法律制度层面上把控垄断风险，应从完善反垄断立法和执法模式两个维度展开：①完善立法层面，以解决数字经济发展新形势下的新问题为目标，将数据及科技反垄断相关内容纳入现有反垄断的法律体系中，同时完善数字经济相关的市场主体集中申报、审查、简易案件、附加限制性条件等方面的程序规定。②执法模式层面，加强反垄断监管工作的协调。垄断问题往往出现在交叉领域，因此在规则制定、工作推进、调查研究等方面都需要加强部门协同。此外，要科学把握反垄断监管的时机和力度，可创设临时性竞争干预工具，提高救济手段的时效性，增强反垄断监管方法的敏捷性和适应性。

（3）严格限制平台的不正当竞争。对平台经济的监管要处理好"充分发挥平台企业的网络效应和规模优势"与"防范平台企业利用市场力量妨碍公平竞争和创新"的关系，宗旨在于最大化包括用户利益和平台收益在内的社会整体利益，维护良好的行业发展环境。具体举措包括：①制定监管规则限制平台的不正当竞争行为。对平台利用基础服务能力压制竞争对手的行为，建立相应的惩戒制度和损害赔偿机制，赋权利益相关方维护其正当权益。

②对平台的收购行为及收购后的经营行为进行监管。对在基础领域具有垄断能力的平台并购行为，要改变并购审查的门槛，对平台并购初创公司的交易行为进行反垄断审查。③建立推动创新创业的竞争政策。对平台利用其基础服务能力形成的数据优势与流量优势，应根据行业标准，建立基于公平原则的接口开放制度与数据开放共享制度，帮助中小创业者公平地使用流量与数据，从而打造更好的创新创业环境。

第六节　开放金融模式对监管的挑战

数字化浪潮驱动金融科技跳出了原有的金融工具、金融渠道和金融服务框架，实现全维度的开放、共享、普惠、共赢。互联网企业和金融科技公司率先掀起了创新的浪潮，推出了新的支付方式和金融服务方式；以银行为代表的传统金融机构着力探索多场景的经营模式，尝试"走出去"，将金融服务嵌入到不同生产和生活场景。开放金融模式给金融行业带来了新的发展机遇和空间，同时也给监管提出了新的挑战。本节聚焦金融业数字化转型过程中开放金融模式对监管的挑战，阐述开放金融的内涵、表现及驱动因素，分析开放金融对监管造成的影响，并给出开放金融风险的把控措施。

一、开放金融的内涵

开放金融是指传统金融机构与客户、互联网平台、第三方开发商、金融科技公司和其他合作伙伴一起共建金融生态圈，各方机构发挥各自的优势，将金融服务嵌入各种生产和生活场景，创造无处不在、随时随地的金融服务。

开放金融具有两种表现形式：①互联网企业和金融科技公司参与金融服务。互联网企业和金融科技公司跨界参与金融服务，为客户提供嵌入式的金融服务，提升金融服务的便利性和可得性。②传统金融企业融入开放生态。现阶段，以银行为代表的传统金融机构着力探索多场景的经营模式，尝试让传统金融业务"走出去"，将金融服务嵌入各种不同的社会生产和生活场景中。

二、开放金融的驱动因素

（1）需求驱动。首先，用户需求发生改变。单纯的金融服务、单一的金融功能已经不能满足客户的需求，即时性、便捷性、综合性金融服务更能满足消费者诉求，这类金融商品的生产和研发，需要金融机构开放合作，实现算力共享、数据共享、规则共享和信任共享。

其次，用户行为和期望变化。对用户的行为信息和与用户的触达逐步从线下转移到线上，用户转换服务商的门槛越来越低，用户的忠诚度更多取决于产品和服务是否满足了其需求。这些改变需要金融服务具备相当大的开放性，开放金融能够承担起服务新需求、生产新商品的角色。

（2）市场竞争。开放金融模式打破了传统金融的边界。大型互联网平台企业业务涵盖出行、购物、支付、理财等众多场景，而这些场景可以与第三方支付、消费信贷等金融场景相结合，进而衍生出更为丰富的金融业态。此外，近年也不断有金融科技公司陆续获得金融牌照。互联网金融平台和金融科技公司在场景流量、客户运营、数据技术方面具有比较优势，这对传统金融机构的业务开展造成挤占和冲击。面对愈加激烈的市场竞争，传统金融机构需要转变传统经营模式，拓宽金融服务渠道，做强线上服务，丰富金融产品和业务模式；借助各行业优质渠道资源打造新型商业范式，实现资源最大化利用，构建开放、合作、共享的金融服务生态体系。

三、开放金融风险的影响

原本金融市场中多由传统金融持牌机构，在持有执照的业务范畴内独立完成金融服务和产品的设计和交付。但随着金融科技发展，新的市场参与者涌入，传统金融服务的流程开始肢解，一项金融服务或产品可能需要与大量外部的合作方共同完成。金融行业生态变得更为复杂，全方位、穿透式监管的难度随之增加。

（1）监管边界模糊，存在监管空白和套利空间。分业监管模式下，金融监管机构对跨行业开展金融业务的非传统金融机构缺乏有效的监管权力，监管范围难以深入触及业务的各个环节。一方面，场景融合涉及不同领域信息的交互，而对交互环节的监管会因为监管领域的转变而被迫阻断。在这种情况下，监管机构难以全面、准确地掌握业务开展过程中的信息共享和使用情况，难以对业务发展的全流程进行有效的风险把控，监管存在真空地带，容易隐匿和滋生风险。另一方面，部分非传统金融机构，如互联网平台，利用现有制度规则的"灰色地带"进行制度套利。与传统金融机构相比，非传统金融机构具有混业经营上的不对等优势，如借助不受如传统银行业一般严格的资本金约束的制度优势，大规模进行高杠杆放贷。在这种情况下，金融风险可能在监管触及不到的地方滋生和放大，同时产生关联性风险，如果不及时处理可能引发更严重的风险事件，对行业乃至社会的稳定运行造成威胁。

（2）监管对象多样，存在新的风险和挑战。在全行业数字化转型的背景下，金融市场的参与者除了传统的金融服务供给者和消费者外，金融科技公司、互联网平台企业、金融大数据公司等机构也纷纷参与到金融服务和博弈的链条中，这些机构具有与传统金融机构不同的业务定位和风险特征。对监管机构而言，监管对象变得更为复杂多样，在监管对象识别和监管模式调整等方面面临着更大的挑战。例如，随着金融科技的发展，金融科技公司在行业发展中扮演着更为重要的角色，市场份额逐步上升，在从事金融业务时，它和传统金融机构的业务实质并无本质不同，产生的负外部性却比传统金融机构更高，由此可能带来的系统性风险，是监管机构必须思考和重点防范的问题。

（3）监管协同难度加大。监管机构间的协同发展有两方面含义：①特定区域内各行业监管机构之间的监管协同；②不同国家和地区监管机构之间的监管协同。就特定区域内各行业监管机构之间的监管协同而言，随着开放金融模式的发展，金融活动不再只局限于金融行业内部，金融监管部门对金融活动的监管如果不能实现与其他经济部门之间的有效联动和良好配合，金融监管框架如果不能与其他公共政策协同发展，整体的监管效果就可能受到影响，甚至隐藏和滋生风险。就不同国家和地区监管机构之间的监管协同而言，不同监管机构在数据管控和监管政策方面存在差异，导致监管协同能力和效果不足。一方面是数据协同，许多国家出于保障本国信息安全和政治安全的考虑，要求本国数据不得离境，各国监管机构之间难以做到数据信息共享，监管协同性不足，影响整体监管效果的同时也不利于监管科技技术的推广和发展；另一方面是政策协同，国际监管体系之间的监管标准存在差异，监管政策的松紧程度和关注重点也有所不同，这影响各国监管机构的信息互换和政策协同。

四、开放金融风险的把控

开放金融的运营模式联结多方市场主体、打通更多生活场景，把控开放金融模式下的风险，需要把握业务本质、实施穿透式监管，具体包括以下三点举措：

（1）遵循"实质大于形式"的监管原则。解决分业监管模式与金融科技跨界发展的矛盾，需要监管机构逐步改变监管模式，对于金融科技带动下的创新业务按照"实质大于形式"的原则来开展监管工作，对同质同类业务进行相同标准的监管。把握金融科技创新的业务实质，准确把握金融科技的监管要求和风险要点，明确监管主体和监管对象，实行穿透式监管。

（2）增强监管机构间的协同合作。推动监管科技落地实施是一项系统工程，涉及金融业务、信息技术、公共管理等多个领域，需要金融监管机构与各部门协调联动、通力合作，具体内容包括：①建立跨行业监管机构间的沟通机制，探索监管执法合作机制，加强跨行业穿透式监管的能力；②建立统一的数据管理系统，从各级监管部门、政府机构、金融机构、交易所、企业平台等多方主体获取数据资源，形成跨行业、多层级、持续、动态的数据收集模式，实现多方信息互通；③强化国际交流合作，与国际组织、其他国家和地区的金融监管部门紧密合作，加强联系和沟通，促进信息共享和政策协同。

（3）保障监管的稳定性和一致性。监管科技与以往传统的监管模式有所不同，如何将监管科技与现有的监管框架和机制进行有效整合，在利用监管科技赋能监管活动的同时，保障监管政策的稳定性和持续性，是监管科技发展需要解决的重要问题。基于此，监管部门应稳妥部署监管科技应用，加强业务连续性管理，强化监管科技与传统监管模式的有机融合，确保监管科技手段不影响现有金融信息系统、不改变金融业务流程、不降低金融服务效率，让监管科技真正成为提升监管机构监管水平、降低金融机构合规成本的有力支持。

第十二章 ▶

监管科技的发展趋势展望

监管科技已到来，然而当前的监管科技还远不是监管科技的最终形态。基础技术的发展，推动着监管科技不断进步，也加速推进着监管理念、监管手段和监管生态等领域的变革和重塑。因此，本章聚焦于趋势和未来，从监管科技的基础技术和监管变革进行展望，并在此基础上结合我国国情，指出我国监管科技发展面临的挑战和发展趋势。

第一节　基础技术展望

从本质上看，监管科技以数据为驱动，将金融科技的基础技术应用到金融市场中的监管端和合规端，既能丰富监管手段、提升监管当局监管效率，也能服务监管要求、降低金融机构的合规成本。因此，以人工智能、大数据、云计算、区块链、物联网等技术为代表的技术手段，不仅是监管科技发展的重要技术支撑，也在很大程度上决定着监管科技发展的速度和方向。

一、人工智能技术

智能化监管是监管科技发展的重要方向，而人工智能技术的发展，无疑是实现智能化监管的关键技术保障。完善建立在数据基础上的智能解决方案，能更好地提升当前金融监管环境下的监管能力、满足日益复杂的监管需求，是维护金融安全、防范金融风险的内在要求。

（一）5G通信技术

人工智能技术的应用，离不开网络通信技术的支持。当前，有限的终端处理能力和网络传输能力，严重掣肘着人工智能的整体运作速度和智能化水平，而5G网络通信技术的广泛应用必将加速在人工智能领域应用中的网络传输速度，一定程度上补齐制约人工智能发展的短板，为人工智能技术的发展和场景应用提供更多可能。

一方面，5G通信技术能助推人工智能应用程序扩展。随着人工智能技术的不断成熟，人工智能已经应用到多个领域，由此产生的庞大数据量需要被快速有效地分析，这极大地增强了对边缘计算的需求。由于边缘计算是在靠近物或数据源头的一侧，采用集网络、计算、存储、应用核心能力于一体的开放平台，就近提供最近端服务，因此当应用程序在边缘侧发起时，能够产生更快的网络服务响应，满足行业在实时业务、应用智能、安全与隐私保护等方面的基本需求。依托 5G 核心网络分布式架构与边缘计算技术的融合，信息与应用程序能够实现有效衔接，这是人工智能将应用程序扩展到边缘的重要保证，有助于人工智能实现更高效、更智能的应用模式。

另一方面，5G 通信技术能极大地提升数据处理能力，为人工智能技术的发展创造条件。人工智能技术的应用对数据和信息的处理有着严格的要求，而 5G 网络拥有传输速度更快、通信延迟更低、带宽更大和可靠性更高等优势，在提高传输速率的同时，也能极大地改善信息和数据的传输能力，这对人工智能技术的快速发展非常重要。

（二）联邦学习技术

当前，由于人工智能的数据保护和传输路径存在安全隐患、成本高企、效率低下等问题，容易造成个人隐私、商业机密等数据泄露。在重视数据隐私和安全已经成为一种世界性趋势的背景下，联邦学习概念被正式提出。从本质上讲，联邦学习是一种分布式机器学习技术或框架。依托该框架，可以实现多个机构在满足用户隐私保护、数据安全和政府法规的要求下，进行数据使用和机器学习建模，从技术上打破数据孤岛，从而提升 AI 模型的效果。联邦学习允许参与方在不共享数据的基础上联合建模，既能满足隐私保护的要求，又能实现商业诉求，因此它无疑将成为推动人工智能商业落地的关键能力之一。

相比于传统的数据授权和数据传输模式，联邦学习能有效解决两大痛点：①数据共享传输安全问题。联邦学习提出了新的数据共享交换方法，通过去中心化的机器学习，能够保证每个客户的隐私数据不出本地，以此来解决数据共享时难以保障数据安全和数据隐私的问题。②数据共享壁垒以及难以在复杂业务场景中进行数据交换问题。例如，在金融行业应用场景中普遍存在"主观上不愿意、风险合规上不敢、技术上不能共享数据"的现象，导致海量数据散落在众多机构和信息系统中，形成一个个"数据孤岛"，联邦学习正好从技术的角度解决了这一困境。

联邦学习技术在金融行业有着广泛的应用场景，其中金融监管和网络化精准营销是联邦学习的典型应用领域。例如，采用横向联邦学习技术，商业银行与第三方公司可实现在"数据不出域"的前提下联合构建反欺诈模型、客户画像模型，这既为商业银行提升银行大数据信贷风控能力提供了技术支撑，同时也为商业银行开展精准营销、实现差异化定价、提升经营管理水平创造了条件。

此外，部分金融应用，如反洗钱异常交易识别/保险反欺诈等，还面临数据特征少、样本标签稀缺、数据分布不均衡等挑战，在此背景下，能够在任何数据分布、任何实体之间实现协同建模学习的联邦学习技术受到了广泛重视。从社会需求来讲，联邦学习技术更好地迎合了不同机构对于隐私保护的需求，使得隐私数据变得更安全，这无疑为联邦学习技术打造更具普适性的应用场景指明了方向。

二、大数据技术

当前，大数据体系的底层技术框架已基本成熟。随着大数据技术逐步成为支撑型的基础设施，有关大数据技术的功能性应用将在各领域得到更加深入和广泛的应用，如在用户身份识别、市场交易监控、合规数据报送等领域。展望未来，大数据技术的发展，会主要体现在应用基础和应用功能两个方面。

（一）应用基础方面

应用基础方面，构建并完善数据管理机制将加速推动大数据技术在监管科技领域的应用。当前，大数据技术在监管科技领域的应用仍处于初期阶段，主要原因是在金融监管领域中，金融大数据存在缺乏统一管理标准、数据质量参差不齐等问题，多因素叠加，共同制约着大数据技术在监管科技领域的应用。下阶段，监管机构在夯实大数据技术的应用基础方面，将围绕标准制定、数据共享和配套机制三个方面来完善大数据技术应用的管理机制。例如：在标准制定方面，根据不同的数据来源、数据标准等维度进行数据分类，并在此基础上构建统一的监管科技规则和数据标准，从而增强数据的可比性和可用性；在数据共享方面，缓解或消除信息互通障碍，推动跨组织或部门的数据共享，为丰富数据维度创造条件，积极赋能大数据技术的应用场景拓展；在配套机制方面，要积极完善数据安全保护配套措施，从而保障大数据技术在监管科技方面的适应性、有效性和持续性，推动大数据技术更好地发挥赋能金融监管、防范金融风险的作用。

（二）应用功能方面

应用功能方面，大数据技术可实现数据收集和数据分析两大功能。

数据收集主要围绕数据监控、数据管理和数据呈现三个维度展开。例如，通过在资本市场中运用大数据技术，监管机构可建设高效的监管大数据平台对资本市场的主要业务活动进行实时监控；在数据个性化展示方面，通过对数据建立质量规则，监管机构可针对不同应用场景的差异化需求，在大数据技术的支撑下运用构建模型、配置规则、人工智能等方法完成数据去重、数据整合和数据可视化等工作。

数据分析主要体现在大数据技术能够提升监管机构宏微观审慎监管能力。宏观方面，可利用数据分析进行政策评估，维护金融稳定。例如，运用大数据技术对主流媒体、搜索引擎、社交网络中的文字情感和热度等进行分析，不仅可以让监管机构及时掌握金融市场对某项金融新政或市场剧烈震动前后的情绪波动情况，同时也能对未来一段时间的金融市场状况进行预判，从而实现对潜在风险的前瞻性防控。微观方面，建立全面和立体的客户标签和画像是大数据技术应用的重要领域。一方面，大数据技术提升了监管机构对不端行为的监测分析能力，例如，监管机构可使用大数据技术分析融资人基本信息、社交和交易数据，监测市场中的洗钱行为、诈骗行为和非法集资等不当行为，甄别可疑交易，提升不端行为的发现能力；另一方面，监管机构可利用大数据分析技术监测市场异象，评估违约风险等，例如结合电商交易、消费者信贷、征信等多渠道数据运用算法分析消费者的信用情况。

三、云计算技术

云计算服务是智能社会的基石。在金融监管领域，作为云计算服务的底层技术，云计算技术能够为监管科技的应用提供廉价、快速、高效的计算和储存海量数据资源，并高效地释放单一系统容量限制和算力限制，这为丰富并拓展监管科技的应用场景提供了技术支撑，是监管科技的核心技术之一。现阶段，由于云计算技术已从新兴技术步入成熟阶段，相关的云计算服务产业也从简单存储等方面，逐步向云服务基础设施自主控制、云上原生服务、丰富云服务等领域发展。展望未来，随着云计算服务相关基础设施的建设和完善，云计算技术应用及发展的基础得到保障，云计算技术也能够更好地赋能监管科技。

高性能和易扩展性是云计算技术的显著特征。在金融监管领域，依托云计算技术的高性能和易扩展等特征打造的金融监管基础设施，能够积极赋能监管端的监管效率以及合规端的业务处理水平，这也正是云计算技术发展的重要着力点。一方面，在安全合规、技术领先的前提下，打造满足金融规范的云基础设施和数据中心网络，能够有效地推动金融机构实现业务拓展能力和系统运营能力的有机协同，这一发展方向对中小金融机构的作用尤为明显；另一方面，以云计算技术为支撑，通过技术创新和生态合作，可孵化打造更多场景化金融解决方案，助力虚拟金融、移动金融、智慧金融全面发展。

四、区块链技术

相较于传统技术，区块链技术具有分布协作、难以篡改、强制执行、扩展性高和科技协同性强等特点，这不仅为数字经济产业和实体经济发展带来了重大机遇，也为降低合规成本、提高监管效率创造了条件。但是作为一种新兴技术，区块链技术在共识算法、隐私保护、兼容性等领域仍有很多空间有待突破。

（1）在大规模共识网络下实现高吞吐、低延时的交易处理能力。从技术突破方向来看，着力点在于根据区块链技术的可扩展设计，构建大规模节点网络和十亿级账户下的高吞吐低延时拜占庭容错（Byzantine fault tolerance，BFT）共识机制。

（2）实现链上数据的安全及隐私保护。例如编程友好性、逻辑安全性以及共识机制下全链路交易的高效隐私保护。针对编程友好性和逻辑安全性问题，技术突破方向是升级智能合约技术，运用形式化证明技术和多语言虚拟技术来验证合约的逻辑安全性并确保合约的高效执行；而针对高效隐私保护，技术突破方向在于软硬件隐私保护，例如基于同台加密和零知识证明的密码算法优化来强化隐私保护。

（3）实现防篡改和公开可验证的大规模低成本账本数据储存。目前，具体的解决思路如下：①从单点存储转换为多点分布式存储，实现存储与计算的隔离，从而缓解节点压力；②争取在存储可扩展性和数据可追溯性方面实现平衡。从技术突破方向来看，着力点在于防拜占庭容错的数据结构和算法创新，以及建立高效的区块链存储和索引引擎。

（4）通过跨链技术实现万链互联，主要表现在万链互联的兼容性和可操作性，以及物理世界链下对象与数字化资产的可信映射。实现和增强链间协同工作，是推动区块链发挥规模效应和网络效应的重要保障，而跨链技术则是区块链万链互联的基础。从技术突破方向来看，构建可验证的跨链基础设施并打通与其他不同网络的可信接口，是实现万链互联兼容性和可操作性的重要方向；依托链下多维物联网（Internet of Things，IoT）感知锚定，实现分布式可信设备管理及验真风控，能够有效解决万物互联和区块链技术应用场景下的可信映射问题。

五、物联网技术

作为新一代信息技术的重要组成部分，物联网是万物互联时代的基础网络支撑。随着5G时代的来临，物联网技术呈现的新趋势主要表现在信息交互、信息计算和信息应用等方面。

在信息交互方面，依托物联网交互技术，自动化的触觉感知网络将是物联网的下一个发展方向。通过5G高速网络连接，物联网技术可实现实时人机对话和机器对机器交互，从而有效提升信息反馈和环境交互的效率和质量。

在信息计算方面，作为物联网的重要计算技术，边缘计算技术将迎来广阔的应用场景。边缘计算颠覆了传统架构，将关键处理功能从网络中央转移到用户所在的边缘，并基于5G技术在本地传输大量数据，可实现边缘数据中心和能够自行处理数据的物联网设备高效结合，从而提高网络性能并显著减少延迟，为基于物联网技术创新更多应用场景创造了基础性条件。

在信息应用方面，随着5G、云计算、人工智能等新兴技术的发展，人工智能物联网（AIoT）将从概念走向实践。例如，在新兴通信技术领域，5G和边缘计算等技术的深度应用将加速物联网集成的边缘计算与人工智能相结合，这不仅能显著提升AIoT涉及物理世界的感知和智能分析能力，同时随着AIoT中不同细分市场和许多测量参数出现近乎无穷的结合，将有极大可能催生更多应用场景。

在金融及其监管领域，物联网技术将有广泛的应用。物联网技术拥有开放互联、信息共享的能力，能够有效丰富各细分行业基础数据来源，实现物联网技术向更多金融业务领域的拓展。对监管部门而言，物联网技术的应用有助于完善囊括各个金融机构的完整数据信息库，从而为构建全链式、穿透式的监管生态体系创造条件；对金融机构而言，物联网技术的应用有助于建立更多风险评估和预测场景，全面提升金融行业的实时、准实时风险控制能力，积极赋能金融机构建立动态化、全域化和实时化的全面风险管理体系。以银行业金融机构为例，物联网技术能够有效拓展商业银行的金融服务外延，不断增强银行与不同市场主体之间的联系和互动，有助于打造以客户为中心的新型金融服务生态体系。在这个生态体系中，银行通过物联网对各个产业链进行数据采集，构建全产业链监控机制，洞察整体金融风险，为形成强有力的银行业风险管理体系奠定基础。具体而言，通过物联网技术实现物品标识、精准定位、快速查找、自动盘点等，可建立商业银行差异化、可监控、可追溯的管理体系，这能有效解决信息不对称带来的风险控制滞后、风控手段不足的问题，既赋能商业银行培育更广泛、更深入的感知和洞察能力，有效提升内部合规管理水平和外部欺诈风险防控能力，也能为商业银行打造全面、精准的风险监控体系创造条件。此外，物联网技术也能为商业银行的信贷业务健康发展提供技术支撑。例如，依托物联网拓展信息采集节点，汇总并加工银行内外部各类信息，制定预警规则，通过开展数据组合分析，掌握各垂直行业全产业链的客观数据，这对商业银行做好贷前调查、贷中审查和贷后风险监测提供了强有力的数据支撑，这是商业银行信贷领域业务健康发展的重要保证。

第二节　监管变革展望

金融科技促成了金融与科技的深度融合，运用新兴科技为监管与合规工作赋能，以提高监管效率，降低合规成本，已成为未来监管领域发展的重要趋势。但是，动态变化的科技应用与静态固定的监管规则之间的"步速脱节"问题及其产生的传染叠加效应，为传统金融监管和金融科技监管带来了更大的风险冲击和治理挑战。作为一种"破坏性创新"，金融科技对金融发展的影响可以归纳为三个方面，即重塑监管理念、创新监管手段和培育监管生态。

一、当前金融监管范式的困境

在金融监管的历史长河中，侵入式监管和适应性监管（或称强制监管和放松监管）一直在周期变化中不断更替，每一次显著性更替都伴随着令当时金融监管体系面临困境的金融危机和严重金融风险事件。2008年全球金融危机后，世界各主要国家和国际组织更加注重宏观审慎监管和系统性风险防控，并进行了相应的监管体系变革。但是互联网金融和金融科技的快速发展使得刚刚完成阶段性变革的金融监管体系再次面临困境，现有监管理念、监管手段、监管规则和监管协调在应对金融科技产生的新问题时显得较为无力。诸多因素倒逼金融监管体系进行深刻变革。

从金融科技的核心要素角度分析，现行金融监管范式所面临的困境主要有三点：①金融市场和金融产品呈现出跨越技术和金融两个部门、跨越多个金融子部门的特征，从而导致监管边界的模糊和重叠，难以实现产品基因界定和监管标准认定，易导致监管空白和监管真空，并且市场发展初期的规模扩张也掩盖了前期风险累积程度；②金融科技的去中介化会导致金融监管内部方法和目标的不一致性，随着金融科技的快速发展，金融脱媒日益深化，技术应用使得传统的机构监管和人员追责的有效性被弱化，这不仅导致机构监管与功能监管之间的分行，同时伴随着金融消费者的范围扩大，金融科技背景下的消费者保护问题也更加突出、亟待解决；③金融科技参与金融体系的资源配置和要素整合，在提升服务效率的同时，也带来了算法模型和信息数据等方面的安全隐患。

二、监管科技助推监管变革

当前的金融监管更多是被动式和响应式监管，这种监管理念恶化了监管端和被监管端之间的互动关系，使得金融监管的步速问题更加凸显。而科技与金融监管的深度融合，能够促进金融科技服务金融监管目标，不断推动监管理念、监管手段和监管生态的完善。

（一）重塑监管理念

监管科技的发展不仅能够推动功能监管和穿透式监管等新型监管理念的落地，从科技的角度实现监管的激励相容，还将助力金融监管走向全链式监管和科技化监管。

（1）全链式监管。金融科技的发展提升了金融服务和监管的效率，也为金融监管的前瞻化提供了数据基础和模型算法。未来的金融监管将呈现全链式监管模式，不仅关注监管的前瞻性，更注重在预防风险和鼓励创新之间寻求平衡，由被动式、响应式监管转变为主动式、包容性、适应性监管，以期金融监管规则有足够的灵活性和主动性来包容金融市场不断发生的变化，使得监管机构保持适当充分的自由裁量权。

（2）科技化监管。金融监管理念需从规则治理和原则治理转向科技治理，利用科技打造监管系统和关联网络，将传统金融监管的物理过程和半结构化过程抽象为数据过程，延伸大数据的使用半径和传递价值，服务于金融监管成本降低和效益提升。因此，基于微观监管指标的监管体系将会逐步转化为对技术风险和技术本身的监管，在一定程度上向科技化监管迈进。

（二）创新监管手段

传统金融监管模式有着强烈的路径依赖，依靠分业态监管、经验监管和事后监管，监管滞后性特征明显，而监管科技是解决监管实时性的必由之路，通过对监管规则和监管原则的实时提示和反馈，快速形成合规评估报告和监管解决方案，找准风险痛点和监管落脚点，弥补监管漏洞，及时合理分配有限的监管资源。金融行业中存在大量有价值的交易数据和用户数据，监管部门负责制定和推进共性统一的数字监管规则，利用监管科技手段采集、分析、处理、交互、报送相关数据，实现与传统金融监管政策的有效衔接和有益结合，缓和监管者同被监管者之间的博弈关系。从政府治理角度而言，利用先进科技手段可以在一定程度上减少人力物力资源投入，简化人工监管环节，降低人为拖慢金融监管流程的可能性，推动监管治理精准化、宏观决策科学化和金融服务高效化。

因此，监管科技可以在一定程度上实现监管智能化和前瞻性，平衡金融科技创新和金融风险管理，有力拓展金融监管的"生产可能性空间"，是实现监管理念重塑的关键性工具。事实上，监管科技背后蕴含的内在逻辑是科技的角色发生转变。在传统金融监管时代，科技属于被治理者或者技术附庸，处于被人力操纵和适当采用的边缘地带。随着监管科技的逐步应用，科技的角色开始向"治理者"转变，走向监管舞台的中央，监管中的人力资源更多地配置在系统维护、底层技术研发、同被监管者的良性互动和必要时的现场监管等方面，而现阶段事中监管所消耗的人力资本则被监管科技代替，在一定程度上对金融监管体系进行了重构。

（三）培育监管生态

随着监管科技的应用步入快车道，监管和合规的双重需求驱动着监管机构、金融机构和技术服务公司交织于复杂的监管、合作和竞争关系中，进而形成监管科技生态系统。这种生态系统是多边合作伙伴组织经济活动的一种新方式，良好的监管科技生态架构有助于促进金融机构和监管单位之间的协同合作，缓解监管方与被监管方之间的摩擦。

（1）监管生态主体更加多元。结合监管科技需求侧和供给侧的界定，金融机构、监管机构和金融科技公司被定义为监管科技生态的三大建设主体，三者共同发掘科技潜能，协同推动监管科技的深入应用。金融机构包含传统金融机构、金融科技互联网技术巨头、涉及金融服务的金融科技类公司等，这部分机构通过运用监管科技搭建有效的合规体系，可降低法规遵循成本，防止违规风险，更高效地满足合规应用中的功能需求。监管机构主导我国监管科技的发展，既要通过运用监管科技的力量形成专业化的监管制度体系，守住不发生系统性金融风险的底线，全面监督金融机构合规，也要服务于金融机构和技术服务公司的高质量发展。技术服务公司为监管单位和金融机构提供技术解决方案。三大建设主体与合规的相关方，如客户、科研机构、投资公司等组织和群体增进联系，通过监管科技的核心技术形成良性的互动。

（2）监管生态机制更加完善。监管科技以制度变革、业务流程衔接为着力点，构建生态工作机制，可以实现信息的闭环反馈和合规功能的迭代升级。一方面，完善监管沙盒机制。监管沙盒机制兼具制度性变革创新和技术进步两重性，能够全流程考虑金融科技创新企业及其产品的市场周期和潜在风险，通过技术赋能市场企业和监管系统，双向驱动进而实现智能化、实时化的市场分析监控和金融科技创新评估，覆盖市场多层次主体的风险识别。另一方面，规范监管流程机制。监管科技在合规的实践上，依序有三步工作机制：预防机制、发现机制和反馈机制。通过流程规范，监管科技在合规的应用场景能够嵌入业务流程的每一个环节，既能将单个应用场景聚合，逐步扩展至事前、事中和事后的整个业务链条，以系统化视角来审视各个生态主体的互动关联过程，又能推动交易数据、监管数据和风险数据形成数据环流，将事后问题分析反馈形成具有前瞻性的预防解决方案，以数据的实时流动和监测来实现风险防控的整体把控。

（3）监管生态基础更加坚实。数据是监管科技运用的基础，在监管科技中的重要地位成为行业共识。为避免因数据问题造成监管困境，数据治理模式的探索将成为研究核心之一。未来，强化数据治理的主要着力点有三个：①统一并制定数据标准，遵循统一的业务规范和技术标准，以确保监管机构从不同机构、不同地域，在不同业务层面所收集的数据信息的一致性和可用性；②提升并强化监管大数据平台中的数据质量管理，建立相应的数据质量管理制度，明确职责分工，建立数据质量定义、过程控制、监测分析、整改和评估流程，形成不同业务部门之间协同配合的工作机制；③优化和升级数据安全管理，围绕监管大数据平台建设，构建多维度、全方位的"防护栏"，对数据进行授权访问，通过技术手段防止数据泄露，并对离线数据的使用进行跟踪管理。

三、元宇宙概念下的监管展望

近年来，伴随着金融科技的蓬勃发展，元宇宙的概念逐步兴起。元宇宙是人类社会的另一种存在方式，区别于物理世界，元宇宙是平行的数字世界。元宇宙的发展阶段可分为起始阶段、探索阶段、基础设施大发展阶段、内容大爆发阶段、虚实共生阶段。物理世界的监管技术也随着元宇宙的发展阶段逐步在数字世界中形成、发展、成熟。

起始阶段体现为在科幻作品中提出了虚拟世界的概念，如黑客帝国、阿凡达等。探索阶段以较为简单的游戏网络为发展形态。基础设施大发展阶段，正是我们现在所处的阶段，标志是元宇宙的形成和发展的支撑技术的快速进步，包括物联网技术、区块链技术、人机交互技术、人工智能技术、网络及运算技术等，监管科技的主要着眼点是对各类技术规范化。在内容大爆发阶段，元宇宙内所包含的应用、产业将爆发式增长。不但现实物理世界的各种内容可复制到元宇宙内，如线上社区、线上旅游、线上金融、线上交易等，还将产生新的数字业态，如围绕数字资产使用和管理所派生的各种上下游产业。在此阶段，监管科技发展的重心应该在于对出现在元宇宙内的各种产业活动和发展的规范。在虚实共生阶段，真实物理世界和元宇宙数字世界将成为同时存在、实时交互、和谐共生的世界，物联网、3D数字打印、人机交互等联通两个世界的接口技术将高度成熟，数字和实物将相互促进和高速发展，监管科技的重心应该在于对两个平行世界间的穿梭规则进行相应管理。

第三节　我国监管科技的发展趋势展望

在全球范围内，监管科技的发展不断推动着行业进步，同时也为国内监管科技的运用带来了一些新的启示。我国金融监管机构、被监管机构、行业协会等自律组织，在监管科技领域进行了大量的探索和实践，部分重要领域完成了应用落地，并在提升金融监管效能方面发挥了一定的作用。但是，从目前监管科技的整体发展和应用情况来看，还存在不少亟待解决的问题。可以预见，在未来相当长的一段时间内，对于国内监管科技的理念重塑、机制创新和场景应用将成为相关各方关注的焦点。

一、我国监管科技面临的冲击和挑战

（1）监管科技的技术风险仍存在不确定性。我国监管科技还处在发展的初级阶段，科技在监管领域的应用是否会引发新的风险问题也未可知，还需要进一步验证。在安全意识层面，监管科技各类参与主体的安全意识建设、安全生产管理、应急处理机制的建立与完善等配套措施是不容忽视的。在技术应用层面，数据体量大、类型多、涉及范围广、处理链条长等特点决定了监管科技的应用遭受网络攻击、面临数据泄露和窃取的风险偏大；人工智能技术发展尚不成熟，基于人工智能的决策存在不可预期、缺乏逻辑性等问题，短期内可能无法有效解决；区块链技术在应用方面仍存在一定的风险和亟待解决的问题。

（2）监管科技规则和标准的制定相对滞后。技术规范和标准在发展监管科技的过程中

是不可或缺的。然而，当前监管科技发展尚缺乏统一的规则和标准，不同机构在数据搜集、处理、分析和应用方面的标准不同，大量数据分散存储在不同的监管部门，形成了新的数据垄断和"数据孤岛"，这种无序发展的状态不利于监管科技在防范系统性金融风险、构建金融新生态方面发挥作用，同时也掣肘着大数据在辅助决策、防范风险方面的应用。

（3）监管科技的发展与应用总体规划不足。从监管科技领域的探索和实践来看，目前监管科技的研发和应用形式较为多样，无论是中央金融监管部门还是地方金融监管部门，都缺乏监管科技发展与应用的总体规划，无法在防范金融风险、保护金融消费者等领域形成合力。这不仅容易导致重复建设和资源浪费，也会增加机构与金融消费者信息和数据泄露的风险。

（4）合规端和监管端发展与应用不均衡。从目前的发展水平来看，"科技+监管"明显滞后于"科技+金融"和"科技+合规"的发展，科技应用不均衡带来的问题已经开始凸显，主要表现在金融监管滞后于金融创新，金融监管能力不足的问题依然存在。在监管要求、盈利目标及成本约束的三重压力下，金融机构天然倾向研究应用合规科技，而由于金融监管机构受人力、资金、技术等多因素限制，监管科技发展缓慢且滞后，金融机构存在动力利用合规科技寻找监管漏洞，降低监管有效性甚至游离于监管体系之外，从而形成新的监管套利。与此同时，监管力量向金融机构、互联网企业流失的现象长期存在，已经成为制约金融监管部门技术能力提升的重要因素。

二、我国监管科技发展的重要趋势

（一）推动监管变革

推动金融监管变革，是深化我国金融监管体制改革和推进监管法治化、现代化和智能化的关键所在。自2015年以来，我国开始对互联网金融风险进行专项整治，包括P2P网贷、代币发行（initial coin offering，ICO）等，其内在核心是被动式和响应式监管，监管理念是"先发展后规范"。这种监管理念使得金融监管的步速问题更加难以解决，恶化了监管者同被监管者之间的互动关系。基于金融科技发展的视角，未来的金融监管应更加具有前瞻性和主动性，注重在预防风险和鼓励创新之间寻找平衡。其一，监管态度将趋于审慎。2020年12月，中央经济工作会议一改此前"包容审慎"的监管理念措辞，明确"金融创新必须在审慎监管的前提下进行"，维护金融经济安全和社会大局稳定是金融监管的重要目标之一。其二，监管理念将侧重功能监管。金融科技的深度应用，加速推动着跨行业的金融产品创新，"同业务同监管，对同类主体一视同仁"的功能监管理念将成为主导。其三，监管重点将关注金融治理工作。面对金融科技带来的新型风险，未来将以金融控股公司牌照管理、金融数据规则体系建设、市场竞争秩序维护和消费者权益保护为主要形式，积极开展金融治理工作，不断防范化解金融风险。

（二）加强机制建设

（1）协调机制建设。随着金融科技的迅速发展，中央与地方金融监管之间的权责利划分和统筹协调难度更加凸显，金融监管的广度、宽度和深度面临严峻挑战。监管科技对于完善地方金融监管和央地金融监管的统筹协调具有重要作用。一方面，监管科技可以弥补地方金融监管人力不足的问题。监管科技的系统构建以其海量数据处理和算法程序化的优势，不仅能够弥补地方金融监管机构人员配备有限的问题，还可以在一定程度上解决监管人员工作积极性不高的问题，完善监管激励机制，将更多的人力监管重点转移至前期体系建设和事后风险处置中去。另一方面，建立央地监管科技系统统筹和数据共享机制是解决如今中央与地方金融监管痛点问题的必由之路。一般而言，以科技手段为主的沟通协调有效性要明显高于人力手段，也可避免地方出于保护主义而忽视监管职能的现象发生。

（2）创新机制建设。创新和安全是监管沙盒存在的两大基石。从准入模式看，"持牌金融机构 + 科技公司"打包入盒，代表着监管鼓励的试点方向，下阶段仍将严格落实金融服务持牌经营、特许经营原则，把持牌经营作为从事金融业务的基本要求。从试点项目看，普惠金融创新项目试点是鼓励方向，截至 2021 年 3 月，监管试点中信贷项目 32 个，风控产品 17 个，在项目总数中占比接近 6 成，其中聚焦服务中小微企业的金融服务类产品有 11 项。值得关注的是，成都银行和重庆农商银行创新试点的智能客服项目，因支持地方方言而凸显了金融服务的普惠性和可获得性，进一步体现了监管沙盒鼓励的普惠金融方向。

（3）保障机制建设。当前，监管数据治理工作的痛点、难点主要集中在数据标准和管理两个层面，如监管口径定义、数据标准规范不一致等数据标准问题，数据报送缓慢和数据质量不高等管理问题。在当前强监管、严监管的情形下，金融机构将以监管数据专项治理为切入点，开展企业级数据治理，推动数据标准贯彻、数据质量持续提升以及宣传贯彻数据治理文化理念，在日常经营管理中落实源端数据管控，为监管数据构筑坚实的质量基础，实现"监管数据治理"与"企业级数据治理"相互增益促进。

（三）丰富场景应用

从国际经验看，当前全球市场围绕监管科技的功能性应用进行了积极探索和尝试，这些尝试有助于提升数据收集效率和数据分析质量，为我国丰富监管科技的功能性应用指明了方向，并为金融领域实现监管赋能创造了条件。

（1）丰富虚拟助手功能性应用，构建金融监管新模式。近年来，我国的金融机构及监管机构纷纷应用虚拟助手来赋能合规监管，主要应用方向包括智能回答、日常业务流程自动化和法规解释三个领域。下阶段的发展趋势将主要体现在两个方面：①进一步强化虚拟助手的数据采集功能,并为各机构采用信息化手段对数据资产进行分析创造条件,进一步挖掘数据信息,帮助拓展监管边界;②进一步加强底层技术的研究与开发,增强虚拟助手对语义的理解能力及知识库的完备性,并推动虚拟助手借助多渠道获取的客户信息优化产品及服务,通过智能化手段洞察客户需求以提供更为个性化的服务体验。

（2）优化报告生成方式,提升报告自动化水平。当前,我国的金融市场领域已经使用监管科技解决方案来助力报告自动化生成,实现生成报告方式从传统的"手工生成""事后生成"向"自动化生成""实时生成"标准化报告转变。但是,大多数相关技术仍处于探索使用阶段,科技赋能生成报告的潜力并未完全得到释放。以人工智能技术赋能合规报告为例,金融机构能够利用人工智能技术,如自然语言处理技术,实现监管规则的自动化翻译,并形成结构化数据。然而,当前通过人工智能技术翻译的监管规则结果缺乏灵活性,导致自动化报告内容可能存在难以理解的情况。因此,未来在技术开发层面上,应探索更具变通性的监管科技解决方案;在规则制定层面上,应致力于早日实现监管规则机器可执行化。

（3）强化数据和技术的创新赋能,提升反洗钱能力。在洗钱活动的危害日益增加、隐匿性及复杂程度日趋增长的背景下,我国金融监管机构和金融机构都在努力开发和运用监管科技来应对挑战。尽管在这个过程中还存在着许多障碍和困难,但是已有的赋能成果充分展现了监管科技在反洗钱领域的应用潜力,而区块链技术无疑是在反洗钱领域最具有应用潜力的技术之一。随着区块链技术的更加成熟,联盟链的节点可以包括第三方支付公司、工商企业等其他主体,扩展反洗钱的合作领域。虽然目前区块链仍然存在着效率较低、节点储存能力受限、共识算法不够完善等问题,但是其去中心化、去信任化、高安全性等特性仍使其在反洗钱领域拥有光明的发展前景。

（四）关注重点领域

监管科技贯穿于金融监管体系升级的全流程,有利于提升金融监管的实时性、精准性和穿透性。未来,我国应着重从以下领域重点发展监管科技,不断提升金融治理能力：

（1）金融基础设施建设。金融基础设施是金融市场稳健高效运行的基础性保障,也是实施宏观审慎管理和强化风险防控的重要抓手。随着全球金融市场一体化程度加深,各主要国家金融市场的联动共振效应愈加突出,尤其是跨国洗钱、比特币违规炒作等问题,影响我国金融监管效率及金融稳定。因此,发展监管科技的着力点之一是金融基础设施建设,利用数字技术加强征信系统、债权登记等金融业综合统计,助力监管机构有效解决上述金融乱象。

（2）金融风险监测预警。传统金融监管和金融风险防控的劣势在于不具备实时性,相关举措存在滞后性。监管科技的应用可以打破传统金融监管体系的局限性,依托数据共享平台等金融基础设施建设,运用大数据识别风险信号,通过建模和回归等方式开展模拟压力测试，有效评估和监测预警金融风险。北京目前已开发出"冒烟指数+图谱分析+风险大脑"三合一的金融风险预警体系，属全国首创。

（3）完善配套促进措施。发展监管科技，旨在打造一个广泛参与、良性循环的监管科技生态体系，搭建起适合监管科技持续健康发展的体制和机制。下阶段，要进一步明确监管科技发展进程中各参与主体的"责、权、利"划分，同时强调信息共享，保证数据互联互通，制定数据共享、数据公开实施规范，注重数据保密工作，建立数据信息全覆盖的安全保密体系，对原始数据、分析结果和结论进行分级保密管理。

三、促进监管科技发展的政策建议

（1）从顶层设计视角制定监管科技发展长期规划。重视规划引领，建立健全整体发展纲要、总体发展框架、基本知识和原则；明确监管要求，监管部门要根据自身的监管需求去寻找或实现相关监管科技的帮助；鼓励市场供给，鼓励成熟的技术提供商或者头部科技公司为政府部门或监管机构提供技术服务或监管科技系统外包；规范行业自律，为了避免重蹈过去互联网金融发展乱象的覆辙，从事监管科技的企业必须要共同维护行业环境，建立较为统一的市场规则，对企业行为和市场行为有所制约。

（2）建立健全监管科技政策管理体系和技术标准体系。监管科技作为新型监管手段和传统金融监管方式的有益补充，目前尚未确定立法原则和相关法律法规。要加快出台监管科技相关的管理办法，对数据安全、采集、报送和风险智能评估等方面提供法律保障，做好监管科技新规和传统金融监管政策的有效衔接和有益融合。积极健全监管科学技术标准，推进监管规则数字化共性标准和统一数据源的发展，使监管数据的采集、分析、交互、报送、自动化处理等流程变得更加畅通，具备先进性和可操作性。要加快构建新兴技术在金融监管应用领域的适应度、匹配度和成熟度的评估检测系统，强化技术的自身优化和合理规避能力，结合实际监管场景做出研判。建立健全监管科技系统应用的优化机制，加强预期目标和实际结果的比对验证，持续优化应用模型，提升监管科技的可信度和可靠性。

（3）培育监管科技产业生态圈，有序推进试点应用。探索在国务院金融稳定发展委员会指导下的创新机制建设，做好监管科技产业生态圈的顶层构建和先期试验，政产学研共同发力，助力监管科技的快速崛起，形成良性循环。后续可选择在国内金融科技发展先进的地区，针对监管合规报告、身份识别认证、反欺诈反洗钱、风险识别监控等领域开展试点，探索适合监管科技应用的工作协调机制，尤其是协调监管机构、金融机构和监管科技企业（技术提供商）之间的作用链条，通过实践寻找金融监管的弹性边界，平衡创新和风险，从科技的角度促进金融监管的激励相容，将监管科技工作机制完美融合到传统金融监管体系之中，不断研究新情况、解决新问题，为监管科技产业发展探索新路径。

（4）推进监管科技各维度主体协同合作，实现融合共赢。①监管机构应加强与新科技企业的合作。人才和技术是监管科技落地的两大关键要素，监管科技人才需要具备专业化的金融知识，才能对金融行业中的难点和风险点有所了解。对于技术问题，监管机构可以选择第三方外包方式，但是考虑到监管工作的长效性和动态调整等特点，监管机构需要高度重视后续服务的迭代和运维问题。②监管机构应加强与金融机构的合作。通过合作可以更好地发掘监管科技的应用场景，更好地解决运营落地问题，或者监管机构可以与金融机构一起组建监管科技公司，优化金融机构的监管科技生态。③监管机构应加强与国际组织和各国监管当局的合作。中国的金融科技产业已经走在了世界前列，并积极参与国际规则的制定，因此，监管科技行业应加强跨国交流与合作，实现国内外监管理念、监管步调和监管标准的协调统一，防止出现跨境监管套利。

参 考 文 献

[1] ANAGNOSTOPOULOS I. FinTech and RegTech: impact on regulators and banks[J]. Journal of economics and business, 2018, 100: 7-25.

[2] BAILEY A. Innovation to serve the public interest[EB/OL]. (2021-06-15)[2021-10-16]. https://www.bankofengland.co.uk/speech/2021/june/andrew-bailey-cityuk-annual-conference.

[3] ARNER D W, BARBERIS J, BUCKEY R P. FinTech, RegTech, and the reconceptualization of financial regulation[J]. Journal of international business & law, 2016, 37: 371.

[4] ARNER D W, BARBERIS J, BUCKLEY R P. The emergence of RegTech 2.0: from know your customer to know your data[J]. Journal of financial transformation, 2016, 44: 79-86.

[5] ARNER D W, ZETZSCHE D A, BUCKLEY R P, et al. FinTech and RegTech: enabling innovation while preserving financial stability[J]. Georgetown journal of international affairs, 2017, 18 (3): 47-58.

[6] AZIZ S, DOWLING M. Machine learning and AI for risk management[M]//LYNN T, MOONEY J G, ROSATI P, et al. Disrupting finance. Cham: Palgrave Pivot, 2019: 33-50.

[7] BARBERIS J, ARNER D W, BUCKLEY R P. The RegTech book: the financial technology handbook for investors, entrepreneurs and visionaries in regulation[M]. NewYork: John Wiley & Sons, Incorporated, 2019.

[8] BCBS. Sound practices: implications of FinTech developments for banks and bank supervisors[R]. Basel: BCBS, 2018.

[9] BOAR C, WEHRLI A. Ready, steady, go?: results of the third BIS survey on central bank digital currency[R]. Basel: BCBS, 2021.

[10] BUTLER T, O'BRIEN L. Understanding RegTech for digital regulatory compliance[M]//LYNN T, MOONEY J G, ROSATI P, et al. Disrupting finance. Cham: Palgrave Pivot, 2019: 85-102.

[11] CHAUM D. Blind signatures for untraceable payments[M]//CHAUM D, RIVEST R L, SHERMAN A T. Advances in cryptology. Boston, MA: Springer, 1983: 199-203.

[12] CPMI. Central bank digital currencies for cross-border payments report to the G20[EB/OL]. (2021-07-19)[2021-10-15]. https://www.bis.org/publ/othp38.pdf.

[13] DECKER C, WATTENHOFER R. Information propagation in the Bitcoin network[C]//IEEE P2P 2013 Proceedings. Trento, Italy: IEEE, 2013: 1-10.

[14] DI CASTRI S, GRASSER M, KULENKAMPFF A. An AML SupTech solution for the Mexican National Banking and Securities Commission (CNBV): R2A project retrospective and lessons learned[EB/OL]. [2022-02-28]. https://papers.ssrn.com/sol3/papers.cfm?abstract_id=3592564.

[15] EBA. EBA analysis of RegTech in the EU financial sector[EB/OL]. (2021-06-01)[2021-09-15].

https://www.eba.europa.eu/sites/default/documents/files/document_library/Publications/Reports/2021/1015484/EBA%20analysis%20of%20RegTech%20in%20the%20EU%20financial%20sector.pdf.

[16] ESMA. ESMA report on trends, risks and vulnerabilities[EB/OL]. (2021-03-17)[2021-09-15]. https://www.esma.europa.eu/sites/default/files/library/esma50-165-1524_trv_1_2021.pdf.

[17] FENWICK M, MCCAHERY J A, VERMEULEN E P. FinTech and the financing of SMEs and entrepreneurs: from crowdfunding to marketplace lending[M]//The economics of crowdfunding. Boston, MA: Springer, 2018: 103-129.

[18] FCA. Call for input: using technology to achieve smarter regulatory reporting[EB/OL]. (2018-02-28)[2021-09-15]. https://www.fca.org.uk/publication/call-for-input/call-for-input-smarter-regulatory-reporting.pdf.

[19] BROEDERS D, PRENIO J. Innovative technology in financial supervision (SupTech): the experience of early users[EB/OL]. (2018-07-01)[2021-09-15]. https://www.bis.org/fsi/publ/insights9.pdf.

[20] GURUNG N, PERLMAN L. Use of RegTech by central banks and its impact on financial inclusion[EB/OL]. [2022-02-28]. http:www.citicolumbia.org/wp-content/uploads/2018/10/REGTECH-FINAL-VERSION-FOR-FINAL-PUBLICATION1.pdf.

[21] HE M D, LECKOW M R B, HAKSAR M V, et al. FinTech and financial services: initial considerations[M]. Washington D.C.: International Monetary Fund, 2017.

[22] HKMA. FinTech 2025[EB/OL]. (2021-06-08)[2021-09-15]. https://www.hkma.gov.hk/media/eng/doc/key-information/speeches/s20210608e1.pdf.

[23] HKMA. The RegTech adoption index 2020[EB/OL]. (2020-11-02)[2021-09-15]. https://www.hkma.gov.hk/media/eng/doc/key-information/press-release/2021/20210630e9a2.pdf.

[24] HUNT S. From maps to Apps: the power of machine learning and artificial intelligence for regulators[Z]. Beesley Lecture Series on Regulatory Economics, 2017-10-19.

[25] VYSYA V N, KUMAR A. Strategies for FIs to overcome the regulatory reporting challenges[EB/OL]. (2021-08-30)[2021-09-15]. https://www.infosys.com/industries/consumer-package-goods/documents/overcome-regulatory-reporting-challenges.pdf.

[26] IMF. Digital money across borders: macro-financial implications[EB/OL]. (2020-10-08)[2021-09-15]. https://www.imf.org/-/media/Files/Publications/PP/2020/English/PPEA2020050.ashx.

[27] IOSCO. The use of artificial intelligence and machine learning by market intermediaries and asset managers[EB/OL]. (2020-06-25)[2021-09-15]. https://www.iosco.org/library/pubdocs/pdf/IOSCOPD658.pdf.

[28] JAGTIANI J, JOHN K. FinTech: the impact on consumers and regulatory responses[J]. Journal of economics and business, 2018, 100: 1-6.

[29] BAREFOOT J A. Digitizing financial regulation: RegTech as a solution for regulatory inefficiency and ineffectiveness[EB/OL]. (2020-06-15)[2021-09-15]. https://www.hks.harvard.edu/sites/default/files/centers/mrcbg/files/AWP_150_final.pdf.

[30] KAVASSALIS P, STIEBER H, BREYMANN W, et al. An innovative RegTech approach to financial risk

monitoring and supervisory reporting[J]. Journal of risk finance, 2018, 19(1): 39-55.

[31] KÖNIGSTORFER F, THALMANN S. Applications of artificial intelligence in commercial banks: a research agenda for behavioral finance[J]. Journal of behavioral and experimental finance, 2020, 27: 100352.

[32] KPMG. 2019 FinTech 100: leading global FinTech innovators[EB/OL]. (2019-12-01)[2021-09-15]. https://home.kpmg/xx/en/home/insights/2019/11/2019-fintech100-leading-global-fintech-innovators-fs.html.

[33] KPMG. Pulse of FinTech H1′21[EB/OL]. (2020-08-15)[2021-09-15]. https://assets.kpmg/content/dam/kpmg/xx/pdf/2021/08/pulse-of-fintech-h1.pdf.

[34] LARSEN K, GILANI S. RegTech is the new black: the growth of RegTech demand and investment[J]. Journal of financial transformation, 2017, 45: 22-29.

[35] LEO M, SHARMA S, MADDULETY K. Machine learning in banking risk management: a literature review[J]. Risks, 2019, 7(1): 29.

[36] NAKAMOTO S. Bitcoin: a peer-to-peer electronic cash system[EB/OL]. [2022-02-28]. https://bitcoin.org/bitcoin.pdf.

[37] HARLE P, HAVAS A, SAMANDARI H. The future of bank risk management[R]. Chicago: McKinsey Global Institute, 2016.

[38] SAUNDERS L. FinTech and consumer protection: a Snapshot[EB/OL]. (2019-03-02)[2021-09-15]. https://www.nclc.org/images/pdf/cons-protection/rpt-fintech-and-consumer-protection-a-snapshot-march2019.pdf.

[39] SCHIZAS E, MCKAIN G, ZHANG B, et al. The global RegTech industry benchmark report[EB/OL]. (2020-04-20)[2021-09-15]. https://www.jbs.cam.ac.uk/wp-content/uploads/2020/08/2020-02-ccaf-global-regtech-benchmarking-report-japanese.pdf.

[40] DI CASTRI S, GRASSER M, KULENKAMPFF A. The "DataStack": a Data and tech blueprint for financial supervision, innovation, and the data commons[EB/OL]. (2020-05-07)[2021-09-15]. https://bfaglobal.com/wp-content/uploads/2020/05/DataStack_final_13May2020.pdf.

[41] DI CASTRI S, GRASSER M, KULENKAMPFF A. An API-based prudential reporting system for the Bangko Sentral ng Pilipinas (BSP): R2A project retrospective and lessons learned[EB/OL]. [2022-02-28]. https://papers.ssrn.com/sol3/papers.cfm?abstract_id=3596276.

[42] DI CASTRI S, GRASSER M, KULENKAMPF A. Financial authorities in the era of data abundance RegTech for regulators and SupTech[EB/OL]. (2019-03-24)[2021-09-15]. https://bfaglobal.com/r2a/insights/financial-authorities-in-the-era-of-data-abundance-regtech-for-regulators-and-suptech-solutions/.

[43] SDMO. Personal finance report 2021[EB/OL]. (2021-01-15)[2021-09-15]. https://www.statista.com/outlook/dmo/fintech/personal-finance/robo-advisors/worldwide.

[44] SVETLOVA E, THIELMANN K. Financial risks and management[J]. International encyclopedia of human geography, 2020, 5: 139-145.

[45] VAN LIEBERGEN B, PORTILLA A, SILVERBERG K, et al. RegTech in financial services: solutions for compliance and reporting[EB/OL]. (2016-03-22)[2021-09-15]. https://www.iif.com/Publications/ID/1686/Regtech-in-Financial-Services-Solutions-for-Compliance-and-Reporting.

[46] Thomson Reuters. FinTech, RegTech and the role of compliance in 2020[EB/OL]. (2020-05-22)[2021-09-15]. https：//static1.squarespace.com/static/52b5f387e4b08c16746b6b70/t/5e6652af4ff63e2b452eb477/1583764259083/Fintech+and+compliance+2020.pdf.

[47] SETHI V. FinTech & RegTech：your definitive guide on the converge of finance, technology and regulation[M]. [S.l.]：Max Krish Publishers, 2019.

[48] ZETZSCHE D, BUCKLEY R, ARNER D, et al. From FinTech to TechFin：the regulatory challenges of data-driven finance[J]. New York University journal of law & business, 2017, 14：393.

[49] 艾瑞咨询. 2020年中国金融科技行业发展研究报告[EB/OL]. (2020-11-18)[2021-09-14]. http：//report.iresearch.cn/report_pdf.aspx?id=3687.

[50] 巴曙松, 魏巍, 白海峰. 基于区块链的金融监管展望：从数据驱动走向嵌入式监管[J]. 山东大学学报（哲学社会科学版）, 2020(4)：161-173.

[51] 巴曙松. 金融监管和合规科技：国际经验与场景应用[M]. 北京：东方出版社, 2021.

[52] 巴曙松, 朱元倩, 乔若羽, 等. 区块链新时代[M]. 北京：科学出版社, 2019.

[53] 白桦, 陈金东. 互联网保险监管探析[J]. 科学决策, 2020(5)：81-93.

[54] 包丽红, 封思贤. 第三方支付监管机制的国际比较及启示[J]. 上海经济研究, 2015(11)：47-54.

[55] 毕马威. 中国"监管沙盒"创新与实践报告[EB/OL]. (2020-10-30)[2021-02-28]. https：//home.kpmg/cn/zh/home/insights/2020/10/china-regulatory-sandbox-innovation-and-practice-report.html.

[56] 蔡自兴, 徐光. 人工智能及其应用[M]. 北京：清华大学出版社, 2013.

[57] 柴洪峰, 王帅, 涂晓军, 等. 智能化金融科技创新监管工具：理念、平台框架和展望[J]. 智能科学与技术学报, 2020, 2(3)：214-226.

[58] 柴宏蕊, 方云龙, 张荧天. 监管科技基本原理、技术应用与发展趋势研究[J]. 华北金融, 2019(5)：57-65.

[59] 陈斌彬. 从统一监管到双峰监管：英国金融监管改革法案的演进及启示[J]. 华侨大学学报（哲学社会科学版）, 2019(2)：85-95.

[60] 陈海涛. 金融科技监管的比较研究[D]. 兰州：兰州大学, 2020.

[61] 陈林, 高敏英. 基于RPA机器人自动化银行业务应用实践与前景展望[J]. 金融电子化, 2020(10)：84-85.

[62] 陈芒, 马军. 基于BP神经网络的脱机手写混排字符集的识别方法[J]. 山东大学学报（自然科学版）, 2001(1)：50-55.

[63] 陈文君. 金融科技发展中的消费者保护机制建设[J]. 上海立信会计金融学院学报, 2019(3)：5-16.

[64] 阿纳, 巴伯斯, 伯克利, 等. 金融科技、监管科技及对金融监管的重新定义[J]. 陈冲, 朗玥, 译. 国际金融, 2018(8)：61-67.

[65] 戴志锋, 陆婕. 金融科技监管框架及行业趋势[EB/OL]. (2020-04-02)[2021-09-08]. https：//baijiahao.baidu.com/s?id=1695916944935735972.

[66] 丁昌选. 新加坡金融科技监管沙箱制度研究[J]. 现代商贸工业, 2019, 40(33)：152-154.

[67] 杜佳佳. 金融领域穿透式监管探析：制度源起与适用前瞻[J]. 西南金融, 2019(2)：65-73.

[68] 度小满金融, 北京大学光华管理学院监管科技课题组. 新技术新业态：进化中的监管科技及其应用[M]. 北京：电子工业出版社, 2020.

[69] 段栎,潘钢健,马述忠. 信用评估防范跨境电商企业经营风险[J]. 浙江经济,2017 (15):44-45.

[70] 范云朋,尹振涛. FinTech 背景下的金融监管变革:基于监管科技的分析维度[J]. 技术经济与管理研究,2020 (9):63-69.

[71] 范云朋,尹振涛. 数字货币的缘起、演进与监管进展[J]. 征信,2020,38 (4):6-12.

[72] 傅强. 监管科技理论与实践发展研究[J]. 金融监管研究,2018 (11):32-49.

[73] 高佳. 什么是 EAST?[EB/OL]. (2020-10-08)[2021-03-03]. https://www.sohu.com/a/423087098_270543.

[74] 国家金融与发展实验室. 2019 中国消费金融发展报告:创新与规范[EB/OL]. (2019-09-24)[2021-08-28]. http://www.nifd.cn/SeriesReport/Details/1552.

[75] 郭雳,赵继尧. 智能投顾发展的法律挑战及其应对[J]. 证券市场导报,2018 (6):71-78.

[76] 韩旭至. 数据确权的困境及破解之道[J]. 东方法学,2020 (1):97-107.

[77] 何德旭,董捷. 中国的互联网保险:模式、影响、风险与监管[J]. 上海金融,2015 (11):64-67.

[78] 何海锋,银丹妮,刘元兴. 监管科技(SupTech):内涵、运用与发展趋势研究[J]. 金融监管研究,2018 (10):65-79.

[79] 何平平,车云月. 互联网金融[M]. 北京:清华大学出版社,2017.

[80] 胡滨,范云朋. 互联网联合贷款:理论逻辑、潜在问题与监管方向[J]. 武汉大学学报(哲学社会科学版),2021,74 (3):131-142.

[81] 黄润. 监管科技的挑战与对策[J]. 中国金融,2018 (5):74-75.

[82] 黄震. 区块链在监管科技领域的实践与探索改进[J]. 人民论坛·学术前沿,2018 (12):24-32.

[83] 黄志凌. 金融智能化不可忽视的模型风险[J]. 武汉金融,2020 (6):3-10.

[84] 胡萍. 宁波构建"天罗地网"防控金融风险[EB/OL]. (2018-07-06)[2021-02-18]. https://www.sohu.com/a/239659969_175647.

[85] 姜世戟. 人工智能应用在我国银行业的探索实践及发展策略[J]. 西南金融,2018 (2):44-49.

[86] 金融科技微洞察. 透视中国版监管沙盒[EB/OL]. (2020-05-13)[2021-03-02]. https://www.weiyangx.com/358752.html.

[87] 京东科技. 京东金融安全魔方亮相数字中国建设成果展 实现风控场景全覆盖[EB/OL]. (2018-04-25)[2021-06-25]. https://mp.weixin.qq.com/s/H9Tqkc_IhFC9QTcXT-vyBw.

[88] 李红坤,刘富强,翟大恒. 国内外互联网保险发展比较及其对我国的启示[J]. 金融发展研究,2014 (10):77-83.

[89] 李华. 金融科技创新中保险消费者权益保护机制之完善[J]. 南京社会科学,2018 (11):93-98.

[90] 李敏. 金融科技的监管模式选择与优化路径研究:兼对监管沙箱模式的反思[J]. 金融监管研究,2017 (11):21-37.

[91] 李伟. 推动生物识别技术在金融领域安全规范应用[J]. 中国信息安全,2019 (2):65-67.

[92] 李伟. 中国金融科技发展报告:2020[M]. 北京:社会科学文献出版社,2020.

[93] 李文红,蒋则沈. 分布式账户、区块链和数字货币的发展与监管研究[J]. 金融监管研究,2018 (6):1-12.

[94] 李文军. 计算机云计算及其实现技术分析[J]. 军民两用技术与产品,2018 (22):57-58.

[95] 李勇坚, 夏杰长, 刘悦欣. 数字经济平台垄断问题：表现与对策[J]. 企业经济, 2020, 39 (7)：20-26.

[96] 李真, 袁伟. 美国金融科技最新立法监管动态及对我国的启示[J]. 金融理论与实践, 2020 (4)：69-76.

[97] 李振汕. 指纹识别技术在身份认证中的应用与研究[J]. 信息网络安全, 2011 (3)：12-14.

[98] 蔺鹏, 孟娜娜, 马丽斌. 监管科技的数据逻辑、技术应用及发展路径[J]. 南方金融, 2017 (10)：59-65.

[99] 刘澈, 蔡欣, 彭洪伟, 等. 第三方支付监管的国际经验比较及政策建议[J]. 西南金融, 2018 (3)：42-47.

[100] 刘陈, 景兴红, 董钢. 浅谈物联网的技术特点及其广泛应用[J]. 科学咨询（科技·管理）, 2011 (9)：86.

[101] 刘春航. 大数据、监管科技与银行监管[J]. 金融监管研究, 2020 (9)：1-14.

[102] 刘帆. 沙盒监管：引入逻辑与本土构造[J]. 西南金融, 2019 (3)：53-63.

[103] 刘孟飞. 金融科技的潜在风险与监管应对[J]. 南方金融, 2020 (6)：45-55.

[104] 刘思璐, 李华民. 嵌入区块链技术的供应链金融征信系统优化[J]. 征信, 2019, 37 (8)：16-20.

[105] 刘曦. 全球金融科技创新 TOP50 [EB/OL]. (2020-12-12) [2021-08-02]. https://www.iyiou.com/research/20201212791.

[106] 刘新海, 马荣梁. 声纹验证及其在金融领域的应用与挑战[J]. 清华金融评论, 2016 (1)：97-100.

[107] 刘用明, 李钊, 王嘉帆. 监管科技在反洗钱领域的应用与探索[J]. 证券市场导报, 2020 (6)：70-78.

[108] 刘媛媛, 刘洪伟, 霍风霖, 等. 基于机器学习短历时暴雨时空分布规律研究[J]. 水利学报, 2019, 50 (6)：773-779.

[109] 刘镇. 人工智能和机器学习在金融领域的发展及对金融稳定的影响[J]. 吉林金融研究, 2018 (2)：36-38.

[110] 陆岷峰, 欧阳文杰. 地方金融监管机构的职责、痛点与监管方向研究[J]. 北京财贸职业学院学报, 2020, 36 (1)：11-18.

[111] 马骏, 刘嘉龙, 徐稼轩. 英国在监管科技领域的探索及对中国的启示[J]. 清华金融评论, 2019 (5)：37-39.

[112] 蚂蚁金服. 蚂蚁金融科技守护金融安全, 蚂蚁风险大脑助阵[EB/OL]. (2019-02-23) [2021-03-04]. https://blog.csdn.net/weixin-44326589/article/details/87897339.

[113] 马征. 基于区块链的供应链金融监管科技应用探析[J]. 金融发展研究, 2020 (9)：82-85.

[114] 慕刘伟, 曾志耕, 张勤. 金融监管中的道德风险问题[J]. 金融研究, 2001 (11)：121-124.

[115] 欧阳丹丹. 智能投顾法律规制研究[J]. 金融与经济, 2021 (1)：82-89.

[116] 庞文迪, 卜意磊. 云计算信息技术在市场监管领域的实现路径研究[J]. 电脑知识与技术, 2020, 16 (32)：244-246.

[117] 瞿孝升. 监管科技在金融监管部门中的应用现状及启示[J]. 改革与开放, 2019 (11)：4-6.

[118] 任淑敏, 李演军, 韦尧兵. 数据仓库及联机分析处理技术在数字图书馆中的应用[C] //第17届全国计算机信息管理学术研讨会论文集. 北京：中国科学技术情报学会, 2003.

[119] 邵宇, 罗荣亚. 金融监管科技：风险挑战与策略应对[J]. 行政法学研究, 2020 (3)：109-118.

[120] 沈一飞, 郭笑雨. 数字经济与金融数据治理[J]. 中国金融, 2020 (22)：32-33.

[121] 盛安琪, 耿献辉. 基于区块链技术的金融科技监管路径研究[J]. 科学管理研究, 2019, 37 (5)：157-161.

[122] 盛学军. 互联网信贷监管新规的源起与逻辑[J]. 政法论丛, 2021 (1)：92-104.

[123] 21世纪经济报道. 央行《非银行支付机构条例》征求意见：强化支付领域反垄断, 还提到"拆分"[EB/

OL］. （2021 – 01 – 20）［2021 – 09 – 13］. https：//view. inews. qq. com/a/20210120A0EHVQ00.
[124] 帅青红，李忠俊，王宇，等. 金融科技［M］. 北京：高等教育出版社，2020.
[125] 覃盈盈. 我国反洗钱领域监管科技应用研究［J］. 金融经济，2021（2）：47 – 54.
[126] 唐峰. 金融科技应用中金融消费者保护的现实挑战与制度回应［J］. 西南金融，2020（11）：64 – 75.
[127] 汤柳，王旭祥. 后危机时代国际金融监管改革动态：回顾、评价与展望［J］. 上海金融，2012（7）：58 – 63.
[128] 陶峰，万轩宁. 监管科技与合规科技：监管效率和合规成本［J］. 金融监管研究，2019（7）：68 – 81.
[129] 田国立. 以高水平的内控合规管理　支撑国有大行使命担当［EB/OL］.（2021 – 07 – 28）［2021 – 09 – 28］. http：//xw. sinoins. com/2021-07-28/content_404234. htm.
[130] 宛俊，朱俊.《非银行支付机构条例（征求意见稿）》要点评述［EB/OL］. （2021 – 02 – 13）［2021 – 09 – 10］. https：//www. mpaypass. com. cn/news/202102/03110100. html.
[131] 王磊. 中国互联网保险快速发展　达到世界先进水平　处于领先地位［EB/OL］. （2021 – 05 – 23）［2021 – 07 – 28］. https：//baijiahao. baidu. com/s？id =1700544861751827888.
[132] 王萍，陈章进，陶媛. 智能虚拟助手的教育应用研究［J］. 现代教育技术，2017，27（8）：18 – 24.
[133] 王晓龙，关毅. 计算机自然语言处理［M］. 北京：清华大学出版社，2005.
[134] 王勋，黄益平，陶坤玉. 金融监管有效性及国际比较［J］. 国际经济评论，2020（1）：59 – 74.
[135] 王雯，李滨，陈春秀. 金融科技与风险监管协同发展研究［J］. 新金融，2018（2）：43 – 46.
[136] 王一峰. 第三方支付行业深度研究及投资机会分析：小店经济，大有乾坤［EB/OL］. （2021 – 03 – 20）［2021 – 09 – 14］. http：//www. doc88. com/p-20529209168349. html.
[137] 魏艳，毛燕琴，沈苏彬. 一种基于区块链的数据完整性验证解决方案［J］. 计算机技术与发展，2020，30（1）：76 – 81.
[138] 温信祥，陈曦. 如何监管数字货币［J］. 中国金融，2017（17）：20 – 22.
[139] 吴彩霞. 金融领域生物识别技术应用探析［J］. 金融理论与实践，2018（12）：61 – 66.
[140] 武长海，涂晟. 互联网金融监管基础理论研究［M］. 北京：中国政法大学出版社，2016.
[141] 吴江羽. 金融科技背景下金融数据监管法律框架构建［J］. 西南金融，2020（11）：76 – 85.
[142] 何欣. 互联网保险发展现状研究［J］. 北方经贸，2019（8）：112 – 113.
[143] 吴晓光. 大数据如何助力监管科技［J］. 银行家，2018（4）：133 – 134.
[144] 吴晓灵. 打造监管科技良性生态圈［J］. 清华金融评论，2019（5）：16 – 17.
[145] 吴心弘，裴平. 中国支付体系发展对金融稳定的影响研究［J］. 新金融，2020（4）：25 – 30.
[146] 吴燕妮. 金融科技前沿应用的法律挑战与监管：区块链和监管科技的视角［J］. 大连理工大学学报（社会科学版），2018，39（3）：78 – 86.
[147] 伍丽菊，魏琳. 构筑监管科技生态体系　破解金融机构合规难题［J］. 当代财经，2020（6）：69 – 78.
[148] 伍旭川，刘学. 金融科技监管的国际经验、趋势与启示［J］. 当代金融家，2017（1）：106 – 108.
[149] 夏诗园，汤柳. 监管科技的理论框架与完善路径研究［J］. 西南金融，2020（11）：86 – 96.
[150] 谢世清. 论云计算及其在金融领域中的应用［J］. 金融与经济，2010（11）：9 – 11.
[151] 新浪财经. 范一飞：支付产业数字化是支付产业高质量发展的重要动力［EB/OL］. （2020 – 09 – 24）［2021 – 06 – 28］. http：//finance. sina. com. cn/money/bank/dsfzf/2020 – 09 – 24/doc-iivhvpwy8526437. shtml.

[152] 修永春. "网联"时代第三方支付的三元监管模式探析[J]. 上海金融, 2018 (11): 87-91.

[153] 许闲, 丁健行. 监管科技: 金融科技的监管端运用与作用[J]. 中国保险, 2019 (12): 23-26.

[154] 薛然巍. 大数据时代互联网保险消费者权益保护问题研究[J]. 上海金融, 2019 (1): 78-83.

[155] 杨彪. 中国第三方支付有效监管研究[D]. 沈阳: 东北大学, 2012.

[156] 杨东. 监管科技: 金融科技的监管挑战与维度建构[J]. 中国社会科学, 2018 (5): 69-91.

[157] 杨东. 论反垄断法的重构: 应对数字经济的挑战[J]. 中国法学, 2020 (3): 206-222.

[158] 杨东, 程向文. 以消费者为中心的开放银行数据共享机制研究[J]. 金融监管研究, 2019 (10): 101-114.

[159] 杨帆. 金融监管中的数据共享机制研究[J]. 金融监管研究, 2019 (10): 53-68.

[160] 杨广昱, 尹若素. 金融科技与监管科技协调发展研究: 基于监管科技3.0概念的提出[J]. 福建金融, 2020 (11): 58-63.

[161] 杨文尧天, 何海锋. 创新与监管: 国内金融科技研究述评[J]. 科技与法律, 2019 (1): 89-94.

[162] 叶治杉. 中国互联网保险发展历程、风险与路径探寻[J]. 技术经济与管理研究, 2021 (3): 78-81.

[163] 尹振涛. 监管科技: 面向未来的监管变革[M]. 北京: 中国金融出版社, 2020.

[164] 喻国明, 李凤萍. 5G时代的传媒创新: 边缘计算的应用范式研究[J]. 山西大学学报(哲学社会科学版), 2020, 43 (1): 65-69.

[165] 于孝建, 彭永喻. 人工智能在金融风险管理领域的应用及挑战[J]. 南方金融, 2017 (9): 70-74.

[166] 俞勇. 金融科技与金融机构风险管理[J]. 上海金融, 2019 (7): 73-78.

[167] 张成虎. 互联网金融[M]. 上海: 华东师范大学出版社, 2018.

[168] 张黎娜, 袁磊. 关于互联网金融领域监管科技应用探索的思考[J]. 南方金融, 2020 (10): 63-65.

[169] 张礼卿, 吴桐. 区块链在金融领域的应用: 理论依据、现实困境与破解策略[J]. 2021 (12): 65-75.

[170] 张路蓬, 周源, 薛澜. 基于区块链技术的战略性新兴产业知识产权管理及政策研究[J]. 中国科技论坛, 2018 (12): 120-126.

[171] 张健. 美国金融科技监管及其对中国的启示[J]. 金融发展研究, 2019 (9): 49-53.

[172] 张建晓. 身份认证技术及其发展趋势[J]. 信息通信, 2015 (2): 125-126.

[173] 张凯. 金融数据治理的突出困境与创新策略[J]. 西南金融, 2021 (9): 15-27.

[174] 张铁成. 推进外汇局跨境金融区块链服务平台创新发展[EB/OL]. (2019-12-20) [2021-09-28]. http://www.safe.gov.cn/shanghai/2019/1220/1204.html#.

[175] 张晓朴. 系统性金融风险研究: 演进、成因与监管[J]. 国际金融研究, 2010 (7): 58-67.

[176] 张燕. 科技赋能金融, 详解中国银行"网御"智能反欺诈服务[EB/OL]. (2020-09-15) [2021-09-28]. https://baijiahao.baidu.com/s?id=1677862395305015307&wfr=spider&for=pc.

[177] 张忆. 大数据还能这么用: 看穿式监管精准锁定异动账户[EB/OL]. (2017-09-30) [2021-08-08]. https://finance.ifeng.com/a/20170930/15704996_0.shtml.

[178] 张永亮. 金融科技监管的原则立场、模式选择与法制革新[J]. 法学评论, 2020, 38 (5): 112-124.

[179] 赵莹. 我国法定数字货币的金融监管制度构建[J]. 重庆社会科学, 2020 (5): 74-83.

[180] 周之田. 金融科技"扁平化监管"的制度构建[J]. 金融理论探索, 2020 (5): 45-54.

[181] 周仲飞, 李敬伟. 金融科技背景下金融监管范式的转变[J]. 法学研究, 2018, 40 (5): 3-19.

[182] 众安金融科技研究院. 新保险时代：金融科技重新定义保险新未来[M]. 北京：机械工业出版社，2018.

[183] 中国财富管理50人论坛课题组. 完善征信业务监管体系 推动征信业高质量发展：征信业务管理办法征求意见反馈[EB/OL].（2021-02-07）[2021-09-15]. http：//cwm50.net/newsitem/278394494.

[184] 中国基金业协会. 美国金融监管部门关于机器人投顾的评估意见与监管指引[EB/OL].（2018-11-27）[2021-09-15]. https：//www.amac.org.cn/researchstatistics/publication/cbwxhsy/201811/P020191231763712434857.pdf.

[185] 中国基金业协会. 智能投顾业务国际监管经验与借鉴[J]. 声音，2018（19）：1-20.

[186] 中国经济网.《2021全球金融科技中心城市报告》发布[EB/OL].（2021-09-06）[2021-09-14]. http：//www.ce.cn/xwzx/gnsz/gdxw/202109/06/t20210906_36885223.shtml.

[187] 中国青年报. 监管沙盒元年：从9个试点城市70个项目中能发现什么线索[EB/OL].（2021-01-02）[2021-02-28]. https：//baijiahao.baidu.com/s？id=1687732568597537905.

[188] 中国人民银行. 国务院政策例行吹风会"金融机构减费让利惠企利民有关情况"文字实录[EB/OL].（2021-07-08）[2021-09-15]. http：//www.pbc.gov.cn/goutongjiaoliu/113456/113469/4286473/index.html.

[189] 中国人民银行. 金融科技（FinTech）发展规划（2019—2021年）[EB/OL].（2019-09-06）[2021-09-15]. https：//baijiahao.baidu.com/s？id=1643920208596875562.

[190] 中国人民银行. 中国金融稳定报告（2020）[EB/OL].（2020-11-07）[2021-08-02]. http：//www.gov.cn/xinwen/2020-11/07/content_5558567.htm.

[191] 中国人民银行广州分行."粤信融"征信平台赋能稳企业保就业初见成效[EB/OL].（2020-08-10）[2021-09-28]. http：//guangzhou.pbc.gov.cn/guangzhou/129136/4072568/index.html.

[192] 中国人民银行广州分行."珠三角征信链"建设在广州正式启动[EB/OL].（2021-04-21）[2021-09-28]. http：//guangzhou.pbc.gov.cn/guangzhou/129136/4237252/index.html.

[193] 中国人民银行深圳中心支行.区块链"国家队"央行贸金平台上线一年来成果显著[EB/OL].（2019-12-04）[2021-09-28]. http：//shenzhen.pbc.gov.cn/shenzhen/122807/3933204/index.html.

[194] 中国人民银行深圳中心支行.守初心 担使命 人民银行深圳市中心支行、深圳市税务局、腾讯公司联合设立"猎鹰"创新实验室[EB/OL].（2019-06-20）[2021-09-28]. http：//www.pbc.gov.cn/goutongjiaoliu/113456/113475/3846890/index.html.

[195] 中国人民银行数字人民币研发工作组. 中国数字人民币的研发进展白皮书[EB/OL].（2021-07-16）[2021-08-08]. http：//www.pbc.gov.cn/goutongjiaoliu/113456/113469/4293590/index.html.

[196] 中国人民银行征信管理局. 现代征信学[M]. 北京：中国金融出版社，2015：72-73.

[197] 中国信息通信研究院. 中国金融科技生态白皮书[EB/OL].（2020-09-18）[2021-08-28]. http：//www.caict.ac.cn/kxyj/qwfb/bps/202009/P020200918520670741842.pdf.

[198] 中国新闻网. 深圳市金融办与腾讯建立灵鲲金融安全大数据平台上线[EB/OL].（2018-07-03）[2021-08-08]. https：//baijiahao.baidu.com/s？id=1604938779522544317.

[199] 中国人民银行. 云计算技术金融应用规范 安全技术要求：JR/T 0167—2020[S].北京：中国人民银

行,2020.

[200] 中国银行业协会消费金融专业委员会. 中国消费金融公司发展报告(2020)[EB/OL]. (2020-09-24)[2021-08-28]. https://www.china-cba.net/Uploads/ueditor/file/20200924/5f6c4c29113de.pdf.

[201] 中国银行业协会消费金融专业委员会. 中国银行业协会发布《中国消费金融公司发展报告(2021)》[EB/OL]. (2021-07-26)[2021-09-10]. https://www.china-cba.net/Index/show/catid/218/id/39770.html.

[202] 于泳,李晨阳. 互联网保险业务迎监管新规:销售机构需持牌 从业人员要持证[EB/OL]. (2021-12-20)[2021-07-28]. http://www.gov.cn/xinwen/2020-12/20/content_5571314.htm.

[203] 中国证监会. 用科技手段量化风险[EB/OL]. (2018-08-07)[2021-03-03]. www.csrc.gov.cn/shenzhen/c101531/c1309310/content.shtml.

[204] 中国证监会. 证监会正式发布实施监管科技总体建设方案[EB/OL]. (2018-08-31)[2021-03-03]. www.csrc.gov.cn/csrc/c100028/c1001195/content,shtml.

[205] 钟震,董小君. 双峰型监管模式的现状、思路和挑战:基于系统重要性金融机构监管视角[J]. 宏观经济研究, 2013(2):17-23.

[206] 周斌. 比较视野下完善我国互联网保险监管体系研究[J]. 现代商业, 2016(26):54-55.

[207] 周俊文,党建伟,高明. 第三方支付监管的目标与制度安排:国际比较与政策建议[J]. 金融监管研究, 2019(3):79-97.

[208] 周雷,许一青,沈琳. 新常态下我国互联网保险有效监管体系研究[J]. 财经理论研究, 2018(1):32-42.

[209] 周仲飞,李敬伟. 金融科技背景下金融监管范式的转变[J]. 法学研究, 2018, 40(5):3-19.

[210] 朱焕启. 联盟区块链在市场化个人征信领域应用的探索与思考[J]. 当代金融家, 2020(2-3):54-59.

[211] 朱太辉,龚谨,张夏明. 助贷业务的运作模式、潜在风险和监管演变研究[J]. 金融监管研究, 2019(11):50-67.